集人文社科之思 刊专业学术之声

刊　　　名：鼓浪屿研究
主办单位：厦门市社会科学界联合会
　　　　　厦门大学人文学院
　　　　　厦门市社会科学院

顾　　　问：叶重耕
主　　　编：何瑞福
副 主 编：庄志辉　李　桢

Journal of Gulangyu Studies, Vol.8

第八辑

集刊序列号：PIJ-2018-301

中国集刊网：http://www.jikan.com.cn/

集刊投约稿平台：http://iedol.ssap.com.cn/

鼓浪屿研究（第八辑）

JOURNAL OF GULANGYU STUDIES, Vol.8

主办

厦门市社会科学界联合会
厦门大学人文学院
厦门市社会科学院

主编

何瑞福

编

鼓浪屿国际研究中心

社会科学文献出版社
SOCIAL SCIENCES ACADEMIC PRESS (CHINA)

鼓浪屿研究
第八辑

目 录
CONTENTS

工匠、技师、建筑师：鼓浪屿近代的
建筑设计师群体

钱　毅　闫　峥*

摘　要： 本文依据目前掌握的史料，梳理出参与鼓浪屿近代建筑营建的设计师群体的基本线索，并通过具体案例的分析，展现本土工匠、外国技师、中外建筑师参与鼓浪屿近代建筑工程设计过程，以及促进鼓浪屿建筑近代化发展的状况。

关键词： 鼓浪屿　近代建筑　设计师

鼓浪屿近代建筑发展的历程，由 19 世纪中叶鸦片战争后西方列强的进驻开始，经历了 19 世纪下半叶以西方人的外廊式建筑为主的建设，19 世纪末开始的借鉴了西方外廊式建筑并逐渐本土化的华侨洋楼建筑的建设，以及 20 世纪上半叶多元文化影响下多样性建筑的建设。其中，关于这些建筑活动中建筑设计师的信息，目前所掌握的资料和线索还不是很多，本文将对相关既有资料与研究成果进行整理，并广泛发掘相关线索，试图粗略展现鼓浪屿近代建筑的设计师群体面貌。

一　19 世纪下半叶鼓浪屿近代建筑的设计

第一次鸦片战争爆发后，英军于 1841 年攻占厦门，同时也登陆鼓浪屿，并曾短暂驻扎，在岛屿滩头相继建起简易营房及临时性的仓库等建筑。19 世纪中叶以后，西方人在建设厦门租界的同时，也在鼓浪屿开始兴建永久式的建筑，作为领事馆、商馆、住宅等，除礼拜堂等少数建筑，大部分是西方外廊式的建筑。整个 19 世纪下半叶，除了少数官方的领事馆或大洋行的商馆等重要工程，很少有受过职业建筑设计教育的外国职业

---

* 钱毅，北方工业大学教师，清华大学建筑学博士，研究领域为建筑历史、文化遗产保护；闫峥，北方工业大学教师，清华大学建筑学博士，研究领域为建筑历史、文化遗产保护。

1

建筑师，或是以土木工程师、土地测量师背景的西方人技师去参与、完成的建筑设计。这个时期，鼓浪屿大部分近代建筑的设计是由外国商人、传教士指导中国工匠完成的，这也促进了本土的建筑从业者对近代建筑的理解，到 19 世纪末，本地工匠已经能够承揽如厦门日本领事馆这样较大型近代建筑的设计。

（一）商人、传教士指导中国工匠的模式

关于那些略微了解近代建筑平面格局的布置或建筑营造技术的外国商人、传教士，他们参与鼓浪屿近代建筑的设计、建造的情形，至今尚未找到文字记载。但是我们可以参考当时中国其他开埠城市的情形，上海开埠初期的英国侨民 C. M. Dyce 在其回忆录式的著作《上海模范租界三十年居住之回忆录，1870 – 1900》中描述道："上海开埠初期的洋行建筑建造时，由于没有外国建筑师，这些建筑的设计多是由商人自己绘制，并可能受到了中国'建筑师'或承办商的帮助，并有可能完全是由买办来负责这些建筑的建造。"文中还描述道："这些建筑的设计非常简单。通常是正方形或趋近正方形的建筑部，入口朝向道路，通过主通道或主厅穿过房间到达后院。与主通道呈直角，向左右两侧伸出两条通道，使通道呈十字交叉，楼梯占据十字中心，踏步通常从十字交叉处起步，经折回后到达上层。建筑内四角共有四间房，房间尺寸根据建筑尺寸而定，但通常都很大。上层通常也有四间屋子，上下层主要的区别在于楼上的过道有部分被用作盥洗室。楼上楼下四周都有宽敞的外廊，由砖和开敞拱门建造。"① 这与 19 世纪下半叶鼓浪屿大多数的西方外廊式建筑非常相似。

建筑方面比较业余的西方业主与本地工匠的合作，也会出现意外的创造。美国归正教会（Reformed Church in America，RCA）在鼓浪屿的首幢建筑"三落"姑娘楼，采用接近正方形的平面，也许由于其屋顶跨度较大，它并未采用西方外廊式建筑中所常用的由一座或两座三角屋架支撑的两坡屋顶。它的屋顶是采用了连续三座类似闽南红砖厝民居四垂顶②组合而成。这种屋顶形式在闽南俗称"三落"③，因此这座建筑也被本地居民称为"三落"住宅（Three Gables Salo）。可以推测，当时配合归正教会传教士们建造房屋的本地工匠尚未熟练掌握大跨度屋架的施工方法，便用了一些他们所熟悉的传统建造方式创造了这种奇特的屋顶（见图 1）。1867 年，该楼为传教士约翰·打马字

---

① 郑红彬：《近代在华英国建筑师研究（1840 – 1949）》，博士学位论文，清华大学，2014，第 32 页；转引自 C. M. Dyce, *Personal Reminiscences of Thirty Years'Residence in the Model Settlement Shanghai*, 1870 – 1900, London：Chapman & Hall, Ltd.，1906, pp. 34 – 35。
② 在北方官式建筑体系中，类似的屋顶形式被称为歇山式屋顶。
③ 在北方官式建筑体系中，这种做法通常被称为"勾连搭"。

（Rev. John Van Nest Talmage）居住的牧师楼。1890 年打马字牧师退休后回国，该楼则供单身女传教士居住，被称为"姑娘楼"。

图 1　原归正教会住宅

资料来源：鼓浪屿管委会提供。

（二）西方技师的参与

19 世纪末在中国各开埠地也活跃着少数具有土木工程师（civil engineer）、土地测量师（surveyor engineer）背景的西方技师。相对于对建筑艺术有追求的"建筑师"而言，像鼓浪屿这样缺乏近代化基础设施的地方，或许更需要能承担码头、道路等基础工程的土木工程师。当时活跃在东亚地区的西方技师多半不是定居一处，而是在中国、朝鲜、日本等国的开埠城市间流动的。① 这也可以解释为何英国人在鼓浪屿建造的汇丰银行公馆与在长崎建造的格罗弗住宅（Thomas Blake Glove）这两座外廊式建筑，都会采用罕见的三叶草（Clover）形状的平面（见图 2、图 3）。日本建筑史家藤森照信认

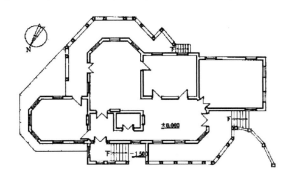

图 2　汇丰银行公馆旧址平面测绘图

资料来源：鼓浪屿管委会提供。

---

① 〔日〕村松伸：《19 世纪末 20 世纪初在上海的西洋建筑师及其特征》，载《第四次中国近代建筑史研究讨论会论文集》，中国建筑工业出版社，1993，第 10 页。

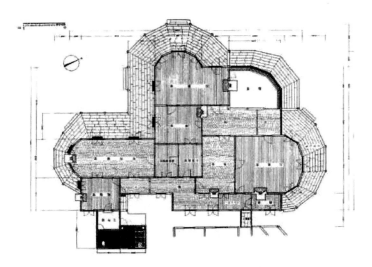

图 3　长崎格罗弗住宅平面测绘图

资料来源：Sites of Japan's Meiji Industrial Revolution World Heritage Nomination，p. 30.

为，考虑到格罗弗住宅建于 1863 年，早于汇丰银行公馆（建于 1873 年），因此这种平面形式通过西方技师由长崎传入厦门的可能性比较大。①

（三）厦门日本领事馆的案例

日本驻厦门领事上野专一 1897 年获批兴建日本领事馆新馆。1897 年 5 月 26 日，上野专一给日本外务省次官小村寿太郎的信中，附有厦门日本领事馆的基本设计图纸（正立面图、一层平面图、二层平面图、纵剖面图）（见图 4）。目前日本外务省外交史料馆所藏合同为英文本，上面显示承建人（Contractor & Builder）为中国人王添司（Ti-am Sai）。考虑到当时日本派设计师到厦门的可能性很小，也没有从台湾派遣技师的做

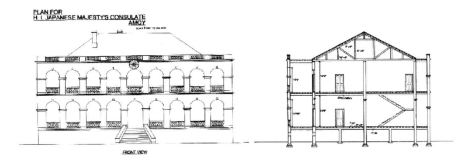

图 4　厦门日本领事馆 1897 设计图

资料来源：藏于日本外务省外交史料馆。

---

① 〔日〕藤森照信：《外廊样式——中国近代建筑的原点》，张复合译，载汪坦、张复合主编《第四次中国近代建筑史研究讨论会论文集》，中国建筑工业出版社，1993，第 10 页。

法，如果是西洋设计师，日本外交资料中应有记载。另外，该建筑的建设预算也并不高，因此选择已经熟悉西方外廊式的近代营建模式的厦门本地工匠负责设计与施工也就比较合理。那么，可以推测承建人王添司很可能是有着近代建筑建造经验的本地工匠，也是绘制厦门日本领事馆那套设计图纸的设计师。①

（四）厦门英国领事馆及领事公馆的案例

厦门英国领事馆及领事公馆是鼓浪屿 19 世纪下半叶所建建筑中目前可考证为职业建筑师或技师设计的少有项目。

大英图书馆藏有一张 1867 年选址鼓浪屿鹿耳礁的厦门英国领事馆设计图（见图5）。此前几年，香港量地总监（Surveyor General）和私人建筑师是受英国外交部委托的领事馆建筑的主要设计者。② 不知道这张设计图是否出自他们之手。1866 年 2 月 26日工程师克罗斯曼（William Crossman，1830—1901）受英国外交部委托调查中国和日本的英国领事馆状况并完成每个领事馆的修建（修缮）预算与评估报告。他评估并撤销了厦门英国领事馆的预算。③ 大英工部总署（Office of Works）接管了远东英国领事馆的建造与维护任务，并且大英工部总署开始在上海下设远东分支机构（H. B. M. Works Department），博伊斯（Robert H. Boyce，？ －1909）为第一任主管（Civil Engineer，Surveyor in chief），直到 1877 年卸任。④ 我们在 1867 年那张厦门英国领事馆设计图右下角，可以看到博伊斯在 1870 年的签名。同样藏于大英图书馆的选址在鼓浪屿田尾的厦门英国领事公馆 1874 年初建时的设计图（见图6）也有同样的签名。

1881 年厦门英国领事馆高级助理住宅设计图（见图7）上的签名换成博伊斯的继任者马歇尔（F. J. Marshall）；1897 年领事馆局部改建的图纸（见图8）则来自大英工部总署的伦敦总部（H. M. Office of Works &c，London）。

目前暂未得知这些图纸的设计人是谁，但可知它们都是受雇于英国外交部或大英工部总署的职业建筑设计师。

---

① 〔日〕伊藤聪：《厦门日本领事馆的建设及台湾总督府在厦门的活动》，载郭湖生等主编《中国近代建筑总览：厦门篇》，中国建筑工业出版社，1993，第 13～23 页。

② WORK 10/430, 21 November 1865 PeKing Legation to F. O.；Izumida, Hideo, British Consular and Legation Buildings in East Asia, Part I, *Journal of the Society of Architectural Historians of Japan*, 15（1990），pp. 93 – 104. 转引自 Hsin-Yin Huang, "Going Native：British Diplomatic, Judicial and Consular Architecture in China（1867 – 1949），" Submitted for the degree of Doctor of Philosophy School of Architecture, 2010, p. 62。

③ WORK 10/430, 26 February 1866 Treasury Minutes. 转引自 Hsin-Yin Huang, "Going Native：British Diplomatic, Judicial and Consular Architecture in China（1867 – 1949），" Submitted for the degree of Doctor of Philosophy School of Architecture, 2010, p. 63。

④ 郑红彬：《近代在华英国建筑师研究 1840 – 1949》，博士学位论文，清华大学，2014，第 97 页。

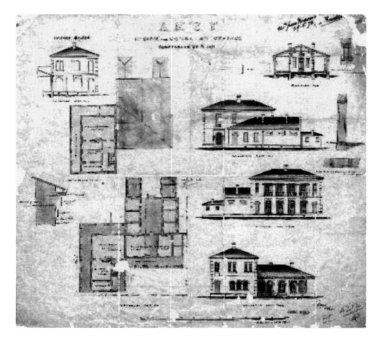

图 5　厦门英国领事馆 1867 年设计图

资料来源：藏于大英图书馆。

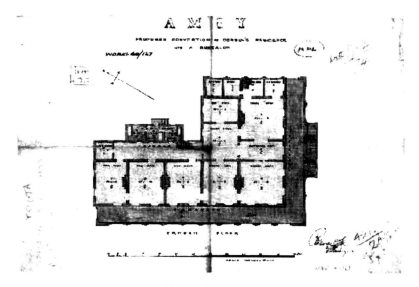

图 6　厦门英国领事公馆 1874 年设计图

资料来源：藏于大英图书馆。

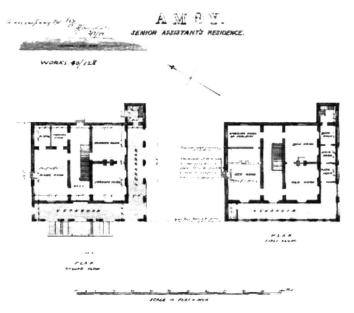

图 7　厦门英国领事馆高级助理住宅 1881 年设计图

资料来源：藏于大英图书馆。

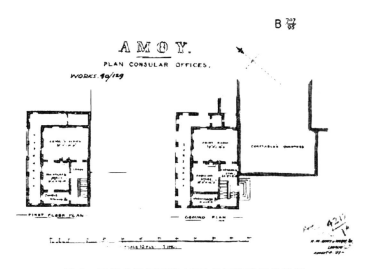

图 8　厦门英国领事馆 1897 年局部改造设计图

资料来源：藏于大英图书馆。

二　郁约翰医生的建筑设计及其影响

郁约翰（John Abraham Otte，1861—1910）医生[1]，是鼓浪屿近代历史上的一位传奇性人物。1888 年他奉美国归正教会指派来厦门鼓浪屿，次年即赶赴福建平和小溪创办小溪尼尔保赤医院（Neerbosch Hospital）。1898 年，郁约翰募集款项在鼓浪屿河仔下创办了厦门乃至闽南地区第一所西医综合性医院——救世医院。[2] 1910 年，郁约翰出诊时染鼠疫肺炎，不幸去世。

值得一提的是，郁约翰不仅是一位救死扶伤的医生，还是当时鼓浪屿及厦门著名的建筑设计师。郁约翰在美国密歇根大学学习期间利用暑假学习过木工与建筑，来到中国后，他对绘制建筑图纸的喜好和对建筑学的研究，对于需要许多建设工程的教会来说是一笔财富。他刚到中国就参与了平和小溪医院与鼓浪屿救世医院（见图9）的设计，并指挥工程建设，据说还亲自参加了救世医院屋顶的施工。除了在鼓浪屿，在厦门岛、漳州、泉州等地，他都留下过建筑设计作品，1898 年在厦门创办的同文书院（见图10）的建筑设计更使他作为建筑设计师的声名远扬。[3] 据说鼓浪屿上的大型建筑——林鹤寿别墅（八卦楼）（见图11）也是按照郁约翰的设计图纸建造的。对照厦门同文书院与林鹤寿别墅，两座建筑在平面格局及建筑样式等方面确实可以被视为遵循着近似的模式。

图 9　鼓浪屿救世医院及护士学校

注：摄于郁约翰医生去世后，医院中央山墙上有纪念郁约翰医生字样。

资料来源：鼓浪屿申报世界文化遗产系列丛书编委会编《鼓浪屿之路》，海峡书局，2013，第 69 页。

---

① 郁约翰 1861 年 8 月 11 日出生于荷兰，1867 年随父母迁居美国，先后就读于荷兰霍普学院（Hope College）、美国密歇根大学（University of Michigan），获医学博士学位，之后前往荷兰阿姆斯特丹大学与乌德勒支大学进行博士后研究。

② 1904 年郁约翰访问荷兰，救世医院接受了荷兰女王魏赫敏娜（Wilhelmina）的资助，其名称加入荷兰女王的名字，改为 Hope & Wilhelmina Hospital，中文为救世男女医院。

③ "A Brief Sketch of the Life and Work of Dr. John A. Otte," by the Rev. A. L. Marn-shuls, M. A. of the Amoy mission, China, New York, Board of Foreign Misssions, R. C. A., 1911, pp. 22 – 23.

郁约翰去世后，其弟子黄大辟（也有文献称其为黄大弼）不仅继承了其医疗事业，也同样在建筑设计方面有所建树。

图10　厦门同文书院

资料来源：洪卜仁《厦门旧影》，人民美术出版社，1999，第63页。

图11　林鹤寿别墅（八卦楼）（骆凯摄影）

三　20世纪上半叶本地设计师的成长

19世纪下半叶，随着西方人的近代建筑在鼓浪屿及厦门租界成规模地建造，参与其中的本地工匠们逐渐熟悉并掌握了近代建筑的基本建造技术，其中一些工匠也逐步成长为具备设计近代建筑能力的设计师。在此背景下，19世纪末20世纪初开始，部分返乡华侨及内迁闽籍台胞在鼓浪屿建设屋宇，最初他们直接购买西方人的别墅，或者模仿西方外廊式风格建造自己的别墅。随后，这些华人业主与本地工匠一起，在模仿与学习近代建筑的基础上，逐步创造出带有一定本土建筑特征的近代华侨小住宅建筑，目前研究闽台建筑的学者一般称其为华侨洋楼。1896年前后台湾人林鹤年在鼓浪屿的

"怡园"别墅（见图12）是具有一定本土化特征的华侨洋楼的早期代表。[①] 20 世纪初期，鼓浪屿成为包括华人在内多国势力共管的国际性社区，鼓浪屿华人社区迎来了发展。随着越来越多的华侨洋楼的建设，本土设计师迎来展现才能的舞台，越来越多的业余或职业建筑从业者成长为掌握近代建筑设计能力的设计师。

图 12 林鹤年旧居——"怡园"（钱毅摄影）

（一）林尔嘉与菽庄花园

明代造园著作《园冶》中提到"三分匠七分主人"的古谚，道出我国古代园林、建筑营造中，主导工程的不是工匠，而是设计师。古代造园中，设计师通常是策划造园的文人、画家。在鼓浪屿菽庄花园的建设中，体现出对传统文人造园的继承（见图13）。

图 13 菽庄花园全景（骆凯摄影）

---

① 钱毅、魏青：《近代化与本土化：鼓浪屿建筑的发展》，载《建筑史》第 39 辑，清华大学出版社，2017，第 155 页。

林尔嘉（1875—1951）在1895年日本占领台湾后随其父内渡鼓浪屿定居。其父林维源，曾是台湾首富，1893年曾在台北板桥建"林家花园"。林尔嘉怀念台北板桥故园，1913年在鼓浪屿创设菽庄吟社，借诗歌抒发亡国之痛、故园之思、流离之苦和复台之志。并建菽庄花园，与菽庄吟社的思想及诗歌文学创作主题紧密呼应（见图14）。

图 14 菽庄花园旧景

资料来源：李敏《菽庄花园一百年》，中国建筑工业出版社，2013。

在菽庄花园的建设中，林尔嘉的家国情怀成为统领整个园林设计的核心线索。一方面，园林景观的创作上强调与台湾板桥故园之间的对应关系，为菽庄吟社诗文创作提供触景生情的线索；另一方面，菽庄花园着力塑造"藏海"和"补山"两组景观，"藏海"为蜿蜒浅海的园林建筑景观，隐含把山河揽入祖国怀抱、切莫再任人宰割之意；"补山"为一组闽南特色的大型假山及园林建筑景观，以人工补缀天然景色之不足，隐含山河破碎、亟待修补之意。

而鼓浪屿本地工匠的参与，使整座园林呈现与台北板桥故园不同的风格，鼓浪屿本土特色与受西方外来文化影响的近代特征都有所体现。

（二）许春草为代表的本土设计师

许春草（1874—1960）是鼓浪屿近代建筑营造界的传奇人物，也是20世纪上半叶鼓浪屿本土建筑师的代表。

许春草青年时代曾赴南洋做工，结识孙中山先生，加入中国同盟会，参与辛亥革命及厦门光复。1930年他在鼓浪屿设立中国婢女救拔团，设立鼓浪屿婢女救拔团收容院（Kulangsu Slave Refuge），让被解救的婢女受教育。1941年日军侵占鼓浪屿后，该组织解散，许春草又投身抗日救亡运动。

作为建筑师的许春草1920年回国，在厦门创办"丰益"建筑公司，承接建筑工程，仅在鼓浪屿就承接了50多座建筑工程，成为当时厦门最大的营造商。他还组织创建了"厦门市建筑总工会"，会员达4000多人。许春草的设计作品，可考的有1933年为自己在笔架山脊设计、建造的小住宅（见图15）①，以及与自家别墅相邻的两座建筑（今天的笔架山路15号、19号），这些建筑都是具有本土化特征的华侨洋楼建筑。除此之外，还有1934年动工的鼓浪屿三一堂，许春草负责该工程的施工。这座教堂不同于那些鼓浪屿本地工匠们已经驾轻就熟的华侨洋楼工程，教堂大跨度的空间需要引进新的技术与设计，给许春草等本地设计师带来了挑战。

图15　许春草旧居——春草堂（钱毅摄影）

（三）鼓浪屿三一堂的设计、建造

　　1934年，厦门的华人基督教徒筹建的新教堂——三一堂在鼓浪屿动工，该建筑的设计施工由鼓浪屿华人信徒负责，鼓浪屿本地建筑界精英共聚一堂。

　　主持工程设计的是工程师林荣廷。林荣廷是筹建三一堂过程中出钱、出地的教友林子达之子，早年留学德国，学习建筑。许春草负责教堂的施工。华人教会新街堂的黄大辟兼任建筑设计委员。根据现有资料可知，黄大辟是郁约翰医生的弟子，1897年黄大辟获得了医师持证资格后，一直跟随郁约翰医生在救世医院工作。20世纪20年代，黄大辟在救世医院附近的一块三角形用地上建造了自宅，被命名为"船屋"（见图16），传说是按照郁约翰绘制的图纸建成的。考虑到"船屋"这座建筑，运用了钢筋混凝土楼板等20世纪20年代以后在鼓浪屿常用的建筑做法，其整体设计应该并非出自1910年就已去世的郁约翰之手。考虑到黄大辟后来出任三一堂建筑设计委员，他早年在跟随郁约翰医生学医的过程中也跟随郁约翰参与了救世医院的建设，学习了建筑设计的知识，后来自己根据郁约翰设计的草图完善形成"船屋"

----

① 1992年许春草之子许伍权将该建筑命名为春草堂。

的设计方案似乎更为合理。

图 16　黄大辟旧居——船屋（钱毅摄影）

三一堂由林荣廷担任设计师，建筑风格是在西方古典复兴风格基础上做了适当简化，采用希腊十字平面，大厅内部无立柱，上部是八边形的屋顶，顶部设采光亭。据说林荣廷完成原定 500 座位的设计图纸后，筹委会决定扩大教堂规模，又聘请了荷兰工程师参与教堂设计，对建筑结构重新设计。由于新设计的教堂屋顶钢架巨大，厦门无法加工，需要从香港订制运来，从而影响了建筑工期。1938 年，日本占领厦门时，工程停工，未全部完工的教堂又曾作为从厦门逃来的难民的收容所。最后这座教堂直到 1945 年抗日战争结束后才正式竣工（见图 17、图 18）。

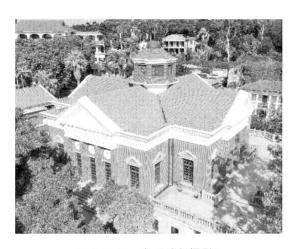

图 17　三一堂（骆凯摄影）

图 18　三一堂室内空间（魏青摄影）

三一堂的建设融合了鼓浪屿本土设计、施工人员以及外国工程师的智慧，是本土建筑设计师对建筑新技术大胆尝试的见证。①

四　20 世纪上半叶的职业建筑师在鼓浪屿

20 世纪初，特别是 20 世纪 20 ~ 30 年代，越来越多的返乡华侨群体在鼓浪屿投入大量的资金，为鼓浪屿的营建活动注入了巨大的活力。同时，鼓浪屿社区的国际化特性也带来更多元的外来建筑文化与近代建筑营造技术。这个阶段更多功能的公共建筑陆续出现在鼓浪屿，更多元风格的外国人住居、华侨洋楼建筑，还有其宅园陆续建成，建筑文化表现出融合多元文化的特质，建筑营造也更加丰富多彩起来。

鼓浪屿建筑营造水平也不断提升，业主对建筑提出更高的要求，促使更多的职业建筑师、工程师参与到鼓浪屿的建设中来。

鼓浪屿近代著名实业家、印尼归侨黄奕住兴建的几处工程，多聘请职业设计师设计。1919 年黄奕住回鼓浪屿定居，向林尔嘉购买了晃岩路的中德记洋行楼房，改建为自宅——黄家花园。黄家花园共分为北、中、南三座大型别墅，其中，中楼为 1921 年委托上海裕泰公司设计建造，建筑整体呈现当时新潮的装饰艺术风格，并带有南洋殖民地建筑的韵味，造型洗练，却不显单调，富于现代感（见图 19）。黄奕住创办的"黄聚德堂房地产股份有限公司"在鼓浪屿、厦门经营房地产开发。1924 年，黄奕住联合归侨李昭北、郭春秧等投入巨资，建设龙头路、日兴街、锦祥街等商业街，兴建了近代化的骑楼街道。之后，黄奕住又请来职业设计师，设计建设了厦门与鼓浪屿的自来水设施。1930 年在鼓浪屿鸡冠山建设的鼓浪屿自来水水泵房及管理用房（见图20），均是当时鼓浪屿罕见的钢筋混凝土结构建筑。

图 19　黄奕住旧居——"黄家花园"中楼（骆凯摄影）

---

① 参见陈以平、何丙仲《"三一堂"简介》，载鼓浪屿申报世界文化遗产系列丛书编委会编印《鼓浪屿文史资料》（上册），第 287 ~ 288 页。

图 20　鼓浪屿自来水设施及管理用房（骆凯摄影）

当时鼓浪屿外国人投资建设的建筑更是选择聘请外国建筑师进行设计。

1934 年在鹿耳礁海边开始建设的大型医院——博爱医院，由日本建筑师设计，建筑风格为 20 世纪 30 年代在日本国内开始风行的早期现代建筑形式。外墙面以浅米黄色涂刷与深米黄色釉面砖边缘装饰相配合，与建筑内部装修相呼应，体现出浓郁的日本风格（见图 21）。

图 21　博爱医院旧景

资料来源：《鼓浪屿之路》，海峡书局，2013，第 103 页。

1930 年，厦门美国领事馆在鼓浪屿三丘田原址翻建馆舍，聘请的设计师为美国建筑师埃利奥特·哈沙德（Elliot Hazzard）。[1] 20 世纪 20 年代末 30 年代初哈沙德与建筑师菲利普斯（E. S. J. Phillips）合伙在上海创办哈沙德洋行，承接建筑设计项目。该事务所在上海完成了许多项目，20 世纪 20 年代末设计的西侨青年会大楼（FOREIGN

---

[1]　Ron Robin, *Enclaves of America：The Rhetoric of American Political Architecture Abroad，1900 – 1965*, Princeton University Press，1992.

Y. M. C. A，今上海体育大厦）和华安大楼（今金门大酒店）略带西方历史主义的元素，1929 年设计的上海电力公司大楼呈现装饰艺术风格，而 1932 年他们设计的新永安大楼完全是不施多余装饰的现代式摩天楼。哈沙德在厦门美国领事馆建筑的设计中，整体上采用 19 世纪末 20 世纪初在美国流行的佐治亚殖民地风格（Georgian Colonial），它带有三角山花及柱式等古典复兴建筑语汇，配合强调对称的立面、列柱装饰的门廊、均匀布设的窗子及红砖墙（见图 22）。

图 22　厦门美国领事馆旧址（骆凯摄影）

五　结语

关于鼓浪屿近代建筑的设计师及其设计工作，目前的资料与研究成果并不算多。本文对这些资料线索进行整理，粗略地展现鼓浪屿近代建筑几个主要发展阶段中建筑设计师的基本面貌。这些建筑师，无论本土工匠、外国技师，还是中外建筑师、工程师，或是业余的设计者，他们在鼓浪屿近代建筑营建中的工作，都是鼓浪屿建筑发展的重要组成部分，也是推动鼓浪屿建筑融合多元的文化，实现近代化与本土化的重要力量。

（审稿人：叶克豪）

西方殖民体制在中国的适应性初探

——以上海、天津与鼓浪屿之"工部局"的比较视野为切入

郭　满　蒋灵娟[*]

摘　要：公共租界[①]之工部局（The Municipal Council），直译为市政委员会，是清末列强在其租界内的行政管理机构，因初设时与清政府之"工部"职能近似，故亦称"工部局"。为应对租界内复杂多变的状况，工部局的执掌范围不断扩充，逐渐演变为机构健全的市政管理部门。基于特定的时空元素，"工部局"成为西方殖民体制"中国化"的典型，在其中呈现出中西方文化间的差异和磨合，也孕育出了中国具有现代化气息的城市建设、管理形态。

关键词：殖民体制　工部局　鼓浪屿　市政体制

前　言

伴随西方势力东来的不仅是"坚船利炮"，也不限于官方、知识群体的"洋务运动"、"戊戌变法"；在较为微观的层面上，租界内文化、生活方式等具体而微的冲突和交融，为今人提供了一个观察西方"殖民体制"中国化的良好范本。在后殖民时代，重溯殖民体制的发展沿革，不拘泥于意识形态因素，方能避免学术问题的简单化、模式化，有益于还原历史本来面貌。近代以来，有英、法、德、日等列强在中国设立租界，均成立类似"工部局"的行政管辖机构，如上海工部局、天津工部局[②]、

---

* 郭满，厦门大学台湾研究院中国历史专业博士研究生；蒋灵娟，浙江师范大学行知学院社会学硕士。

① 公共租界（International Settlement）应称"公共居留地"而非"租界"（Concession），日人翻译为"居留地"较为合宜。区别在于租界是将界内所有土地整个租给外国政府，再由外国政府将该地分租给该国的侨商；居留地则仅是允准外侨私人租地而已。故此，上海公共租界属于居留地，而非租界。相关讨论与分析参见徐公肃、丘瑾璋《上海公共租界制度》，上海人民出版社，1980，序言第5页。另可参见杨秉德、于莉《上海公共租界英文名称考证》，《华中建筑》2009年第12期，第166~168页；吴志伟：《上海外国租界与公共租界英文名称详考》，《都会遗踪》2011年第2期，第11~29页。

② 天津租界1917年收回自治。

鼓浪屿工部局，日本租界内的行政管辖机构则称为"居留民团行政委员会事务所"，名虽有异，职能无二。学界对上海公共租界的研究成果繁多，内容不仅涉及对公共租界遗留档案材料的整理和考述①，也有专门针对市政管理②、城市建筑③、文化娱乐④、

---

① 如由上海档案馆翻译整理的租界档案史料《工部局董事会会议录》，2001 年由上海古籍出版社出版，全书共 28 册，中英文对照，中文译文 700 多万字，是迄今为止出版的有关上海历史的规模最大的档案文献资料，并有述评文章。如马长林《〈工部局董事会会议录〉及其史料价值》，《档案与史料》1999 年第 2 期，第 77 ~ 80 页；吴志伟：《〈工部局董事合影〉照片略考》，《档案春秋》2011 年第 11 期，第 50 ~ 52 页；丁士华：《郭泰纳夫与上海公共租界工部局的档案管理》，《上海档案》1995 年 4 月，第 54 ~ 55 页；胡思凡、李雪云：《上海公共租界工部局警务日报选译——有关孙中山北上部分》，《历史档案》1985 年第 1 期，第 43 ~ 47 页；

② 刘京、樊果：《1930 年上海公共租界工部局水费加价始末及分析》，《史林》2010 年第 5 期，第 10 ~ 19 页；樊果：《近代上海公共租界工部局的水费监管及特征分析》，《史林》2009 年第 5 期，第 62 ~ 70 页；樊果：《上海公共租界工部局电力监管研究》，《中国经济史研究》2014 年第 2 期，第 61 ~ 75；杨小燕：《近代上海公共租界工部局自来水特许权监管》，《贵州社会科学》2015 年第 4 期，第 161 ~ 168 页；杨小燕：《近代上海公共租界筑路中的利益协调》，《社会科学》2015 年第 4 期，第 157 ~ 166 页；吴恒《近代上海公共租界巡捕房的设立与分布》，《史林》2012 年第 3 期，第 1 ~ 9 页；陈冠兰：《情报处：上海公共租界工部局的政治传播机关》，《湘潭大学学报》（哲学社会科学版）2008 年第 6 期，第 137 ~ 139 页；陆文雪：《上海工部局公务员制度考察》，《史林》1997 年第 4 期，第 71 ~ 79 页；傅为群《上海工部局历次货币发行计划及其失败》，《中国钱币》1988 年第 1 期，第 44 ~ 45 页；李东鹏：《上海公共租界纳税人会议制度研究——从〈土地章程〉〈议事规章〉看纳税人会议》，《江西师范大学学报》2015 年第 4 期，第 95 ~ 101 页；秦祖明：《试析工部局处理棚户区问题的政策》，《社会科学论坛》2010 年第 24 期，第 40 ~ 45 页；孙伟：《吴经熊担任上海公共租界工部局法律顾问考析》，《大连大学学报》2010 年第 3 期，第 96 ~ 99 页；刘文楠：《治理"妨害"：晚清上海工部局市政管理的演进》，《近代史研究》2014 年第 1 期，第 45 ~ 60 页；郭淇斌：《自治抑或协防：上海工部局治理绑架犯罪的困境（1927 - 1931）》，《史林》2017 年第 6 期，第 27 ~ 38 页。

③ 袁燮铭：《工部局与上海早期路政》，《上海社会科学院学术季刊》1988 年第 4 期，第 77 ~ 85 页；朱晓明：《基于上海工部局年报（1924 - 1942）统计的工部局局属建筑管理研究》，《新建筑》2016 年第 5 期，第 50 ~ 55 页；朱晓明：《建造本源——原上海工部局舟山路菜场建筑比较研究》2015 年第 2 期，第 110 ~ 117 页。

④ 王艳莉：《20 世纪上半叶上海公共娱乐空间研究——以租界的公园、剧院为中心》，《艺术研究》第 22 ~ 23 页；王艳莉：《从捕房乐队到职业管弦乐队——略论上海工部局乐队的历史沿革》，《艺术研究》2010 年第 1 期，第 142 ~ 143 页；王艳莉：《俄侨音乐家与工部局乐队交往历史新探》，《人民音乐》2010 年第 5 期，第 37 ~ 39 页；王艳莉：《上海工部局乐队的裁撤风波——兼及梅百器乐队的经营策略》，《音乐研究》2010 年第 5 期，第 86 ~ 97 页；王艳莉：《上海工部局乐队管理机构初探》，《中国音乐学》2011 年第 1 期，第 55 ~ 62 页；王艳莉、林媛、隋欣：《20 世纪上半叶西式管弦乐团与中国音乐家之探究》，《艺术研究》2012 年第 3 期，第 22 ~ 23 页；王艳莉：《20 世纪上半叶中国电子媒介的音乐传播功能初探——以传播媒介与上海工部局乐队关系为例》，《艺术教育》2014 年第 10 期，第 111 页；问楚寒：《从都市音乐文化活动管窥"西乐东渐"历程的经典案例——评王艳莉〈上海工部局乐队研究〉》，《艺术评鉴》2017 年第 7 期，第 23 ~ 33 页；谭抒真：《1927 年，我加入上海工部局乐队》，《音乐爱好者》2017 年第 5 期，第 55 ~ 59 页；汤亚汀：《〈上海工部局乐队史〉写作三题："音乐上海学"的阐释、建构与隐喻》，《音乐艺术》2012 年第 1 期，第 47 ~ 56 页；许步曾：《梅·帕器与上海工部局乐队》，《音乐爱好者》2004 年第 10 期，第 28 ~ 30 页；宫宏宇：《"功夫在诗外"——由汤亚汀〈帝国分散变奏曲：上海工部局乐队史〉（1879 - 1949）所想到的》，《音乐艺术》2015 年第 3 期，第 154 ~ 160 页；魏晓芳：《从工部局禁烟案例看上海影戏院的历史变迁》，《电影新作》2015 年第 4 期，第 35 ~ 39 页；纪风：《上海公共租界工部局的局徽》，《档案与史学》1996 年第 1 期，第 73 页；裘争平：《上海公共租界工部局局徽考》，《档案与史学》1997 年第 4 期，第 75 页。

医疗卫生①、教育②等方面的讨论；天津工部局也有相关详细论述；③ 有关鼓浪屿的史料近年来一直在整理出版中，专题类研究也有进一步的展拓④，但始终未脱离以鼓浪屿公共租界为研究范畴的窠臼。⑤ 本文拟以鼓浪屿、上海工部局的比较视野为切入，探讨

---

① 罗振宇：《"救己"到"救人"：工部局早期医疗服务与城市公共医疗的起源（1854 - 1898）》，《江苏社会科学》2014 年第 3 期，第 239～247 页；陆文雪：《上海工部局食品卫生管理研究（1898 - 1943）》，《史林》1999 年第 1 期，第 64～82 页；焦存超、陈业新：《上海公共租界工部局拒绝新式粪秽处置系统的原因探析》，《上海交通大学学报》（哲学社会学科学版）2016 年第 6 期，第 84～93 页；罗振宇：《私营到公用：工部局对上海公济医院的管理》，《史林》2015 年第 4 期，第 1～10 页；

② 苏河：《工部局华童小学对家长的"希望"及学生"请假规程"》，《档案春秋》2009 年第 1 期，第 58～59 页；祝苾如：《回忆上海工部局的"华人教育"与陈鹤琴先生》，《人民教育》1951 年第 12 期，第 25 页；"活教育"调查小组：《前上海公共租界工部局西区小学调查记》，《人民教育》1952 年第 3 期，第 13～20 页；秦亚欧、朱美琳、金敏求：《上海公共租界工部局公众图书馆从私立到公众性质的演进》，《图书馆学研究》2012 年第 22 期，第 96～101 页。

③ 相关研究参见杨大辛编著《天津的九国租界》，天津古籍出版社，2004；〔英〕雷穆森：《天津租界史》，许逸凡、赵地译，天津人民出版社，2009；万鲁建：《天津租界史研究现状》，《理论与现代化》2013 年第 5 期，第 116～118 页。

④ 如早年中国人民政治协商会议厦门市鼓浪屿区委员会编写的多辑《鼓浪屿文史资料》，以及厦门市政协文史委员会从 1959 年开始编写的《厦门文史资料》。学术性刊物如鼓浪屿国际研究中心主办的《鼓浪屿研究》。另外关注鼓浪屿议题的学者从鼓浪屿的方方面面展开研究，如洪卜仁、詹朝霞《鼓浪屿学者》，厦门大学出版社，2015；詹朝霞：《鼓浪屿故人与往事》，厦门大学出版社，2016；李启宇、詹朝霞：《鼓浪屿史话》，厦门大学出版社，2015；梅青：《鼓浪屿》，中国建筑工业出版社，2015；朱润虹：《鼓浪屿》（立春、谷雨、夏至、惊蛰），厦门市鼓浪屿申遗办，2014；高渔：《鼓浪屿词典》，鹭江出版社，2013；周思明：《鼓浪屿的故事》，厦门市鼓浪屿申遗办，2014；泓莹：《鼓浪屿原住民》，厦门大学出版社，2010；黄橙：《鼓浪屿风光》，厦门大学出版社，2010；思明区文化体育局、思明区政协研究室：《鼓浪屿名人逸事》，鹭江出版社，2008；厦门市博物馆：《鼓浪屿地下历史遗迹考察》，厦门大学出版社，2014；余元钱主编《鼓浪屿古今诗词曲联选粹》，中华古籍出版社，2015；郑振生：《鼓浪屿诗词选》，鹭江出版社，1994；朱庆福：《鼓浪屿诗影集》，海潮摄影艺术出版社，2008；何丙仲主编《琴岛潮音：林尔嘉菽庄吟社及其家族诗选》，鹭江出版社，2016；李敏：《菽庄花园一百年》，中国建筑工业出版社，2013；何丙仲：《鼓浪屿公共租界》，厦门大学出版社，2015；何丙仲：《近代西人眼中的鼓浪屿》，厦门大学出版社，2010；〔美〕毕腓力：《厦门纵横：一个中国首批开埠的城市史事》，厦门大学出版社，2009；潘维廉：《老外看老鼓浪屿》，厦门大学出版社，2010；刘海桑：《鼓浪屿古木名树》，中国林业出版社，2013；徐家宁：《大航海时代与鼓浪屿：西洋古文献及影像精选》，文物出版社，2013；颜允懋、颜如璇、颜园园：《鼓浪屿侨客》，厦门大学出版社，2015；林丹娅：《鼓浪屿建筑》，厦门大学出版社，2015；毛剑杰、新历史合作社：《理想年代：鼓浪屿建筑的融合之美》，福建人民出版社，2016；龚洁：《鼓浪屿老别墅百字令》，鹭江出版社，2012；龚洁：《鼓浪屿建筑》，鹭江出版社，2006；龚洁：《鼓浪屿建筑丛谈》，鹭江出版社，1997；董婷：《鼓浪屿建筑艺术》，厦门大学人文学院哲学系，2010；黄橙：《鼓浪屿迷巷》，中国社会科学出版社，2012；任中亚：《水月风花·鼓浪屿》，机械工业出版社，2005；彭一万：《鼓浪屿音乐》，厦门大学出版社，2015；曹放：《琴书：鼓浪屿钢琴博物馆图典》，厦门大学出版社，2014；陈丹曦：《鼓浪屿钢琴文化百年》，中国书籍出版社，2013；谢舒音：《试论鼓浪屿钢琴文化的产生与发展》，厦门大学艺术教育学院，2008；商朝：《跨越海峡：鼓浪屿上的两岸情怀》，福建人民出版社，2017；许十方、陈峰：《鼓浪屿教育》，厦门大学出版社，2015；黄汉民：《鼓浪屿近代建筑》，福建科学技术出版社，2016；蔡望怀：《鼓浪屿建筑概览》，鹭江出版社，1995；林荫新、钟哲聪：《鼓浪屿建筑艺术》，天津大学出版社，1997；周旻：《鼓浪屿历史名人画传》，厦门大学出版社，2016；周彪：《中西并存：鼓浪屿上的多种信仰》，福建人民出版社，2016；苏西：《鼓浪屿宗教》，厦门大学出版社，2011；刘永峰、新历史合作社：《西学东渐：鼓浪屿教育的昨日风华》，福建人民出版社，2015；何书彬、新历史合作社：《奔腾年代：鼓浪屿上的商业浪潮》，福建人民出版社，2015。

⑤ 赖婕：《鼓浪屿工部局行政管理体制研究》，硕士学位论文，厦门大学公共事务学院管理系，2009，第 1 页。

西方市政管理模式在"中国化"进程中的遭遇及其调整，借以管窥殖民文化的真实历史影响。

一 上海、鼓浪屿与天津"工部局"史略

（一）上海工部局

上海工部局成立于1854年7月5日，起因于1853年上海小刀会起义。是时，清政府无力维持上海治安，进而失去对上海外侨居留地的控制权，西人借机组成了具有自治职能的行政机构①——工部局②，英、法、美三个租界合并管理，后法国退出工部局，单独成立公董局。③ 工部局实际上扮演着租界市政府的角色，这一机构延续到1943年汪精卫伪政府接收上海公共租界为止。1854年7月17日举行了第一次董事会议，决定设立委员会若干，其"防卫委员会"（Defence Committee）即为应变小刀会的叛乱事宜。

1861年英国领事麦华陀（W. H. Medhurst）致函驻京公使，建议于工部局内设局长一职，由公众选举产生，薪俸由清政府支出；初设董事④（Member）5人，后增至7人、9人直至14人⑤，董事无薪资，均为荣誉职，1928年，有3名华人进入董事会，1930年增加到5名。工部局的重要行政决策，都取决于董事会。董事会有聘任辞退局中职员之权，同时拥有决定投票之权，掌管财政、地产、警察和港务，并征收捐税以应付路灯、疏沟、道路所需。⑥ 董事会设董事长一人，或称总董（Chairman）；副董事长一人，

---

① 工部局部分程度上也实行立法之权，只是不甚完全。
② 工部局成立前，根据《第一次土地章程》（1845年11月）第十二条规定，容许西人进行简单的市政设施，如道路、码头等的维持与修理。故此，在1846年成立道路码头委员会（Committee on Roads and Jetties），置委员三人，负责征收捐税及建设事宜，并决议每年初召集租地人大会，聆听道路码头委员会对于过去一年之收支与建设报告，并讨论其他事项。道路码头委员会实为后来工部局之雏形，工部局成立后，道路码头委员会即行解散。
③ 早在1854年上海工部局成立时，法国是以一种"在原则上予以同意"态度加入工部局的，是"有条件的"加入。嗣后法国借口《土地章程》未得法政府批准，因而在事实上仍维持法租界事实上的独立，1862年4月法国公董局正式成立，英国领事虽表示法国此举有违《土地章程》，但法国采置之不理的姿态。1866年7月法国颁布《公董局章程》，表示只适用于洋泾浜以南租界。1869年英美法俄德诸国互相承认上海两租界兵力的事实：公共租界（英美租界于1863年合并）和法租界。1874年曾再度提议合并两租界，仍为法所拒绝，此后便不再提及。
④ 《工部局章程》第十九款规定董事选举人之资格：此等发阄议事人，必所执产业地价在五百两以上，每年所付房地捐项，照公局估算在十两以上（各执照费用不在此内），或系赁住房屋，照公局估计每年租金在五百两以上而付捐者。董事候选人资格：其堪充董事者，必名下所负房地各捐，照公局估每年计五十两以上（各执照费不在内），或赁住房屋，照公局估每年租金计数一千二百两而付捐者。
⑤ 截至1930年，在14名董事中，有华人5名，英人5名，美人2名，日人2名。
⑥ 有其他西人认为现有组织不足以应付当前局势，建议将上海改为自由市（free city），未获通过。

由董事中互推产生；董事长为会议时主席及对外代表。因董事各有经营，为处理工部局之事，另设各种委员会，如：警备委员会（Watch Committee）、工务委员会（Works Committee）、财务委员会（Finace Committee）、卫生委员会（Health Committee）、铨叙委员会（Staff Committee）、公用工程委员会（Public Utilities Committee）、音乐委员会（Orchestra and Band Committee）、交通委员会（Traffic Committee）、学务委员会（Education Committee）、图书委员会（Library Committee）、房屋估价委员会（Rate Assessment Committee）

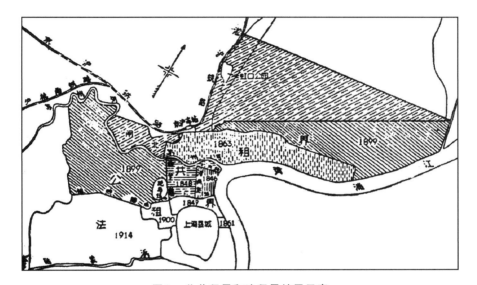

图1　公共租界和法租界扩展示意

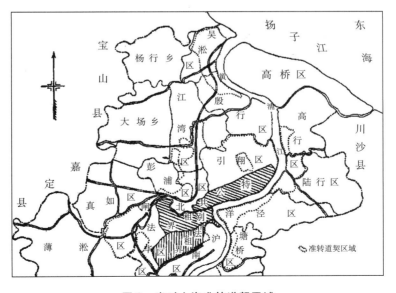

图2　当时上海准转道契区域

等。各委员会人数不等，少则三四人，多则七八人，大多也没有薪给。从 1928 年起有 6 名华人加入工部局各委员会，并随着委员会的增设人数增加至 10 余人。

董事会下另设日常事务的执行人员。行政执行首脑为总裁（Secretary General），下设总办处（Secretariat），设总办一人，帮办两人，以及下级职员若干，为以下各处之间事务接洽的中介。另有捐务处（Revenue Office）为总办处的下属机关，设捐务处处长一人，副捐务处处长一人，及若干下属职员，负责征收捐税及处置其他捐务事宜。此外，依据事务性质差异，设立如下各处：商团、警务处、卫生处、工务处、教育处、财务处、公共图书馆、华文处等。

表 1　上海公共租界之概括统计

位置	北纬 31°15′，东经 121°29′
高度	地高约与海面平
雨量	平均每年 45 英寸
面积	计 5584 英亩
人口密度	每英亩平均 176.8 人
人口	共计 1007868 人（依据 1930 年调查统计）
死亡率	华人 16.24‰，外侨 18.15‰*

* 华人以外的亚洲侨民，占全部外侨人口的 57.6%，其死亡人数占全部外侨死亡人数的 63.29%。华人以外之亚洲侨民人数中，日侨人数占 50% 多，其死亡人数占华人以外的亚洲侨民死亡人数的 53.6%。

（二）鼓浪屿工部局[①]

鼓浪屿是继上海之后的第二个公共租界，先后有英国、美国、法国、德国、日本、西班牙、荷兰、丹麦等 13 个国家蜂拥而至鼓浪屿。[②] 鼓浪屿工部局[③]（以下简称"工部局"）成立于清光绪二十八年十二月（1903 年 1 月），光绪二十九年四月初五（1903 年 5 月 1 日）正式运行。[④] 根据主掌人员及管理模式的差异，可以分为英美工部局时期

---

① 有关鼓浪屿工部局的研究主要参见赖婕《鼓浪屿工部局行政管理体制研究》，硕士学位论文，厦门大学公共事务学院管理系，2009；另外参见袁继成《近代中国租界史稿》，中国财政经济出版社，1998；费成康：《中国租界史》，上海社会科学院出版社，1991；上海等 8 个地区政协文史资料委员会：《列强在中国的租界》，中国文史出版社，1992；何其颖：《公共租界：鼓浪屿与近代厦门的发展》，福建人民出版社，1997；陈孔立：《厦门史话》，鹭江出版社，1996。
② 中国人民政治协商会议福建省厦门市委员会文史资料研究委员会编《厦门文史资料选辑：第 3 辑》，1980，第 8 页。
③ 1877 年，英德两国就曾通过秘密谈判，筹划设立"工务局"，因清政府和民众反对未能达成，此后还曾制定《鼓浪屿行政事务改善计划》，1902 年 11 月 21 日，《厦门鼓浪屿公共地界章程》生效，鼓浪屿正式成为公共租界，此后一直到 1945 年中国政府收回。
④ 李启宇、詹朝霞：《鼓浪屿史话》，厦门大学出版社，2015，第 102 页。

和日据工部局时期两个阶段。[1] 依据工部局自身的发展特征，可分为四个阶段。[2]

第一阶段，成立初期的工部局。

```
驻京公使团 — 驻厦领事团 { 厦门道台
                        洋人纳税者会 } 工部局董事会 { 巡捕长—巡捕队 { 巡长1人
                                                                     三等巡官3人
                                                                     巡捕14人
                                                     秘书（由巡捕长兼任）{ 修路队
                                                                          清道队
                                                                          清洁队
```

此一时期设董事 7 名，其中华董 1 名由厦门道台指派，其余 6 名洋董由洋人纳税者会选充，每年 1 月常会更选。巡捕长 1 人系英国人，以下 18 名均系印度锡克教徒。[3]

第二阶段，1917 ~ 1928 年的工部局。

```
驻京公使团 — 驻厦领事团 { 厦门道台
                        洋人纳税者会 } 工部局董事会 { 局长兼巡捕长 { 印捕
                                                                  华捕
                                                                  侦探
                                                                  监狱
                                                     秘书（由局长兼）{ 修路队
                                                                      清道队
                                                                      清洁队
```

这一时期的明显变化是巡捕队的规模有所扩大，有一、二、三巡职别，印捕中又增加巴基斯坦伊斯兰教徒，另从山东威海卫雇用一批华捕，时称"北兵"。[4]

第三阶段，1928 年以后的工部局。

```
驻京公使团 — 驻厦领事团 { 华人议事会
                        洋人纳税者会 } 工部局董事会 { 财政委员会
                                                     建设委员会
                                                     卫生委员会
                                                     教育委员会
                                                     公安委员会
                                                     书记局（由局长兼）
                                      警务局—巡捕房 { 印捕
                                                     华捕
                                                     侦探
                                                     监狱
```

这一时期的主要变化是华董人数由 1 人增加到 3 人，洋人董事却由原来的 6 人缩减为 4 人，在董事会下另外设置财政、建设、卫生、教育、公安 5 个委员会，由华人议

---

[1] 赖婕：《鼓浪屿工部局行政管理体制研究》，硕士学位论文，厦门大学公共事务学院管理系，2009。

[2] 工部局组织系统结构图来自中国人民政治协商会议厦门市委员会文史资料研究委员会编《厦门文史资料（第 16 辑）：厦门的租界》，鹭江出版社，1990，第 88 ~ 90 页。

[3] 《厦门文史资料（第 16 辑）：厦门的租界》，第 88 页。

[4] 《厦门文史资料（第 16 辑）：厦门的租界》，第 89 页。

事会推荐 5 人分别参加这 5 个委员会，均系义务，无薪金。①

第四阶段，厦门沦陷后（1938.5—1945.8）的工部局。

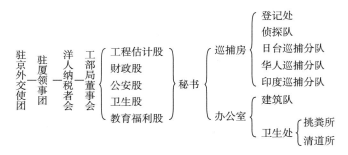

厦门沦陷后，华人议事会随之解散，不再选举华董参与董事会。1939 年 6 月 1 日进行了改革，同年 10 月 17 日签订了"鼓浪屿问题解决协定"，改变工部局原有组织。1940 年 4 月 1 日，开始办理人口登记手续。此时局内的巡捕总数达到 100 人左右，其中日、台巡捕占 30 多名。②

图 3　鼓浪屿共同租界图，为日人所绘

资料来源：图片来自网络 http://blog. xmnn. cn/？uid－1642191－action-viewspace-itemid－2202899，2018 年 1 月 19 日。

（三）天津工部局

天津与上海、厦门鼓浪屿相似，列强先后在其界内设立租界，唯有天津集中了九国租界③（英、法、美、德、日、俄、意、比、奥），面积达 23350.5 亩，横跨海河两

---

① 《厦门文史资料（第 16 辑）：厦门的租界》，第 89 页。
② 《厦门文史资料（第 16 辑）：厦门的租界》，第 90 页。
③ 天津自《北京条约》后开放为通商口岸，1860 年至 1902 年各国相继在天津设立租界。先后经历了三个扩张时期：1860 年英法联军攻占天津、北京后，英法美德以在天津划定租界；1894 年甲午战争后，德、日两国在天津圈占土地；1900 年八国联军攻入北京后，俄、意、奥三国进占天津，比利时也趁此攫取一块土地。

岸，后来逐渐形成了天津城市的中心，超越天津老城区而率先发展。①

天津工部局的设置程序与上海、鼓浪屿无二。初期因侨民数量少，领事即能总揽一切事物，随着侨民增多，商贸活动日渐增多，领事馆遂将租界内的行政管理权限转交本国侨民，设立相关机构。② 各国租界的市政管理组织一般无二，大致分为权力机构——董事会——和行政机构。董事会由纳税人选举产生，对于选举人的资格有一定的财产数额限定③，行政机构为工部局④，工部局受董事会领导，另设若干职能机构，各自分管，等同"租界政府"。⑤

在天津英租界，1862 年工部局就设立了董事会，由英国驻津领事指定 12 名英国侨民组成，程序较为简单，后来逐渐制定章程，实现规范化。董事会名额最初 5 人，其后增加到 9 人，并规定其中 5 人必须为英国人。董事会成员大多是具有经济实力的洋行经理、银行家、高级职员等租界上层人物，并多连任数年、十数年之久。美租界并入英租界后，规定董事 1 人为美籍，董事长则必须由英国人担任，董事任期均为一年，1878 年开始有中国人出任董事。1927 年汉口、九江的英租界被中国政府收回，天津英租界为缓和人民的情绪，华人董事增加到 3 名，1930 年后再次增加华人担任副董事长。

初期，英租界工部局董事会下设八个委员会：人事及财务委员会、工程委员会、警务委员会、电气委员会、水道委员会、医院卫生委员会、学校委员会、义勇队委员会。各委员会一般由 1~4 名董事兼任委员，董事长则是各委员会的当然委员。

---

① 杨大辛编著《天津的九国租界》，第 2 页。
② 杨大辛编著《天津的九国租界》，第 22 页。
③ 根据英国驻津领事 1918 年制定的《驻津英国工部局章程》，凡租界内土地主，每年纳地亩捐达 20 两者，可拥有 1 票选举权，80 两者拥有 2 票，240 两者拥有 3 票，480 两者拥有 4 两，为最高票；占有房屋者每年估定租价达 480 两者可拥有 1 票选举权，3000 两者拥有 2 票，10000 两者拥有 3 票，为最高票。以上规定适用于外籍纳税人。对租界内的华人选举人资格该章程规定：华人土地主年纳地捐在 240 两以上或房产主年租值至少 3000 两才有表决权，选举人会议无论是常年大会还是临时会议，均由英国总领事召集。领事权力较大，不仅对会议内容作出最后裁决，甚至有权否定会议的决定事项。参见杨大辛编著《天津的九国租界》，第 24 页。
④ 法国称为公议局；日租界称为居留民团行政委员会事务所；德国租界董事会成立较晚，1895 年曾将租界的开发建设外租于德华银行，居民增加后 1899 年另组租界公司，1905 年 6 月在租界内施行侨民自治，组成董事会，由选举的 5~6 名董事构成，德国总领事为当然董事长，并对董事会的决议具有否决权，每届董事任期一年；意大利租界在 1923 年才同意侨民自治，由纳税人选举董事会。法租界董事会和英租界相似，也由选举人大会选举产生，下设各委员会负责具体行政。如公用工程委员会、财政委员会、教育委员会等等。与英租界不同的是，法租界各委员会仅具有咨议性质，不具有实权。选举资格认定与英租界略有差异。董事由 7~9 人组成，其中的 5 人为法籍，董事任期两年，每年改选一半。法国总领事在董事会中拥有绝对权力，不仅董事长一职由法国总领事兼任，董事会的任何决议也必须经总领事明令公布后才能生效，官吏任免也由总领事掌握，甚至有停止、解散董事会的特权。
⑤ 杨大辛编著《天津的九国租界》，第 23 页。

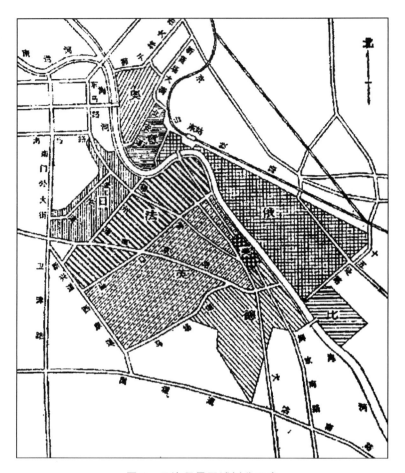

图 4　天津租界区域划分示意

资料来源：杨大辛编著《天津的九国租界》，第 5 页。

图 5　天津英租界工部局旧址

注：天津英租界工部局旧地原为维多利亚戈登堂，今天津市人民政府原址。

图 6   天津意大利租界工部局

注：天津意大利租界工部局位于大马路，原建筑已不存在，下设工程处、捐务处、卫生处。

俄租界、奥租界、比租界工部局的下设机构相同，均为警务局、工程处、捐务处。天津租界内的警务系统有两种：一种隶属于领事馆，与工部局平行；另一种隶属于工部局，通称巡捕房。英租界警务处初期设督察长及巡务总管，后改为正副处长，处长由英国人担任，副处长为中国人。据 1924 年资料统计，警务处共 349 人，计有处长 1 人，副处长 2 人，印度巡捕 21 人，中国巡捕 272 人，便衣侦探、医官及其他工作人员 52 人。日后还曾有所增加，1931 年巡捕有 500 余人。德、俄、奥、比、日租界普通警务人员也多由华人担任。

二 界地管理权之争——华人董事议题

租界划定之初，原定"华洋区隔"，很快因为各种因素成为"华洋杂处"的环境。在天津租界区，形成杂居局面的原因各异，但一个较为严肃的议题是，如何区隔管制居于其中的华人群体。1911 年天津租界、1930 年上海租界的人数统计如表 2、表 3 所示。可以看出，中国人的数量在整个租界区居于绝对优势。租界早期尚有驱逐华人、保持租界内族群单一性的计划，终究未能施行。那么，如何处理混居杂处环境下产生的各种纠纷，以及如何分配有关租界空间中的权力问题，就成为工部局日常行政运行的重要议题。矛盾纠纷涉及司法措置，行政权力涉及华人董事代表权问题。（限于篇幅，不能一一讨论各自租界的华人代表权问题，仅就其中部分展开。）

表 2　1911 年天津租界各国人口统计

租界	本国人	其他外国人	中国人	合计
英国	1664	325	3446	5435
法国	453	285	4153	4891
德国	535	51	4841	5427
日本	1987	36	7154	9177
俄国	324	51	2553	2908
意大利	251	9	5348	5608
奥地利	204	57	14946	15207
比利时	55	17	1321	1393
总计	5473	831	43742	50046

表 3　1930 年 10 月全上海人口统计

籍别 界别	中国人	外国人	合计
华界	1516092	9470	1525562
公共租界	971897	36471	1007868
法租界	434885	12335	447220
全市总计	2922374	58276	2980650

在上海工部局，华人迁入租界，源于小刀会之乱，众多华人避难于租界内。[①] 对于容纳华人一事，西人意见不一。[②] 反对者认为华洋杂居给管理带来困难，采取广州隔离制度较为可取；[③] 从房屋租赁投机中获得巨额利润者，则主张容纳[④]，结果后者意见占上风。此禁一开，华人迁入租界数目日增。如前者所述，华洋杂处各色人等借助租界的庇护，致使租界成为"盗匪出没、赌徒娼妓云集，疫疠、鸦片流行"之所。工部局因顾及多数租地西人的权益，无法决断，仅能将不法之徒驱逐而已，然终非"治本"、长久之策。英国领事阿礼国（Rutherford Alcock）与上海道台商定，凡华人欲在租界内购地建房者，需报告于华官和领事，经允许后方可建置，并要求有富户为其保人。这是西人于租界内"协力"处置华人事务的端绪。

---

① 《上海公共租界略史》，第 7 页。

② 华洋分隔居住，既是对风俗习惯差异的考量，以适应民众心理上的需要，同时也是为了政府管理上的便利。

③ 反对者有先例可依，因早期广州西人多被限制在公行里，不得自由走动或与华人产生其他交集。

④ 主张容纳者多数为将土地、房屋租给华人，从中赚取租金者，并声言其目的在于迅速获利、致富，并无长久居住之意。事实上，早在 1845 年《土地章程》第十六条规定：（外来商人）不得建筑房舍租与华人，或供华人之用。

　　经此一议，华人迁住租界遂成定例。维持租界内治安等诸多事宜所需不菲，遂于租界内向华人征税，项目包括地捐、码头捐和房屋捐。早在 1854 年上海道台函告各领事请其报告租界内受雇于洋商的华人人数及姓名，已为各领事所拒，称道台如欲拘捕租界内的华人，可开示姓名及所犯罪状，则领事当查明其人是否洋商雇佣。这一回复，无疑剥夺了清政府对租界内华人的司法权限。[①] 为厘清司法权限，于 1864 年设立会审公廨，并由上海知县派人主持。规定一般违警事件由该员单独审理，华人为被告者由领事派员会审；刑事案件，华人为被告者由领事派员会审；民事案件纯属华人间者，由清方派员独自审讯；其华人为被告，外人为原告者，领事亦得派员会审；上诉案件由道台审判，以领事为会审员。[②] 然而各领事以诸多借口，遂至一切案件领事均得派员会审，这种情形一致延续到 20 世纪 30 年代。[③]

　　1862 年，上海道台欲向租界内华人征税，因此致函英国领事麦华陀。麦华陀复函称，"地方官与领事间已有多年之谅解，即地方官对于界内华人之管辖须经英领之同意。兹已有如许华人赖吾人保护，分沾吾人之利益，殊觉不便脱离已有之规则"[④]。麦华陀虽如此回复，但英国公使却认为条约中并无容许英国人干涉诸如征税之类的事项，上海道台于原则上有权向租界内的华人征税，并言"吾人如不许中国政府管辖该界内之华人，则吾人不得依条约十八条该国政府与吾人之保护"，再者英租界内的土地属于中国无疑。不能以华人居住于租界内故，而免除其对该国之固有义务。最后，经过调和决定，由工部局向租界内的华人征收房捐 20%，以其半交给华官，但最后未见诸事实。[⑤]

　　1864 年北京公使团议决上海公共租界应遵照五项原则：

　　（1）无论行使各项权力，须先陈明各该国公使，得中国政府允许乃可。

　　（2）此项权力，仅限于简单市政事件，如道路警察及举办市政税等。

　　（3）在租界华人，如实未受外人雇佣，应完全受华官管辖，与在中国地界无异。

　　（4）该领事应管辖各该国人民，市政官只能拘捕犯人，分别送交该管中国官或外国领事惩办。

---

① 徐公肃、丘瑾璋：《上海公共租界制度》，第 29 页。

② 徐公肃、丘瑾璋：《上海公共租界制度》，第 37 页。

③ 辛亥革命时，中方法院人员逃离值守，由领事维持秩序，并遣华人充任审判官，费用由工部局负担。司法之权由此完全落入外人之手，到 1927 年开始中方将会审公廨收回，并设临时法院，1930 年 1 月 17 日《法院协定》成立，设特区法院，司法权始逐渐收回。

④ 英国领事麦华陀致吴道台，1862 年 7 月 16 日，见 Parliament Papers, China, No. 3, 1864, p. 10。

⑤ 徐公肃、丘瑾璋：《上海公共租界制度》，第 30 页。

（5）市政机关内，应有华人代表，俾随时咨询，如对于华人有所举措，须得其允许。①

同年 5 月英国公使卜鲁斯爵士（Sir Frederick Bruce）又说，租地给英国政府并未尝许予该地之管辖权，该地仍属于中国主权，英国政府得管辖英国人民及其财产与其他各埠未有租界者同。盖英国政府得施行之权力，系由与中国所订条约而来，与容许租地无关。② 由此可知，上海公共租界内外人施行的多种权力，实质上均属僭越范畴。

在前述"上海自由市"谋划破灭后，在沪西人计划修改章程③。1866 年新订章程中有华人参加市政的规定，后送交公使团审定后被删除。

据上述 1864 年北京公使团所定之上海租界五原则，工部局中须有华人加入。该要求经 1866 年会议通过，列入修改章程中，1869 年北京公使团批准时却将此条目删除。1905 年 12 月华人开始反对工部局的机构设置，并在 1906 年 2 月选出"华人咨询委员会"7 人，一开始工部局表示赞同，但不久在 3 月的会议上又将之否决。在此期间，不仅有华人民众的抗议之声，中国政府官员也曾在 1915 年致函领袖领事会商华人咨询委员会事项，未见成效。1919 年巴黎和会时，中国政府提议在上海租界未收回前，理应于工部局内增设华董，组成"各马路联合会"，并称"无代表不纳税"（no taxation without representation），要求如不被满足，则以实行总罢市相要挟。1920 年工部局做出妥协，虽否定华人加入工部局董事提案，但不得不同意华人咨询委员会的设立。④ 1921 年 3 月 11 日，华人咨询委员会正式成立，工部局为此颁布如下条例：

（1）该会须选定主席。

（2）工部局于咨询事件，甚愿得该会之意见与赞助，惟须保守秘密，非经工部局决定，不得将讨论之事件公开。

（3）工部局总办处与该会商定开会之时间，以便讨论待咨询之事项。需要时，得请议员到会。

（4）关于工部局提交考虑之事项，该事之意见须用书面录下交与工部局。

---

① 见 Parliament Papers, China, No. 3, 1864, p. 146。
② Couling, *History of Shanghai*, p. 380.
③ 此即第三次《土地章程》，第一次为 1845 年，第二次为小刀会之乱的 1854 年，第三次为 1866 年（1869 年北京公使团暂且批准），1879 年的第四次修改较为繁复，直到 1899 年才获批准；1899 年后的《土地章程》仅作略微调整，没有大的更动。
④ 《上海公共租界略史》，第 18 页。具体规定为：华人咨询委员会由华人选举五人充任。任期一年，但领事团有否认之权。候选人须于选举前在租界内居住 5 年，年纳房捐 1200 两以上，选举时与就职期间，均不能兼任中国政府之官职。

1925年五卅惨案爆发，上海租界内的民族情绪再度高涨，工部局不得已，只能同意增设华董之议。① 1926年4月15日，经会议讨论，增设3名华董。因华董数额问题，两年后才被接受，1928年4月20日华董就职，此外尚有6名华人为各委员会委员。1930年经过华人力争，华董人数增至5人。

鼓浪屿工部局设置伊始，显然从上海工部局的管制经验中受益良多。初期运行，就设有华董1名，虽在7名董事中居绝对少数，却是其因应时局变动，调整其统治体制的显著体现。1928年后，又一次几乎与上海工部局同步，将华董人数由1人增加到3人，同时相应将洋人董事减少至4人。此外，在董事会下所设的委员会中，也分别举荐华人参与，改革力度不可谓不大。

在天津英租界工部局中最早担任董事的中国人是华俄道胜银行买办罗道生，后来出任董事的中国人有：蔡绍基（天津海关道）、陈居熙（招商局总办）、庄乐峰②（中兴煤矿公司董事）、钟世铭（北洋政府盐务署长）、张公㧑（曾任中国驻檀香山领事）、梁惠吾（怡和洋行买办）、郑慈荫（太古洋行买办）、赵天麟（开滦矿务局副经理）、陈聘丞（津浦铁路局局长）、包培之（中孚银行经理）、徐柏园（交通银行天津分行经理）、卞白眉（中国银行天津分行经理）、朱继圣（仁立毛纺厂经理）、资耀华（上海银行经理）、王荷舫（开滦矿务局售煤处经理）、李达（中央银行天津分行经理）。华人董事在政治、经济上与英租界当局有一定的依附关系。③ 法租界内初期并不允许华人担任董事，1914年以后开始允许1名华人担任董事，董事会的成员大多为各洋行、银行的负责人，华人出任董事的有张春华（聚兴诚五金行经理）、李志年（仁记洋行买办）、张翔（留法医生）、乐魁（乐仁堂东家）等。④ 意大利租界内设有咨议3人，聘请居住在意租界内的华人担任，附属于董事会，扮演咨询角色。担任咨议的华人有吴毓麟（曾任北洋政府交通部部长）、黄宗法（曾任天津交涉使）、杨豹灵（大昌实业公司经理）、孙俊卿（寿丰面粉公司总经理）等。⑤ 奥地利租界董事会由中国人与奥地利人共同组成，先后担任董事的华人有：何朝锦（曾任天津常关提调）、李文熙（桐达钱庄东家）、朱家琦（永丰裕烧锅酒店东家）、冯斌（成发粮店东家）等。⑥

---

① 1920年租界内华人即仿照纳税西人会组织起纳税华人会，其宗旨为：发达租界之自治，谋公共之利益与平等之待遇。
② 1930年庄乐峰出任英租界工部局副董事长，直到1941年。
③ 杨大辛编著《天津的九国租界》，第26页。
④ 杨大辛编著《天津的九国租界》，第27页。
⑤ 杨大辛编著《天津的九国租界》，第29页。
⑥ 杨大辛编著《天津的九国租界》，第29页。

三　以工部局为代表的殖民体制的中国化

公共租界内之工部局之所以能够无甚阻碍即能组织运行，与"华官对于管理外人及建设市政，自始即漠不关心"[1] 有很大关系，外人正好借此"越俎代庖，自行管理建设"。工部局作为一个掌管外国侨民聚居区的组织，在将其本国文化、法律、组织制度移植到中国时，产生了"适应性"问题；与此同时，为解决一系列现实性问题，工部局的权限不断得到扩充，俨然扮演着一个正式的市政行政机构的角色，但与西方一般的市政组织相比，其权限广泛得多。

（一）列强内部的争议

租界内，不仅存在列强与清政府官方间的外交往来斡旋，列强之间也并非"一团和气"，更不必说侨居外国人与华人间的文化习俗冲突。在上海租界，英美之间早在1846 年就曾因美国领事 Wolcott 在英租界内悬挂美国国旗一事闹得不可开交，交涉一直持续到 1852 年才以英国放弃对租界的"专管土地"（exclusively under the jurisdiction of British）权告终。[2] 法国也因与英、美存有芥蒂，退出工部局，另组公董局。

不仅如此，早在上海工部局成立之初，其"独立自治区"的情形即为英国政府所不容，认为其应恪守条约义务。1855 年 5 月，英国驻华公使包令爵士（Sir John Bowring）曾训令阿礼国（时任英国驻上海领事），嘱咐其向清政府传达英国并不支持此类自治组织。然而辩护者以"此处实际情形之需要"为借口，得以成立工部局并逐渐发展完善。与本国政府机关的冲突尚不止于此。租界设立之初，雇用华人"更夫"数名，由领事管辖，用以鸣警报更。1848 年后改组为 20 名，并设更长 2 人，1854 年 10 月建巡捕房，并由工部局董事决议，警察完全听命于工部局，不再受领事调派。领事团回应称，工部局警察不是"正式的警察"（Sworn constables），不允许警察装备武器，工部局将武器交给警察是"违法"行为（an infraction of law），也不许干涉清政府管理，华人在租界内犯罪被逮捕后，应立即呈报领袖领事，并"只有中国地方官得以逮捕裁判"。并认为"警察愈早解散愈好"，称如需保留警察，也应"直接受命于领事团，并

---

[1]　徐公肃、丘瑾璋：《上海公共租界制度》，第 17～18 页。

[2]　事情起源于 1845 年《土地章程》第十四条曾有规定：倘有他国商人，欲于洋泾浜以北界内租地建屋或租屋居留或囤积货物者，须先禀明英国领事，得其许可，以免误会。1847 年增加一条规定：在特许英商租地之范围内，除得悬挂英国国旗外，任何国人不得悬挂该国国旗。

对之负责"①。1855 年 3 月，领事团发出布告，谓"从本日起，似此组织之警察认为事实上已经停止，原有之警官警察非得中外当局之签字允许，不得执行职务"②。

（二）现代市政遭遇中国传统礼俗

据 1845 年会商的《土地章程》第五条规定："在租界内，原有华人坟冢，租地人不得加以损毁，如须修理，华人得通知租地人，自行修理之，每年扫墓时间规定为清明节（约在四月七日）前七日，后八日，共计十五日，夏至一日；七月十五前后各五日；十月初一前后各五日；及冬至前后各五日。租地人不得加以阻碍，致伤感情，扫墓人亦不砍斫树木或在他处挖掘泥土，移覆墓上。地上所有坟冢数目及坟主姓名，均须详为登记，以后不许增加。如华人欲将其坟冢移至他处者，须听其自便。"1854 年修订的《土地章程》第十一条仍有关于华人坟墓的规定："租地内如有华民坟墓，未经该民依允，则不能迁移，可以按时前来祭扫，但嗣后界内不准再停棺材。"1893 年划定美租界地界中也规定："华人坟墓，若非其家属自行允准，不得动迁。凡筑公路，不能穿过义冢。"

1. 两次四明公所案

尽管有上述屡次令则，在上海租界内，还是因义冢、公所问题爆发了数次较大规模的暴力冲突，其中较为典型的是发生在法租界内的四明③公所事件。

图 7　四明公所旧影

四明公所为宁波籍人士在上海建立的同乡会馆。1797 年（清嘉庆二年）宁波籍人士

---

① 徐公肃、丘瑾璋：《上海公共租界制度》，第 27 页。
② 到 1855 年 4 月，英国领事 Alcock 及工部局签字允准，虽未有清政府签字允准，但警察仍成为常备警察。
③ 四明是宁波的别称。

在上海县城北门外购 30 余亩土地，次年后"建厂寄柩"，而以"余地为义冢"，此后又经多次扩建，规模、体制逐渐拓展、健全。租界开辟后，四明公所在 1849 年被整体圈入法租界。与法租界公董局的第一次冲突发生在 1874 年。这导因于太平天国运动后，华人涌入租界，使租界内人口增多，地价随之暴涨，法租界遂有展拓地界、更正界限的提议。1861 年 4 月，上海道台吴煦同意了此项要求后，同年 12 月法国人开始扩界，提出收购位于界内的四明公所，表示要在其地修筑三条马路，[①] 理由是公所内停放大量的棺柩和大片坟冢，以及"臭名昭著的孩尸坑"，不仅有碍市容，也容易引发瘟疫流行。此前上海确曾爆发过霍乱、鼠疫等流行疫病，导致部分外侨死亡。[②] 如此一来，拆除四明公所似乎愈显"合理正当"。有文章指出，不同的文化背景和现实立场是此次矛盾不可调和的主要因素。[③] 1873 年法租界公董局再次倡议筑路事宜，拟从四明公所的坟区穿过，意图至为明显。1874 年 4 月 28 日，20 名四明公所董事联名呈文法国领事，"拟请移开丈余"，"所有改筑经费，经由四明在沪之人并力措办"。然则，公董局筑路之议，无非就是剔除与现代城市建设不相符的中国旧式传统礼俗，筑路仅仅是一个合理化其行为的说辞而已。双方没能就此事达成协议。1874 年 5 月 3 日下午，数百名宁波籍市民聚集四明公所，表示抗议，其间与法国巡捕发生冲突，有多名华人死伤。1878 年双方达成协议，法方赔偿中国 7 名亡人 7000 两白银，上海道赔偿法国人 37650 两白银。

图 8 法租界公董局用武力拆除四明公所围墙，企图强占公所，愤怒的市民奋起反抗

资料来源：郑为编《点石斋画报时事画选》，中国古典艺术出版社，1958。

---

① 尤乙：《四明公所与法租界的两次流血冲突》，《档案春秋》2009 年第 4 期，第 47 页。
② 尤乙：《四明公所与法租界的两次流血冲突》，《档案春秋》2009 年第 4 期，第 47 页。
③ 尤乙：《四明公所与法租界的两次流血冲突》，《档案春秋》2009 年第 4 期，第 47 页。

事情并未就此完结。1897 年 11 月 9 日，法租界公董局召开会议决定禁止在洋泾浜北边出租的土地范围内安放棺木，四明公所议题再次被提出。1898 年 1 月 6 日其发布公告，宣布禁止在法租界内停放棺椁，限 6 个月内迁走四明公所的所有旧棺，此后禁止放入新棺。[①] 此次冲突，不再是落后的国民意识和风俗习惯与现代城市文明的冲突。因为四明公所曾根据时宜作出整顿，如将所内寄存的棺椁 3000 余具运回宁波，并且，在此期间再也没有将新棺存入，而是在褚家桥畔另购空地以厝新棺。因此，此次以修路为理由的扩界目的更为明显，实质上是法租界借由中日甲午战争后清政府新败，扩张其势力范围的一次新的尝试。最终法国实现了其进一步扩大租界范围的图谋。

2. 鼓浪屿工部局的市政管理经验

鼓浪屿在空间范围上较为有限，相较于上海、天津，在施行现代化城镇建设、管理方面优势显著。现存《鼓浪屿工部局报告书》（1932 年、1937 年和 1940 年）、《鼓浪屿市场委员会记事录》（1934 年、1935 年）等材料，为今人提供了一个管窥鼓浪屿工部局市政管理的方方面面，从更为微观上展现西式市政管理"中国化"的面相。

1932 年《鼓浪屿工部局报告书》包括会议概况、选任华人董事华人委员报告、洋人纳税者特别会、局务概况、加征牌照税、防疫及防痘情形、警务、公共市场、自来水、电灯、电话、重估产业税委员会等十数项内容；1937 年的报告书更有系统，包括局务报告（会议概况、洋董之变更、华董委选派、华董之递补、职员之选举）、一年回顾、三十年来进展比较表、婢女收容所、医官报告、一九三七年度全屿死亡统计表、警政报告、财政股报告等八项；1940 年的报告书则包括局务报告（年会概况、职员之选举、董事之变更）、一年回顾、警务报告、财政股报告（收入部分、支出部分、债务资产决算、来年收支预算）四项内容。

报告书中直观反映的是，鼓浪屿的市政建设、管理逐渐走上正轨，在 1932 年尚需专门列项讨论的议题，如防疫及防痘情形、公共市场、自来水、电灯、电话等事项，到 1937 年、1940 年时，已经不再提及，这说明此类城市基础建设已经得到解决。总结这三年的报告，有关警务、财务的部分一直得以单项名目开列，说明有关社会秩序、财政部分是工部局较为关注的部分。

另外，在《鼓浪屿市场委员会记事录》（1934 年）中呈现了由华董主持的委员会运行体制。1934 年 12 月 8 日，鼓浪屿市场委员会第一次会议在鼓浪屿市场举行。依据其记载，有洪朝焕、陈国泉、王其华三位委员出席，并推荐洪朝焕担任主席。议决事项包括：（1）陈国泉报告诸商民当下生意不佳，要求予以优待店租三个月，决议两个

---

① 葛夫平：《第二次四明公所案与上海法租界的扩界》，《历史研究》2017 年第 1 期，第 70 页。

表4　1937年度鼓浪屿死亡统计

单位：人

致死因\月份	外侨 肺支气管炎	猝死	堕胎	脚气	血毒	毒瘤	痉挛	小儿哮喘	虚弱	白喉	水肿	痢疾	肠炎	出血	黄疸	疟疾	癞疹	结核性脑膜炎	心肌肉炎	肾脑炎	肺炎	自杀	梅毒	肺痨	痨瘵	伤寒	溃疡（胃或肝）	各因统计
1月			1			1	2	1		1		1	3	1					1		3		1	1			1	18
2月				1					1					3					1		2	2	1	3	1	1		16
3月		1					3		3	1							2		1		2			5	1		1	19
4月	1			1		1	3		3	1	1	2	1	2			3			2	5		2	2	4	1		33
5月							3		4			1	1				6		2		4			4	1		1	31
6月		1					3		3				3			1	3		2	1	4	1		1	1		2	27
7月			1		1	1			2						1				8	3	7	1		1	4	1		22
8月			1	2			1		4								1		4	1	6			1	2	5	1	33
9月		3		1	2				6	1		2	2	1					3		3			3	1	1	2	29
10月					1				7		1	2	1	1		2			2		3			8		2		34
11月					1				3			1	2	2		1			1		3		2	8		2		29
12月							4		6		2			2		3		2	1	1		1		5	1	3	1	34
总共	1	5	3	5	5	3	21	1	42	4	4	9	14	12	1	7	15	2	27	8	42	5	6	42	16	16	9	325

资料来源：1937年《鼓浪屿工部局报告书》。

月租金后优待两个月。（2）陈国泉提议市场管理法除工部局前此所订立者外，应增加（甲）本市场内人等发生误会等事，不得擅用武力解决，致害公众秩序与公共治安，应据理先行投诉本市场委员会秉公办理，万一不易解决，得诉诸法律，若故意擅用武力，该当事人须受市场之内之公共处罚，并取消其在本市场内营业之固有权利；（乙）工部局应在本市场内设特别岗位，令巡警日夜巡守，以防不测。决议通过，并派王其华向工部局申请。（3）陈国泉提议市场内各店铺应准一二人得以夜间在店内住宿，以防万一。决议称本案与工部局所订市场管理法不符，应派人向工部局申请，俟答复后再做定夺。① 市场委员会第一次会议的决议事项较为简略，涉及市场税收、治安方面。市场委员会的权限涉及税收，如可以免除两个月的市场税收，在事涉与工部局所订立的管理办法相违之处，或意图修订工部局规则的时候，则显得较为无力，需要报请工部局再行处置。次年1月11日下午举行的第二次会议中主要讨论解决不肖分子何家等、骆瓦水非法组织鼓浪屿佃户委员会，并阻挠如华公司收取租金一事，议决将报告情形转函工部局，恳请工部局将此等不法之人严拘究办。1935年3月23日第三次会议中通报此次事项解决办法为，何骆等在各日报登悔过书了事。从会议记录中，可见对此事项处理意见有不满。

此后市场委员会会议多照前此举行，一般先讨论前此会议报告事项的解决办法，或议决通过，或报告工部局裁请。市场委员会执掌市场秩序，并依照工部局所订立的市场管理办法严格执行，倘若实际执行过程中遇有管理办法中尚不完善处，或与原定管理办法有冲突的地方，需要报请工部局。虽则如此，由华人担任主要委员的市场委员会，一方面对市场运行机制有所了解，能够适时更正管理规章中不合时宜处；另一方面，不论是委员人选还是普通市场参与者，都在工部局体系化的管理中受到熏染，于不知不觉中培育了其照规程办事的现代城市生活理念。

余　论

西方列强在中国的租界，是一种"华洋杂处"的生存状态，其不可避免地与华人群体有交集，如何界定华人的政治权利、如何管理华人社群是较为棘手的，且无前例可寻。时局稍有变迁，工部局等管理部门不免要对人口居多数的华人群体的申请作出回应。虽然在政治、司法层面上不能实现完全平等，但在将西式城市建设、管理模式移植到租界的同时，生活在同一空间内的华人也亦步亦趋地学习、模仿，二者处在相

---

① 《鼓浪屿市场委员会记事录》，原纪录无页码，笔者编著后应为第1~3页。

同的行政管理体系中。在上海公共租界，华童公学共八所：华童公学、育才公学、聂中丞公学、格致公学、女子中学、东区小学、西区小学、北区小学；华人教育还特设华人教育股，股长一人，由华人充任。并且，此类学校中的措施，不遵照界外教育的令则。虽如此，华童学校的经费仅为西童学校的1/3。医院设备，华人与西人相较，也有类似的不均之处。工部局市厅图书馆只有少量西文图书。再如，上海工部局华文处初设时，只有一名翻译员，一名书记，1930年后扩充为三股：华文学习股、翻译股、华文公报股。并于1930年出版《工部局华文公报》，每周一册。规定工部局若干处职员须习华语，多数巡捕须习上海话，有考试以定及格与否。这从侧面反映出华人群体在租界内势力的增长。

上海为中国问题之启钥，上海公共租界为上海问题之启钥，亦有同程度之真确。在中国许多租界及居留地中，上海公共租界实为最重要最复杂的一种。[1] 此后的天津、鼓浪屿无不以上海租界经验为借鉴。"鼓浪屿英美工部局的管理方式独特并具有代表性，这种管理方式表现出的法制化、民主化、社区自治等对现在鼓浪屿管理仍有借鉴意义。"[2]

附　录

《鼓浪屿工部局律例》（1903年）

粘贴广告

不准于本公界内楼屋或墙壁等处粘贴广告，违者定则拿办。

滥用风枪

本公界内禁用风枪，违者定必拘捕究办，并将其风枪充公。

游濯

凡有在海边行状令人可厌者，准巡捕立即拘拿。游濯者必须穿游濯衣袂，欲换之时，不准在海边。

脚踏车

不准乘脚踏车于人烟稠密之处，以致伤害行人，违者拿办不贷。

妓馆

凡本公界内不准开设妓馆。

---

[1] 徐公肃、丘瑾璋：《上海公共租界制度》，序言第6页。
[2] 赖婕：《鼓浪屿工部局行政管理体制研究》，硕士学位论文，厦门大学公共事务学院管理系，2009，第1页。

建筑

（1）凡呈请建筑书内，当附图详绘，并载明长阔度数。

（2）该图经董事许可后，应遵守图中所载，不得逾越。

（3）凡重建或新筑屋宇，其沟渠水道，当绘明图中。

（4）无论何屋，其建筑不得侵及公路或小路抑公业。

（5）须开凿水井，宜具充足之泉水。

（6）该新屋之沟道，须接连公沟。

（7）新筑之屋，须具一水池，以收集屋上雨水。其池之大小，由本局董事审定。

（8）建筑工程，须于十二个月内完工。倘过期未能完竣，则建筑执照费当再缴纳。

（9）倘所纳之建筑执照未曾用过，可于十二个月内将所纳之照费取回八折。

（10）建筑照内所开条件，应一律遵守；违者立即阻止停工，并召回该建筑执照。

（11）凡价值五千元以下者，每百元须纳一元；凡五千元之外者，每百元须纳洋五角。

轿馆章程

（1）本局所定轿馆章程并轿资等事，并将诸条例开于左。

（2）诸轿馆须应报名登册，并每月缴记费壹大元。

（3）每乘轿须有号牌悬挂在轿之两边，该牌号码不得短至二寸之内。牌由工部局自行发给，不取分文。并轿资开列如下：

轿夫两名	确实挑扛时间
5 分钟	定资洋 2 角
10 分钟	定资洋 3 角
15 分钟	定资洋 4 角
30 分钟	定资洋 6 角
1 点钟	定资洋 1 元
2 点钟	定资洋 1.6 元
3 点钟	定资洋 2 元
4 点钟	定资洋 2.5 元
5 点钟	定资洋 3 元

（4）轿班二名同轿，每日给资洋三元，一日是由早上六点起计算至晚间六点止。

（5）凡有人晚间十一点以后雇轿者，须应比以上所定轿强多给一半之数。

（6）凡欲雇轿探客者，须先与轿夫言明，或在该处守候，或回轿馆定时再来，若无预先设法，则该轿夫可将守候之时间取给轿资。

（7）所定之资，系属客人平常来往路程，非关别等事故，如丧葬喜吉节日，若订日期欲雇者，须当先行彼此商酌为妥。

（8）凡干犯以上定规一条者，定将该轿馆头人带到会审公堂讯究所犯等事。

（9）所定章程，系印以英文及汉文，统行发给诸轿馆实贴，凡有请给，可也。

（10）凡雇轿班者，须直向轿馆雇请。

（11）每二名轿夫守候时间，每点钟一角，于夜间十一点以后，每点钟二角。

家畜

鼓浪屿公界内，凡有畜养鸡、猪、牛及一切家畜等类，理宜约束，不宜放在路上肆行，因有违碍本局章程，除出示禁后，倘有不遵示禁，仍将此等家畜放出肆行糟蹋公路，一经本局巡捕触见，即将此等畜类充公，并饬传畜养主人到会审公堂理罚不贷。

残酷家畜

凡本界内居民，如有殴打或残酷家畜等者，必须拘捕究办。

割伐树木

凡逾越花园以及在公路割伐树木者，因有逾过私界及在公路割伐树木之情由数件，而且常在花园墙界内等寻拾柴火者并割伐树木者，损坏甚多，各巡捕等有受严命，倘有故违者，定即拘拿究办不贷。

养犬执照

本公界内所有畜狗之家，须于每年正月间到本局领给牌照，若无领牌之狗，肆行公路，一经巡捕触见，立即击毙。

纸炮

本公界内不准居民于夜间十一点至晨七点以内燃放爆竹及种种花炮。

赌博

于本公界内不准赌博或开设赌馆，违者定则拿办。

羊照

（1）凡有畜羊者，须到本局给照。

（2）其照不准他人顶替执用。

（3）如有新买及死亡之羊者，应必报告本局，倘有不遵守者，即拿办不贷，并罚银二十五元。

肩挑贸易执照

（1）凡肩挑贸易在鼓浪屿者，必先到本局给执照牌，其牌资每月大洋五角。

（2）华民肩挑贸易在本界内贩卖杂货所自过外国楼前者宜肃静而过，不可大声贩卖，以免喧嚣，并不准立街中以碍行人。

（3）凡肩挑贩卖一切食物者，如鱼类水果等物，须用网盖遮。

（4）不准于本界内贩卖冰冷水或割开生果等，违者究办。

名胜石

凡本界内名胜石，不准开凿。如印石、复鼎石、剑石、升旗山石（鹿耳礁）、鸡母石、鸡冠石（东山顶）、金冠石（港仔后）、燕尾石（内厝沃）、威尔顿石（内厝沃）、骆驼山石、鼓浪石（五个牌）、日光岩石（笔架山）、笔架山。

垢秽物

于本公界内，不准于街道弃垢秽物，违者则拘捕究办。

旅馆执照

（1）凡本公界内所有旅馆酒铺，须到本局给照，其照分为三等：一等二十元；二等十元；三等六元。

（2）如给照系外国籍民，其所执之照，须经其领事盖章。

执照之条例如下

（3）执照不准他人顶替执用。

（4）如有不遵守者，将其牌照注销，并将其保证金充公。

（5）所贩卖之酒，须时时开与卫生员或本局所派之职员检查。如有不清洁或不合卫生者，本局欲将其酒充公，一概不赔偿。

（6）夜间迟限十二点闭门，至晨六时再开，而于礼拜日当□□□①。

（7）凡夜间贸易之时，其大门须燃电灯。

（8）其生理非得本局允准者，不得转让他人。

（9）不准于馆内赌博及无秩序之行为，如酒醉等情。

（10）不准土棍或品行不端正者避难于其内，本局巡捕可随时入内检查。

凡贩卖牛乳者，各宜涤洗其应用之瓶，以便本局监察者检查。

牛奶瓶之涤法如下

（1）先以清水洗净之；

（2）洗刷之后，其器皿须原置其位；

（3）未分给之时，须经监察员封盖；

（4）本厂限于夜间二时开至八时，又于下午二时开至四时。

牛奶捐如左

---

① 缺字。

半斤每瓶一占①；一斤每瓶占半；十二斤每瓶二占。

酒照（洋酒）

凡本界内旅馆铺户如有卖洋酒者，须到本局领给执照，照费每季大洋二十五元；如有外国籍民之执照者，其照须经其领事盖印。

执照之条例如下

（1）其照不准他人顶替执用。

（2）若有不遵守者，本局欲将牌照注销及其保证金充公，并将其领照之人拘捕究办。

（3）凡所售之酒，应听卫生员或本局所派之职员随时检查，该酒如有不清洁或不合卫生有毒者，本局欲将该酒充公，一概不赔偿。

酒照（华酒）

凡有旅馆铺户卖华酒者，须到本局执照，其照费每季不等。

执照之条例如下

（1）其照不准他人顶替执用。

（2）若有违犯于章程者，本局欲将其牌照注销及其保证金充公，并将其领照之人拘捕究办。

（3）倘无领给旅馆执照者，不准在店中给人饮酒。

（4）所售之酒应听卫生员或本局所派之职员随时检查，该酒如有不清洁或不合于卫生或有毒者，本局欲将该酒充公，一概不赔偿。

（5）不准于馆内赌博或不正当之行为。

（6）凡土棍及品行不端正者，不准住在酒楼或旅馆，本局巡捕不论何时可入内检查。

嚷酒②

本公界内，无论何人，不准任意大声嚷酒，以碍治安，违者立即捕办不贷。

本局办事室时间

本局办事室由上午九时开至十二时三十分止，又由下午二时起至四时止。

鸦片

不准于本公界内私运鸦片以及设烟馆，如有不遵守者，定则拘捕究办。

巡捕格外职务

（1）凡有另雇本局巡捕于其职务外者，须先禀告局长，其费每人每点钟大洋五角。

（2）倘因有公事上之要务者，本局不得准其呈请。

---

① 占是厦门话，一占即一分。

② 即猜拳。

结队游行传单表示

鼓浪屿既属公共地界，五方杂处，人民日繁，治安亟应维持，秩序不容紊乱，以固公共之利益，抑亦本局之责任也。况当兹时局纠纷，遍地骚扰，而于此偏小之公界，尤易构怨而酿成巨患，清夜思之，□焉忧虑。本局深愿各居民对于平素所有行为，务本忠义慎重，倘所作何事或若何举动及表示，致使甲国人民触怒乙国人民者，本局均当防止之。嗣后，除国庆纪念，群相祝贺，以及学校宗教团体社会，有正当之秩序、肃静之经过，与夫婚娶之、丧葬之寻常阵行外，凡有其他之结队游行或传单表示，未先得本局之许可者，则本局巡捕长暨巡捕员，均受有明令，得随时阻止之。但此项许可，须于四十八点钟以前请求之，惟照准如有中国官厅送上告谕，须先由领袖领事通告后，转送于本局盖印，然后由本局巡捕粘贴之。

卫生广告

本鼓浪屿各铺户及肩挑贩卖一切食物者，如鱼肉水果等物，时时用网盖遮，以免蝇蚋集中传染疾病。若夫挑贩之布盖，亦须先带到本局查验适当，方能准用。所有冰水冷水及剖开之生果，不论铺户或挑贩，由本日起，一律禁止售卖，以防暑天传染疾病。倘敢故违，立即捕办不贷。

报告身故章程

凡本界内有居民身故者，必报告本局书记，并将其医生证明书附上。

双桨小船规则

（1）各船户须将船牌安置船中后座，以便搭上下船时，可以一望而见。其牌上又须用汉英文两样字写明该船之号并工部局之字。

（2）搭客每人只准收资四镭①，如一人另搭一船者，准取小洋一角半。若夫昏暗之际、黑夜之间，则准收费三角为例。

（3）倘遇风涛大作之时，船资准可酌加一半或倍之，惟风浪之势如何。

（4）轿客并轿夫每载收二角，如空轿并轿夫，则准收费一角半。

（5）每船只准载客六人，不准多载。倘有船户违犯此条，客人应当自保稳妥，并准指明该船户牌照号，驰报本局。

（6）工部局给领船牌费，各船户每月须缴大洋零点四元。

（7）各双桨小船户等，各须遵照规则，倘敢故违，定即究办不贷，并将其船牌取回注销。

（8）各搭客人等，倘有船户玩违规则者，准其指明该船牌，并将申诉之辞，禀呈

---

① 即四个铜板。

本局，以便究办。

招牌

（1）凡有招牌，须离公路七点六尺之高。

（2）其牌不准侵入公路三尺，并不准其遮蔽公路之电灯。

屠场

所有屠场皆受工部局管辖。监察屠场者须察其有合卫生与否，然后盖印。倘有不合卫生者，不准贩卖。本局供给温水及种种需用之器。

畜类之捐如左

（1）屠牛每只大洋一点五元、羊大洋零点五元、猪大洋零点五元。

（2）凡屠夫与贩卖者须遵守条例如下：

（3）所有猪畜等须宰于本屠宰场。

（4）肉须带有本屠宰场之印花。

（5）如有不遵守本局定章，必拿办不贷，并将其牌照注销。

遮洋

（1）本局惟准设帐帷以临时遮蔽食物，当其摆用于太阳照耀之间。

（2）帐帷须用可涤净之布制之，宜守清洁，并须离公路九尺。

（3）倘帐帷有碍于卫生者或不合用之处，本局一概不准。

侵入私业

本公界内不许居民逾入私界，违者定必拿办不贷。

演戏执照

（1）凡本公界内欲开演戏者，必先到本局给照。

（2）所领执照，不准别人顶替执用。

（3）晚间至迟限于十一时闭门。

（4）不准演唱无耻及非理之戏。

（5）应听上差巡捕随时入内查看。日戏一元，夜戏二元。

上海英法美租界租地章程

订立双方：清政府、英法美领事

1854 年 7 月 5 日

一、新章所指界限后附地图，即系道光二十六年八月初五日巴领事与宫道台所判，并于二十八年十一月初二日经阿领事与麟道台，复又按二十九年三月十七日敏领事与麟道台勘定法兰西地界，出示内指，南至城河，北至洋泾浜，西至朱家桥，东至潮州会馆，沿河至洋泾浜东角等处，曾经法兰西钦差大臣会同广东制台徐，均行允准。界内军工厂、新开邑、厉坛三处，并英国领事衙门，均属官地，不在章程之内，嗣后美国与法兰西所用官地，亦一律办理，惟照例给付钱粮。

二、界内租地。凡欲向华人买房、租地，须将该地绘图，注明四址亩数，禀报该国领事官，设无该国领事官，即托别国领事官，即查有无别人先议，以及别故，并照会三国领事官查问，如有人先议，即立期定租，倘过期不租，凭后议人租用。

三、定租。查明无先议之碍，即议定价值，写契二纸，绘图，呈报领事官，转移道台查核，如无妨碍，即钤印送还，归价收用。至址内迁移坟冢，中国例不入契，另行议办。

四、立契付价后，仍照旧用道台全衔，填契三纸钤印，并由道台照会三国领事官，以便存案填图备查。

五、留地充公。凡道路、马前头已充作公用者，今仍作公用。嗣后凡租地基，须仿照一律留出公地，其钱粮归伊完纳，惟不准收回，亦不得恃为该地之主。至道路复行开展，由众公举之人，每年初间察看形势，随时酌定设造。

六、立界。石租定地基，竖一石碣，上刻号数后，由领事官委员带同地保、业户、租主，亲至该地，眼同看明四址，竖立界石，以免侵越，并杜将来争论。

七、纳租。每亩年租一千五百文，每年于十二月中预付该业户，以备完粮。先十日，由道台行文三国领事官，饬令该租主将租价交付银号，领取收单三张。倘过期不交，则领事官追缴。

八、转租。租地皆注册为凭。凡转租，限三日内报明添注，如过期未注，即不为过契矣。其洋房左近，不准华人起造房屋、草棚，恐遭祝融之患，不遵者即由道台究办。大美国衙署之北至吴淞江一带，未奉领事官二位允准，不许开设公店，违者按后开惩罚。

九、禁止华人用篷、寮、竹、木及一切易燃之物起造房屋，并不许存储硝磺、火药、私货、易于着火之物，及多存火酒，违者初次罚银二十五元，如不改移，按每日加罚二十五元，再犯随事加倍。如运硝磺、火药等物来沪，必须由官酌定，在何处储存，应隔远他人房屋，免致贻害。起造房屋扎立木架及砖瓦、木料货物，皆不得阻碍道路，并不准房檐过伸各项，妨碍行人。如犯以上各条，饬知后不改，每日罚银五元。禁止堆积秽物，任沟洫满流，放枪炮，放簪骑马赶车，并往来遛马，肆意喧嚷、滋闹，一切惹厌之事，违者每次罚银十元。所有罚项，该领事官追缴，其无领事官者，即着华官着追。

十、起造、修整道路、码头、沟渠、桥梁，随时扫洗净洁，并点路灯，设派更夫各费，每年初间，三国领事官传集各租主会商，或按地输税，或由码头纳饷，选派三名或多名经收，即用为以上各项支销。不肯纳税者，即禀明领事饬追。倘该人无领事官，即由三国领事官转移道台追缴，给经收入具领。其进出银项，随时登簿，每年一次，与各租主阅准。凡有田地之事，领事官于先十天将缘由预行传知各租主届期会商，但须租主五人签名，如能传集，视众论如何，仍须三国领事官允准，方可办理。

十一、外国人及华民坟墓界内分开地段，为外国人坟茔。租地内如有华民坟墓，未经该民依允，则不能迁移，可以按时前来祭扫，但嗣后界内不准再停棺材。

十二、卖酒及开设酒馆界内无论中外之人，未经领事官给牌，不准卖酒，并开公店；请牌开设者，应具保店内不滋事端，如系华人，须再由道台给发牌照。

十三、违犯以上各条章程，领事官即传案查讯，严行罚办，倘该人无领事官，即移请道台代为罚办。

十四、此章后有改易之处，则须三国领事官会同道台商酌，详明三国钦差及两广总督允准，方可改办也。

附一　上海华民住居租界内条例

照得华民若未领地方官盖印凭据，并经有和约之三国领事官允准，则不得在界内赁房、租地基、建造宅舍居住，今将如何办理条例，开列于左：

凡华民在界内租地、赁房，如该房地系外国人之业，则由该业户禀明领事官；系华民之业，则由该业户禀明地方官，将租户姓名、年、籍，作何生理、欲造何等房屋、作何应用、共住几人、是何姓名，均皆注明，绘图呈验。如地方官及领事官查视其人无碍，准其居住，该租户即出具甘结，将同居各人姓名、年、籍填写木牌，悬挂门内，随时禀报地方官查核，遵照新定章程，并按例纳税。倘若漏报，初次罚银五十元，后再漏报，将凭据追缴，不准居住。该租户若系殷实正派之人，即自行具结，否则别请殷实之人二名，代具保结。

附二　发租洋泾浜地基条款

一、按后所绘地图，分为二十一段，由中、外官宪会同分判。

二、各段内地基，其未先经按例注册租定者，则发租之时，出价高者得租。

三、发租之时，如已得租，当即按每百先交二十为定，限十天全数交至银行，倘若逾期，则定银不还。

四、地内房屋，不在发租之内，限一月内，着原业拆移，如逾限不拆，其房屋即归租主。

五、地段皆同界内别处租地，遵照章程各款，并按图留出公路。

六、地段内如有已经定租注册者，发租之时，须亲身或者人在场声明，若无人在场之地，即行别租，发租之时，如无别人争租，须该人声明依官所定之数，如不肯依定数给价，即将其地撤回，如有人争租，则归出价最高之人，该人倘不声明，亦必勒出其价，待其说明，则伊作为租主。

七、如有人争论，则经租之人作主，从新另行发租。

八、价银皆须洋钱。

（审稿人：谢泳）

鼓浪屿在中国妇女解放事业中的
作用探析

——以马约翰的"天足会"为例

李文泰[*]

摘　要： 鼓浪屿是一座海边小岛，却因其地理位置而在近代以来中国与西方的交流对撞中发挥了独特作用。鸦片战争后，传教士在鼓浪屿兴办学校、医院，翻译西方著作，传播西方先进科学知识，举办慈善事业等等，无不深刻广泛地影响并改变着中国人。而马约翰发起成立的"天足会"，更是在中国妇女的解放中引领了时代先声。正确而全面地认识其历史地位和角色作用，在今天有特殊的意义。

关键词： 妇女解放　中西文化交流　鼓浪屿　天足会

近代以来，西方势力穿洋过海进入中国，伴随坚船利炮而来的还有其近代文明。厦门作为五口通商口岸之一，鼓浪屿作为中国仅有的两个公共租界之一，在激荡百余年西风东渐中率先接受欧风美雨的洗礼，在中国迈向新时代之际引领大时代先声，为近代中国与世界联系而成为"天下一家"起到了重要作用。

鼓浪屿虽偏居海隅一角，却汇聚时代风云，成为近代以来西方势力伸入中国大陆的起始点之一。今天我们漫步于这座只有约 1.8 平方公里的小岛，徜徉在花海与树影之间，可以看到形式多样的西方建筑，或者可以聆听到其中传来的阵阵琴声。百余年来，多少人因此而慕名抵达，多少人不舍离去。无疑地，鼓浪屿为世所知，之所以有花园之岛、音乐之岛、建筑之岛的名称，也只因为它是西方文明东来中国的一个驿站，是以此为起点而向内陆扩张其影响的一个据点。这是鼓浪屿特立独行、不同于国内其他城市的地方，也是近代以来欧风美雨浸润多年的结果。

鸦片战争后西人东来，其表现在外在形式上的，是西方势力对中国在军事、经济

---

[*]　李文泰，厦门市社会科学院助理研究员，研究领域为厦门地方史研究。

直至政治方面的侵略和控制，实质上是西方资本主义文明对中国封建主义文明的冲击和渗透，是西方资本主义社会价值观对中国封建社会价值观的冲击和颠覆。鼓浪屿因其地理位置，成为接受西方在教育、宗教、建筑、音乐等方面影响的排头兵。其影响所及，则让鼓浪屿这一小岛，第一次站在了中国近代化过程的前沿。本文拟从英国伦敦公会传教士马约翰1874年创办的"天足会"这一事例，力图说明西方文明传入中国后，在中国妇女的解放、改变中国社会方面起到的进步作用。当然，对鼓浪屿这一小岛在中西两个文明交流中的冲击对撞，也试图进行分析说明。

一 马约翰其人

马约翰，英文名 John MacGowan。他还有麦嘉湖、麦高温、麦戈文、玛嘉温等多个中文翻译名字。据说他刚到上海时使用的中文名字是麦嘉湖，而到厦门后使用的是马约翰。[①] 1835 年 7 月 23 日，马约翰生于北爱尔兰的贝尔法斯特。1859 年在伦敦英国长老会神学院学习，同年 8 月成为牧师。1860 年 3 月，受英国长老会委派，马约翰携新婚妻子埃伦（Ellen）来华传教。1860 年 3 月 23 日抵上海，他们先在上海传教，后在1863 年夏天转到厦门。但不幸的是，在次年 8 月，埃伦在厦门染病，马约翰只得陪妻子回国治疗，在归国途中的海上，埃伦病故。约在两年后的 1866 年 6 月，马约翰再次回到厦门，从事传教工作。1868 年，马约翰与美部会在福州的传教士弼来满（Lyman B. Peet）之长女格拉芙（Graves Peet）结婚。马约翰在厦门一直服务到 1910 年，已经75 岁，才回到英国。1922 年 3 月，马约翰离开人世，享年 87 岁。[②] 从 1860 年到 1910 年，他在中国 50 年，在厦门就有 48 年，据称，他是鸦片战争后到新中国成立前那一个时期，在厦门居住时间最长的欧洲人。[③]

马约翰在中国 50 年，传教之余，广泛了解中国社会，潜心研究中国历史文化，对闽南地区民俗风情有深入研究。马约翰还是一位多产的写作者，其有关中国的著述有十余部，其中多部著作与厦门有关。主要的作品有：《厦门方言英汉字典》［*English and Chinese Dictionary of the Amoy Dialect*（1883）］、《耶稣还是孔子？——厦门传教故事》［*Christ or Confucius，Which？or the Story of the Amoy Mission*（1889）］、《华南写实》

---

① 据《百年来中来闽工作之伦敦会牧师》（未刊印）等文献资料，其中文名皆译作马约翰，故本文一律以其在厦门的中文名字马约翰称之。

② 苏宗文：《中文片序》，载〔美〕约翰·麦嘉湖《西方传教士眼中的厦门》，龙金顺、许玉军译，当代中国出版社，2015，第 4 页。另见叶克豪编《闽南中华基督教历史资料汇编》，自印，第 46 ~ 48 页。

③ 苏宗文：《前言》，载〔英〕约翰·麦嘉湖《箪笥那边》，龙金顺、韩存新译，鹭江出版社，2015，第 1 页。

[*Pictures of Southern China*（1897）]、《中华帝国史》[*Imperial History of China*（1906）]《华人生活杂闻》[*Sidelights on Chinese Life*（1907）]、《中国民间故事》[*Chinese Folk-Lore Tales*（1910）]、《近代中国人的生活方式》[*Men and Manners of Modern China*（1912）]、《筼筜那边》[*Beside the Bamboo*（1914）]等。①

与一般传教士居高临下看待中国不同，马约翰对贫穷落后的中国充满了同情，对生活在社会底层、被强权势力和贫穷疾病等折磨终生的普通中国人充满了友善和关爱。他自己说，"我在中国生活了 50 年，几乎跟各个阶层的人都打过交道。对我来说，这样的交往是件莫大的赏心乐事。我越是深入了解中国人的生活，就越发觉我的心被他们吸引。他们确实是非常可爱的民族，——确实拥有伟大民族的精神品格。"② 与许多自诩在知识、思想上比中国人高上一等的传教士不同，他特别推崇中国人智力和情感上的能力，"他们具有使他们有能力理解任何话题的思想，并具有能够表达最真挚情感的胸怀。他们热情好客，拥有许多美德。"③ 可以看出，马约翰没有西方人惯常的那种优越感，没有种族偏见，平等看待他族人民，这在传教士中还是很少见的。虽然基督教声称每个人在上帝面前都是平等的，但当时东来的传教士们还是普遍认为东方人落后愚昧，其种族优越感是与生俱来的。马约翰因此而与他创办的"天足会"一起，将被今天仍然生活在这块土地上的人们铭记。

二　缠足陋习对中国妇女的侵害

在中国数千年的封建社会中，最残酷、最黑暗、最惨无人道的一个反人类的陋习，就是给女性缠足。虽然说在过去时代一般妇女无论在社会还是在家庭中都处于卑微的地位，没有独立人格，但是没有任何一项社会顽疾比缠足对她们的伤害更大。女孩缠足之时，"宛转呼号，求死不得，血肉秽臭，肢体摧残"④。秋瑾曾自述，"唉，可怜自从缠了双足，每日只能坐在房中，不能动作，往往有能做的事情，为了足不能行，亦不能做了，真正像个死了半截的人。面黄肌瘦，筋骨缩小，终日枯坐，血脉不能流通，所以容易致痨成病，就能成痨病，也是四肢无力，一身骨节酸痛"，⑤ 可见缠足不但让女性没有了人身自由，还致使她们的身心受到禁锢。在身心受到毒害的情况下，她们

① 苏宗文：《前言》，载〔英〕约翰·麦嘉湖《筼筜那边》，龙金顺、韩存新译，鹭江出版社，2015，第2页。
② 〔英〕约翰·麦嘉湖：《中国南方掠影》，龙金顺、邓庆周译，鹭江出版社，2015，第 276 页。
③ 〔英〕约翰·麦嘉湖：《中国南方掠影》，龙金顺、邓庆周译，鹭江出版社，2015，第 271 页。
④ 金天翮：《女界钟》，转引自熊月之《中国近代民主思想史》，上海社会科学院出版社，2002，第 446 页。
⑤ 秋瑾：《精卫石》，《秋瑾集》，上海古籍出版社，1979，第 123 页。

中的大多数一生之中只得与贫困和疾病相伴而行，她们是这种陋习的最大受害者。后人感叹："女子不幸生于地球，既不能逃产育大难，艰辛劳苦，视男子为剧，而复加以残忍扎割之苦痛，世界男子其无人心矣！"①

缠足是封建专制伦理道德僵化腐朽到最高程度的一种表现。但就是这样一种"酷虐残忍，殆无人理"②的恶俗，在一些失意堕落的旧文人眼中，竟然得到了称许和赞美，品评、怜惜、赏玩女人的小脚，便成为封建士大夫的变态性趣味；女性的弱不禁风、纤柔摇摆这种病态形象，正好满足了封建社会男性奴役、虐待女性的变态心理。如清代无聊而无耻的文人方绚还著有《香莲品藻》一篇，把缠足分为五式九品。即如失意堕落文人李渔、袁枚等，虽然在一定程度上反对缠足，但也部分地钟情于这种病态的审美。③在明清以来的封建社会，缠足已经成为一种社会的普遍恶习，它人为地让女性身体残疾，让女性成为男性的附属品，是男性社会强迫施加到女性身上的野蛮桎梏。

三 西方人士对缠足陋习的认识

19世纪中期西方人不断向中国内陆深入，不可避免就遇到了让他们感到怪异的女性缠足现象。基于他们的宗教信仰和西方已经兴起的民主科学精神的素养，他们首先就对此一恶习进行了严厉的批评。

美国第一位来华的传教士裨治文（Elijah Coleman Bridgman，1801—1861）就认为缠足"是邪恶的做法，不仅人民的思想被歪曲了，而且她们的身体也弄得畸形了"④。在中国生活多年的马约翰，对缠足深为不解，他在其著作 How England Saved China（《英格兰何以拯救中国》）中发问："许多野蛮部落曾经发明一些残忍的手段来毁损和破坏人的身体，但像中国这样一个有着高度文明和优良传统的国家，仍然保留有这种行为，真是闻所未闻。"⑤在他所著的另一本书中，他仍然对缠足充满疑问，"像中国人这么精明实干的一个民族竟然愿意采纳一种习俗，使得成千百万妇女的生命遭受一种永久的不幸和痛苦，同时还使她们不能完全履行照料家庭的义务，这真是一件离奇的事情。"⑥

---

①　金天翮：《女界钟》，转引自熊月之《中国近代民主思想史》，上海社会科学院出版社，2002，第446页。

②　郑观应：《盛世危言》卷二《礼政》，《郑观应集》上册，上海人民出版社，1982，第288页。

③　李渔：《笠翁偶集》，搜集缠足资料极丰，并提出"香莲"三贵"肥、秀、软"的标准；袁枚：《缠足谈》一文，也是一部专门传述缠足"美感"而广有影响的文章。

④　《中国丛报》，Vol. 3，1837，第468页，转引自周莉莉《19世纪美国传教士眼中的中国女性形象》，《文史杂志》2007年第4期。

⑤　J. MacGowan, How England Saved China, London, 1913. 转引自李颖《基督教与近代中国的反缠足运动——以福建为中心》，《东方论坛》2004年第4期。

⑥　〔英〕约翰·麦嘉湖：《中国南方掠影》，龙金顺、邓庆周译，鹭江出版社，2015，第259页。

西方人认为，人由上帝创造，其灵魂和肉体都为上帝给予，个人不得损伤。他们当然认为，缠足是"戕乎天质，逆乎天理，斯为最酷者也"①。

四 马约翰创办"天足会"的经过

如果说鼓浪屿在中国近代史上有什么作为可以"青史留名"的话，由传教士们发起的包括反缠足运动在内的"妇幼救助事业"，应该被重重地记上一笔。这当中，马约翰是一个主要的发起者，是在厦门推行妇女解放的第一人。厦门文史专家洪卜仁认为，包括推动反对缠足、兴办女学、救助婢女和弃婴等社会救助，是基督教传教士们在鼓浪屿施惠底层人民功德甚大、最得人心的方面。②

马约翰是和其夫人③一起发起成立了以戒缠足为主要内容的天足会的。据说事件的起因是马约翰的妻子格拉芙看到邻家一女孩，被其母缠足而痛苦挣扎，格拉芙劝说制止而无效。④ 有鉴于此，1874 年，马约翰夫妇在厦门发出了一个通知，声明将首次召开妇女大会，讨论禁止缠足的问题。尽管有许多反对、不理解的声音，但仍然有 67 人应邀前来参加会议。在会上，马约翰发表了讲话，声明他"在上帝的召唤下"要组织人们反对缠足。在这次集会上，还有两位妇女发了言。

一位"模样俊俏的年轻妇女"认为，缠足的陋习让人痛苦，"我有七个女儿，人们告诉我如果不给她们缠足，将来长大以后找不到丈夫。好吧，她们能否找到丈夫我不在意，如果真的这样，我让她们全都留存家里陪我，给我煮饭"。一位老妇人说，"我们等这一天已经等了很长时间了，最后几乎绝望。感谢上帝，它终于来了，现在我们可以一起讨论这个罪恶的缠足了。唯一的遗憾，我仅仅能为反缠足运动做一点微小的贡献，我本人和我的女儿已经没有办法放足了，只要我活一天，就不会让我的孙女缠足。"⑤

有研究者认为，这两位妇女的发言不像是出自中国妇女的口吻，而更像马约翰借他人之口表达自己的观点。⑥ 我们或许可以肯定的是，这两位妇女都加入了教会，是基督徒，在马约翰等传教士长时间的宣传鼓动下，她们有这样的看法并不奇怪。可以佐

---

① 《裹足论》，见《万国公报》，1878 - 8 - 31，第 503 卷，转引自王海鹏《〈万国公报〉与天足会》，《贵州社会科学》2006 年第 1 期。

② 洪卜仁先生在接受笔者访问时多次有这样的评价。

③ 此时马约翰的妻子为弼来满（Lyman B. Peet）牧师之长女格拉芙（Graves Peet）。

④ http://blog.sina.com.cn/s/blog_71ea653e0101dcgf.html，2017 年 10 月 22 日。

⑤ J. MacGowan, *How England Saved China*, London, 1913, pp. 59 - 63. 转引自李颖《基督教与近代中国的反缠足运动——以福建为中心》，《东方论坛》2004 年第 4 期。

⑥ 李颖在其《基督教与近代中国的反缠足运动——以福建为中心》一文中有这样的意见，该文载《东方论坛》2004 年第 4 期。

证的是，在会议上马约翰发起成立了一个可以自愿加入的反缠足组织"天足会"，英文名为"The Heavenly Foot Society"。他在演讲中宣传，中国妇女的双脚已经失去了天然模样，而他要做的就是组织人们反对缠足，让妇女的双脚恢复上帝制造的人类的"天足"。当天就有9人宣布加入"天足会"，马约翰还在会上拿出了一份事先拟好的支持反缠足的誓约，也有40多人在这份誓约上签下了名字。①

"天足会"的成立，成为当时轰动一时的大事件，也引起了中国其他地方的极大关注。"天足会"明确提出自己的任务，就是要推行"反缠足"、"戒缠足"，让中国妇女远离缠足恶习的侵害。作为一个自愿参加的组织，马约翰等传教士没有强迫教徒或其他人员参加"天足会"。虽然在成立当天只有9人入会，但在马约翰等人的努力下，鼓浪屿及厦门还是有一些人逐渐接受了他们的主张，加入了"天足会"的队伍。1875年10月14日，马约翰向"和会"②汇报"天足会"的工作成绩时，介绍了已经表态不再为女儿缠足的家长名单，共有黄才、许酒钟、黄顺天、陈束带、蒋文良、林文儿、戴修文、添丁、李台、卓双、李实、叶沛然、何慈、陈秋、陈著、余传书、张振、叶中元、陈文选、周俊元、叶元宗、郑朝篇等22人。③ 当然，这些人已基本接受传教士们宣传的主张，并且他们中的一些人后来成了马约翰所在的传教差会伦敦公会的得力人员。

成立"天足会"后，马约翰还在每年的春秋两季召开两次会议，就缠足问题进行公开辩论，基督教刊物《万国公报》对此的报道是，"每年聚集两次，凡有不愿为儿女缠足者，则当于会中立一约，书其名于上，令其亲押号为凭，然后将各执一半，后若背约，则会众共责之，然非以勉强制人，实由自己甘愿者也。"④ 这个会议男性、女性都可以参加，经过这样的不断宣传讨论，男女都可以受到进步思想的感染和熏陶。而在厦门推动这一反缠足运动的，正有男性基督徒的努力。叶汉章是美国归正会最早按立的两位华人牧师之一，就在1879年厦门"天足会"举行的半年度会议上发表了长篇讲话，大力宣传天足思想。有研究认为，叶汉章这篇名为"戒缠足论"的文章，第一次系统地阐述了在基督教思想影响下中国人在缠足观念上的变化，在中国反缠足运动史上有特别的意义。⑤

---

① J. MacGowan, *How England Saved China*, London, 1913, pp. 64 – 66. 转引自李颖《基督教与近代中国的反缠足运动——以福建为中心》，《东方论坛》2004年第4期。
② 闽南英国传教差会伦敦公会属下厦门、漳州、惠安等23个礼拜堂在1873年2月22日成立的联合传教组织，被称为"和会"。
③ 叶克豪编《闽南中华基督教历史资料汇编》第一卷，自印，第53页。
④ 抱拙子：《厦门戒缠足会》，《万国公报》1879 – 3 – 22，第531卷，转引自王海鹏《〈万国公报〉与天足会》，《贵州社会科学》2006年第1期。
⑤ 李颖在《基督教与近代中国的反缠足运动——以福建为中心》一文中有这样的评价，该文载《东方论坛》2004年第4期。

人道的、正义的而又惠及大众的事业总会有光明的未来。马约翰、叶汉章等基督徒们的努力取得了成果，春秋两季"每次会议结束，都会有新人加入"，而最让人感到欣慰的是，"不缠足女孩的数目不断增加，并且受到强烈的羡慕"[1]。到 1879 年，自愿加入天足会的有 80 余家，[2] 到 1894 年，厦门天足会的成员已达到 800 余人。[3]

五　中国妇女解放运动从鼓浪屿走向全国

马约翰等人在厦门鼓浪屿上发起的反缠足运动，不但影响厦门周边，还波及全国。天足会成立不久，福州基督教会美以美会就表示要与厦门天足会协力同进，并在不久后也成立了反缠足的组织"天足会"，这促使马约翰产生在全国建立反缠足统一组织的想法。

1877 年，在上海举行了西方传教士第一次全国性的大会。在讨论涉及传教工作面临的任务和问题时，反缠足作为一个主要议题被大会列入议程。[4] 此后，这一解放中国妇女的运动也取得了中国文人阶层的支持。1888 年，维新派领袖康有为在其老家广东南海，联合一些开明乡绅创立"不缠足会"，提倡妇女不缠足，会员达万人以上。另一位维新派人物梁启超也积极从事反对缠足的活动，他与汪康年等人也成立了不缠足会。在维新变法失败后，虽然维新派提倡的不缠足运动陷入低潮，但崇尚天足的观念已深入人心。

1895 年 4 月，在上海英国商人之妻立德夫人[5]的支持下，全国性的天足会在上海

---

① J. MacGowan, *How England Saved China*, London, 1913, p. 75. 转引自李颖《基督教与近代中国的反缠足运动——以福建为中心》,《东方论坛》2004 年第 4 期。

② 抱拙子:《厦门戒缠足会》,《万国公报》1879 年卷 531, 转引自李颖《基督教与近代中国的反缠足运动——以福建为中心》,《东方论坛》2004 年第 4 期。

③ Our Book Table. Chinese Recorder, 1894, Vol. 25. 转引自李颖《基督教与近代中国的反缠足运动——以福建为中心》,《东方论坛》2004 年第 4 期。

④ 叶克豪编《闽南中华基督教历史资料汇编》第一卷, 自印, 第 53 页。

⑤ 阿绮波德·立德（Archibald Little, 1845—1926）, 英国在华著名商人立德之妻, 习称立德夫人。她跟随在华经商的丈夫在中国生活了整整 20 年, 足迹几乎遍布了中国南方的所有通商港口, 并远涉内陆西北地区。著有《在中国的婚事》(1899)、《熟悉的中国》(1899)、《穿蓝色长袍的国度》(1901)、《北京指南》(1904)、《李鸿章, 他的生平和时代》、《北京我家花园的周围》(1905) 等作品。20 世纪初, 立德夫人在上海主导发动了全国性的"天足运动"。为获得政府高层支持, 她拜会了李鸿章及张之洞等要人。中国妇女废除缠足并非只是立德夫人一人之力, 但她不遗余力地宣传裹足的危害, 对于废除缠足的劣习无疑做出了巨大的贡献。当时的福州道台对她说:"你像观音菩萨, 中国人过去只有一个观音, 现在有两个, 你就是第二个。"值得一提的是, 立德夫人把她从事解放妇女缠足的"天足会"归功于她的丈夫立德, 并称"中国开展轰轰烈烈的反缠足运动, 其发端应归功于他", 这应该是夸大其词。因马约翰成立厦门"天足会"毕竟在 20 年前, 当然上海"天足会"把这一影响扩展到了全国各地。但立德夫人在成立全国性的"天足会"及拜会李鸿章、张之洞等人方面得到其丈夫的大力支持, 应该是事实。可参见立德夫人在其丈夫所著《中国五十年见闻录》一书所作的"编者按", 该书中译本由南京出版社 2010 年出版。

"皇家亚洲委员会"举行成立大会。马约翰作为主要代表作了发言，立德夫人被推选为会长。

在社会各界推动下，1898 年 8 月 13 日，光绪帝下旨，谕令各省督抚劝导地方禁止妇女缠足。随后，各省纷纷响应，在学校进行反缠足教育，向社会大众广泛宣传天足的好处。1911 年辛亥革命后，孙中山作为临时大总统发布第 37 号令《大总统令内务部通饬各省劝禁缠足文》，在全国"一律劝禁缠足，如有故意违禁令者，给其家属以相当惩罚"，禁止缠足在各大城市基本实现。

但占人口总数 80% 以上的广大农村地区，缠足依然没有断绝。即使在一些城市，后来封建复辟、军阀混战，封建势力回潮，缠足又有复辟。如在厦门，1910 年农历八月初四日的《厦门日报》就有这样的报道："缠足之虐人人尽知，（且）屡经当轴者示禁煌煌，不啻三令五申；无如海者敦敦，听者藐藐。厦地虽素号开通，究竟解为天足者，寥寥如晨星可数，一般小户人家，不但以缠足为荣，且变本而加厉焉！可见积习相习相沿，牢不可破也。"[1] 到了民国时期，虽然厦门作为沿海城市新风尚流行一时，缠足妇女尚有 3000 余人，但多数是来自内地各县，其中还有未满 15 岁者 8 人。即使在大都会，一直到北伐时期，人们还发现北京"裹小脚的陋俗，并未完全废除。中年以上的妇女，固无论了，可怜那五六岁的小女儿，已经裹得金莲三寸，步履艰难了"[2]。偏僻一些的，就如鲁迅熟悉的鲁镇，尽管是在"七斤剪了辫子、燕人张翼德的后代张大帅又护着皇帝坐了龙庭"[3] 之后好几年，还有这样的景象："六斤的双角丫，已经变成了一支大辫子；伊虽然新近裹脚，却还能帮助七斤嫂做事，捧着十八个铜钉的饭碗，在土场上一瘸一拐的往来。"[4]

六　鼓浪屿在中国妇女解放及中西文化交流作用方面的评价

马约翰在鼓浪屿创办的"天足会"，只是来厦传教士们传播西方文明的一个缩影。在更为广泛的领域，如传教士在鼓浪屿兴办学校、医院，翻译西方著作，传播西方先进科学知识，举办慈善事业等等，在更加深刻广泛地影响着并改变着中国人。

马约翰创立"天足会"后，鼓浪屿上的基督教人士还创办了救助弃婴的"怜儿

① 洪卜仁：《厦门妇女运动的开端》，载洪卜仁主编《厦门妇运百年》，厦门大学出版社，2011。
② 宋化欧：《北京妇女之生活》，《妇女杂志》第 12 卷第 10 号，1926 年 10 月。
③ 鲁迅在此处是指 1917 年 7 月，清朝最后一任皇帝溥仪，在北洋军阀张勋的操弄下短暂复辟的事件。
④ 鲁迅：《风波》，《鲁迅全集》第 1 卷《呐喊》，人民文学出版社，1981，第 475 页。

堂"、救助婢女的"中国婢女救拔团"等民间组织。"怜儿堂"由鼓浪屿基督教会在1887年创办，发起人是英国长老会的三个牧师娘和美国归正教会的打马字牧师娘。至抗战前该堂停办时，共收养了300多个弃婴，主要以女婴为主，这些人后来一般都成为基督徒，长大后成了护士、小学教师等。"中国婢女救拔团"由许春草在1930年创办，至1941年日本人占据鼓浪屿时止，每年救助婢女数十人至上百人。①

妇女不解放，中国的独立、自主、繁荣富强就是一句空话。从前面的阐述我们看到，在马约翰发起成立"天足会"21年后，上海才由立德夫人等推动成立了全国性的"天足会"组织。鼓浪屿由此而引领全国风气之先，在中国近代史上写下重重一笔。

由此而观察，似乎可以说，鼓浪屿由于有大量外国人主要是西方人的进入，也带来了西方文化的广泛传播，因之鼓浪屿又被人赞为"华洋共处的和谐社区"，是中西文明交流过程中一个"杰出的"成果。

但是，必须注意到，鼓浪屿横亘于东西之间，长卧于南洋之北面门户，只是因为处在这样一个中国与西方、中国与南洋的交汇点上，它迎接西方文明的欧风美雨，也接纳归国华侨的回国定居与大量投资。鼓浪屿因此是独特的，但它却没有普遍性；它只能存在于鼓浪屿这一公共租界的小岛，绝无可能复制于中国内陆。但必须指出的是，鼓浪屿的这种接受西方文化的地位，是历史和地理因素的格外垂青；而这种文化要发挥它的作用，也是有所限制的。从这个意义上来说，鼓浪屿是如此的孤单失群，没有典型意义，也不可能征引推广。正如费正清所言，鼓浪屿等"中国沿海，即中国和西方文化的会合点，是现代化开始的地方。但是就中国作为一个整体而论，这种现代化运动起先只能扮演一个次要的角色"②。

最明显的事例就是，鼓浪屿作为中国沿海地带的一个突出点，当它成为"国中之国"而拥有所谓"国际安全保证"时，背后的大陆却饱受外来强横势力的政治、经济和文化侵略。鼓浪屿风光如画环境优美，是一部分西方洋人、中国富人的洞天福地，普通大众或可到此游心寓目一览山光水色中西异同，但对比于即使是一水之隔的厦门，"以较对岸，有如天壤焉"，③何况兵连祸结满目疮痍的广大中国内陆。当鼓浪屿上的富人们莺歌燕舞纵情享乐之时，厦门的"穷人阶层特别是那些'苦力们'很少活到老年，因为瘟疫、霍乱、发热、肮脏、鸦片、垃圾、卖淫和愚昧无知夺走了他们的生命，所有这些都导致他们不能够活到高龄。每年都有好几千人像草一样在收

---

① 〔美〕Chris White（白克瑞）：《"援救可怜之人"：民国时期厦门的婢女救济》，载周旻主编《鼓浪屿研究》第一辑，厦门大学出版社，2015。
② 〔美〕费正清：《费正清对华回忆录》，陆惠勤、陈祖怀译，世界知识出版社，1991，第137页。
③ 厦门市地方志编纂委员会办公室整理：《民国厦门市志》卷17《实业志》，方志出版社，1999，第423页。

割者的刀前倒下"①。历史已经证明，要改变这一现实，西方势力和西方文明的力量不但鞭长莫及，而且多数情况下也药不对症。只有中国新一代知识分子的成长和惊醒，只有全民族的崛起和抗争，只有他们起来发起一场深刻而激烈的革命，才能埋葬一个旧时代，迎接一个新世界的到来。

（审稿人：叶克豪）

---

① 〔美〕毕腓力：《厦门纵横——一个中国首批开埠城市的史事》，何丙仲译，厦门大学出版社，2009，第58页。

20 世纪前后南洋华侨归国定居鼓浪屿情况及原因浅析

詹朝霞*

摘　要：南洋华侨 20 世纪前后陆续归国，定居鼓浪屿，往返于厦门与南洋各国之间。他们大多祖籍泉漳地区，是侨居国的侨领级人物。他们归来后，兴建房屋，修筑铁路，举办金融，捐助教育，创办电灯电话自来水等公共事业，为鼓浪屿与厦门的近代化建设做出了不可磨灭的贡献。究其原因，资本主义发展的全球化动力与晚清的自救努力是南洋华侨归国的历史背影与契机，而鼓浪屿的特别魅力与南洋华侨的家国之梦则是南洋华侨归国的直接外因与内在动力。南洋华侨的归来无疑成就了鼓浪屿风华绝代的时期，这一时期也是厦门城市发展的重要时期。

关键词：鼓浪屿　南洋华侨　定居

一　南洋华侨之概念界定

"华侨"一词，意指工作和生活在中国境外的华人。本文所指南洋华侨，界定为侨居菲律宾、新加坡、印度尼西亚、越南、缅甸等东南亚各国的闽南籍华侨，不包括台籍同胞。

二　南洋华侨 20 世纪前后定居鼓浪屿概况

南洋华侨内迁定居鼓浪屿并非一日之功，而是在 20 世纪前后（19 世纪 90 年代到 20 世纪 20 年代）二三十年之间陆续迁来，并且期间经常往返于厦门与南洋各国之间。

---

* 詹朝霞，厦门市社会科学院鼓浪屿国际研究中心《鼓浪屿研究》编辑部主任，研究领域为鼓浪屿文史研究。

现就资料所及,将此期间到达鼓浪屿的华侨列举如下。

1897 年,菲律宾华侨、厦门人叶清池(又名叶崇禄,1846—1927)将生意交其弟叶清潭经营,携眷回乡,在鼓浪屿福建路选址建造颐园别墅,即今人俗称的"叶清池别墅"。

1900 年,新加坡华侨、晋江人郑柏年与英国人金禧甫来到鼓浪屿,创办鼓浪屿英华书院。郑柏年在今笔山路 7 号建别墅一幢,与后来的林文庆别墅为邻。

1908 年,新加坡侨领、医学博士,祖籍漳州海澄(今龙海)的林文庆赴鼓浪屿,迎娶鼓浪屿闻人殷雪圃之妹殷碧霞为第二任妻子,居今鼓新路 26 号。民国十年(1921年)林文庆接受陈嘉庚先生力邀,继邓萃英之后接任厦门大学校长。

民国二年(1913 年)前后,菲律宾华侨、漳州龙海人杨忠权及其家族在今鼓新路、安海路陆续建成名为"杨家园"的一组 4 幢别墅。

民国六年(1917 年),菲律宾华侨、晋江檀林人许经权购鼓山路钻石楼,民国十三年在其东侧建成蕃婆楼。

民国七年(1918 年),越南华侨、法籍华人、南安人黄仲训在日光岩山麓建造瞰青别墅和西林别墅。

民国八年(1919 年),印度尼西亚华侨、南安人黄奕住携资 2000 万银元归国,定居鼓浪屿,1920 年前后在蕃仔球埔西边陆续建成日后号称中国第一别墅的中德记黄家花园南北中 3 幢别墅。

民国十年(1921 年)前后,菲律宾华侨许汉在笔山路建亦足山庄别墅。

民国九年至民国十九年(1920~1930 年),菲律宾华侨,晋江深沪人黄秀烺、黄念忆在今福建路 46 号建"海天堂构"一组 5 幢别墅。

民国十五年(1926 年),菲律宾华侨、晋江金井人李昭以、李清泉父子在升旗山建容谷别墅。李昭以、李昭北还在漳州路建李家庄 2 幢别墅。

从以上简要的列举中,可以得知,首先,他们大多功成名就,腰缠万贯,是侨居国的侨领级人物。其次,他们祖籍多为漳泉地区,其中以泉州南安(石井金淘诗山)、晋江(深沪檀林)为多。最后,他们都不惜重金,在鼓浪屿大兴土木,购地筑屋,安置家眷,在鼓浪屿安居乐业。

三 南洋华侨对鼓浪屿及厦门的贡献

南洋华侨归来,无疑为鼓浪屿注入了巨大的活力。他们爱乡心切,财力雄厚,为鼓浪屿带来滚滚财源和勃勃生机,鼓浪屿从此进入发展的黄金时期。下面从五个方面简述南洋华侨对鼓浪屿厦门发展的贡献。

1. 奠定鼓浪屿建筑基本格局，催生厦门现代城市建设

南洋华侨既然选择鼓浪屿为归国的定居地，他们当然视鼓浪屿为家园，除了不惜重金建造自己的安乐窝，对投资厦鼓市政建设更是毫不吝啬。他们纷纷成立房地产公司，掀起了厦鼓房地产热潮。

1918 年，越南华侨黄仲训以 120 万银元创办厦门近现代史上第一家房地产公司——黄荣远堂，从此开启鼓浪屿史上第一次大规模房地产热。

继黄荣远堂之后，印尼糖王黄奕住于 1927 年创办地产公司黄聚德堂，资本额为 245 万元，为当时厦门规模最大的房地产公司。据 1957 年厦门房地产管理处调查，黄奕住在鼓浪屿先后建 160 余幢房产，建筑面积为 41457.7 平方米，居当时所有地产公司首位。黄奕住还与印尼另一糖王郭春秧等于民国十年（1921 年）前后，投入巨资，在鼓浪屿面对厦门滨海地带建楼宇，形成龙头路、日兴街、锦祥街等商业街区。1927 年，菲律宾侨领、木材大王、金融巨擘李清泉与叔父李昭北在厦门成立注册资本额为 190 万元的李岷兴公司，一边在鼓浪屿漳州路建造李家庄 2 幢别墅，一边在厦门中山路、中华路、大同路等地兴建数十幢商住两用楼。此外李清泉还个人投资 35 万元，在中山路海口路建造 11 幢楼房。1928 年，缅甸华侨王紫如、王其华兄弟的如华公司陆续购进海坛路门牌 18 号对面一带地皮及旧屋，投巨资兴建鼓浪屿市场及延平影剧院。吃住娱乐尽在其中，可以说是早期的 "Shopping Mall"。到此鼓浪屿地产热潮达到高峰。

一份统计数据显示，70% 的鼓浪屿建筑建于 20 世纪二三十年代，其中 70% 是由华侨投资建设的。如果再加上华侨从洋人手中所购物业，那么华侨所占房产份额则更多。据 1934 年鼓浪屿工部局报告，该年华人在鼓浪屿物业达 6138330 元，在所有征税物业中占 99.44%。由此可知，华侨才是鼓浪屿建设的主体。

此外，以黄奕住、李清泉为首的房地产公司还斥巨资推进厦门市政建设。20 世纪 20 年代，厦门掀起了城市建设热潮。1920 年夏，厦门第一条马路——开元路建设工程开始实测规划。同年冬，开元路开工。1924 年，两旁骑楼大部分竣工；1926 年，混凝路面铺设完成。黄奕住、李清泉的大手笔开启了厦门地产热潮，一时间，海内外侨资蜂拥而至，在高峰时，厦门地产公司多达百家，其中规模较大者多为侨资开办。这些公司大批买进土地，再建造起现代风格的骑楼，厦门地价开始猛涨。中山路、大同路、中华路、今民族路等厦门著名老街区陆续建成，厦门老城区基本格局初步形成。因为这些城建工程的投资施工基本上是由居住在鼓浪屿的华侨富商组成的市政会组织实施，所以有人说鼓浪屿是厦门城区的母体。由此可见华侨对厦门城市发展的贡献之巨。

2. 投资金融业，服务对外贸易

由于厦门是闽南乃至整个福建出入海外的中转港口，无论是生意资金周转还是私人家用汇兑都往来频繁，由此催生了钱庄侨批业的繁荣。随着世界经济发展，对外贸易增加，银行金融业得到迅猛发展。这一时代脉动很快为在海外商场打拼多年、见多识广的华侨巨贾所认识。他们一旦洞悉先机，就眼疾手快，出手不凡，迅速建立起自己的金融王国。其中黄奕住就是典型一例。

凭借多年的商战经验，黄奕住痛切地认识到金融业的重要性。为了不受印尼宗主国荷兰的银行及日本殖民者银行的制约，黄奕住决心开办华人自己的银行。他在1919年归国前已在印尼、新加坡等地开办日兴银行，1919年归国后第一件事就是到北平、上海考察金融事业，遂决心斥资700万银元在上海开办中南银行。他不惜重金聘请上海闻人史量才为总经理，使中南银行成为当时中国唯一一家可以发行货币的私家银行。黄奕住进一步在厦门和鼓浪屿开设中南银行厦门分行、鼓浪屿支行。如果说黄奕住携资2000万元之巨归国，成为当时鼓浪屿首富，在金融业领域独领风骚的话，那么其他华侨也各显神通，纷纷开设银行、钱庄、侨批汇兑局等大小金融机构。比如菲律宾华侨许经权，在大佬云集的鼓浪屿实在算不上"大佬"，但他也出手不凡，于1918年在厦门创办美南信局，又于1937年在菲律宾创办中菲汇兑信托局，办理厦门与菲律宾之间的汇兑业务。

仅此两例，足见当时厦鼓金融业之一斑。当时银行、钱庄、侨批局多集中在厦门的中山路一带，抗战期间，大多迁到鼓浪屿黄奕住的日兴街。日兴街一度成为鼓浪屿的华尔街。

3. 致力公共事业，推动厦鼓市政现代化

与此相适应，鼓浪屿的公共事业得到了前所未有的发展，其主体由"洋人"转为华侨，华侨的雄厚财力是各项公共事业发展的强大后盾。可以说华侨资本的强力注入，是鼓浪屿公共事业得以发展的动力和保证。而作为行政管理机构的"工部局"和司法机构的"会审公堂"则为华侨投入公共事业的热情，提供了环境支持和法制保障。

鼓浪屿的电灯事业，经历了由洋人创办到华人购买自办的曲折过程。1904年3月，鼓浪屿大河墘大光公司开张，引进了美国先进的电汽灯。1913年1月6日，上海英商韦仁洋行向鼓浪屿工部局申请获准在岛上安装电灯，专利25年，注册资本3.7万银元。鼓浪屿人早于厦门人80多天用上了电灯。1925~1928年，华人与"洋人"在电灯公司开办权上展开了旷日持久的斗争。直到1928年12月21日，正式成立"鼓浪屿中华电灯电力股份有限公司"，亦即"鼓浪屿中华电汽有限公司"。林富阁为董事长，林芳苑为经理，王清辉留任工程师。从此结束了外国人垄断鼓浪屿电气事业的历史。

鼓浪屿的电话事业也同样历经坎坷。1908 年 1 月，林尔嘉在厦门寮仔后（今晨光路）创办"厦门德律风公司"，设电话交换所，开办资本 2 万银元，采用日本产磁石式电话机，容量仅电话机 400 门。1911 年，日本人德广在鼓浪屿洋墓口（今晃岩路）开设川北电话公司，采用磁石旧式话机。1921 年 4 月 16 日，林尔嘉将厦门德律风公司的所有权以承盘 10 万银元（一说是 20 万银元）割让给黄奕住。黄奕住接手后，扩充资本至 30 万银元，立即着手改良电线，筹建商办厦门电话股份有限公司。黄奕住又投资 20 万银元，建筑赖厝埕（今大元路）总机房新址及添设新设备；改装共电式电话交换机及所有附属设备；向美国开洛公司订购共电式电话交换机 480 门；同时从上海聘请钱咸昌为总工程师，全部改装，重新架设原有电杆线；向上海购买全新挂机座机及听筒等电话机件；训练女生做总机接线员。以上种种举措，深受用户欢迎，短期内申请装电话者达千户以上。

1923 年 8 月，黄奕住以 23250 元的代价，将川北电话公司收回。鼓浪屿接线站设在龙头路（今邮电支局楼上）。至此，厦鼓电话公司得以统一，商办厦门电话股份有限公司正式成立。

相对于鼓浪屿的电灯电话事业的华洋之争，鼓浪屿的自来水事业则以黄奕住为发起人，一开始就由华人控股创办。1920 年，黄奕住着手创办厦门自来水公司。他与林振勋、厦门商会会长洪鸿儒、中国银行厦门分行经理陈实甫、英商汇丰银行买办叶孚光等几位华侨，募股集资，招兵买马，积极筹备。原始设 1 万股，每股 100 元，共 100万元，实际集资 110 万元，黄奕住认 4000 股，投资 40 万元，为第一大股东。林振勋认 700 股，投资 7 万元，为第二大股东。叶孚光（又名鹤秋，叶德水第八子，人称八舍，亦有人叫他叶老八）认 100 股，投资 1 万元。由此，股东聚齐，资金雄厚，以黄奕住为发起人的"商办厦门自来水股份有限公司"已呼之欲出。1921 年 2 月，黄奕住以当时厦门最高月薪 700 元聘请林全成任公司的总工程师。1923 年 5 月，"商办厦门自来水股份有限公司"正式成立。1924 年，"商办厦门自来水股份有限公司"在上海对自来水公司所需设备如蓄水池、沙滤池、水管、水塔及自来水建筑工程举行招商投标。1926 年 10 月 28 日，"商办厦门自来水股份有限公司"召开成立大会，并通过章程，黄奕住当选为董事，并由董事会选为董事长和办事董事。自 1926 年 7 月试行放水，至1927 年全部工程完成，用户逐步扩大，1 年后增加到 700 户，2 年后增至 1200 户。1929 年，黄奕住下决心解决鼓浪屿的用水问题，在鼓浪屿日光岩和鸡冠山分别建造高低蓄水池及配水管道。在厦门和鼓浪屿建设上下水码头，并购买大小船三艘、拖船一艘，逐日将滤清的水运往鼓浪屿的西仔路头，用电机抽至蓄水池。1932 年正式对鼓浪屿居民供水。

从上可知，电灯电话自来水等公共事业的创办历经坎坷，殊非易事，其中华侨所花费的心血、物力、财力更是难以估量。而鼓浪屿市场的建立更使鼓浪屿在公共设施建设上领先一步，弹丸小岛鼓浪屿领先于时代的近现代化历程清晰可见，此一时期成为鼓浪屿公共事业发展的黄金期。

4. 重视教育，捐资建校

华侨旅居海外，虽不乏功成名就富甲一方者，但仍痛感侨居异国，寄人篱下，颇有家国之痛。他们认为之所以如此，乃是因为国家贫弱积重难返，国人民智不开，愚顽不化，智识低劣，无从进步。他们认为办教育，开明智为报国第一要务。华侨一旦稍有资产，无不乐于捐资兴教，育化国民。在此方面，陈嘉庚就是华侨的旗帜。以陈嘉庚为代表，鼓浪屿及厦门的归国华侨大多为教育一掷千金，慷慨解囊。

如果说陈嘉庚毁家兴学，是厦门大学的灵魂和精神，那么林文庆就是为厦门大学呼号奔走、殚精竭虑的创办者和推进者。1921年林文庆应挚友陈嘉庚力邀，抛弃新加坡崇高的社会地位和优越的生活，毅然就任厦门大学校长。直到1937年陈嘉庚的企业破产，经费难以为继，厦门大学转为国立，林文庆黯然回到新加坡。林文庆担任厦门大学校长整整16年，其中之苦之艰唯其自知。第一，林文庆还未走马上任，就于1921年6月将新加坡北部兀兰一块51英亩土地的3/5份额捐献给厦大，同时成立林文庆基金会。第二，林文庆担任校长前五年不拿薪水。第三，1926年陈嘉庚的企业经营惨淡，厦大经费出现困难，林文庆捐出1927年至1928年的薪水6000元给厦大。出诊费亦悉数捐给厦大。林文庆还奔走于南京、上海、福州、广州、新加坡、印尼募捐，说："我求你，求你帮助厦大，为祖国培养建设人才！"第四，林文庆将其鼓浪屿住宅笔山路5号捐给厦大。"一木支大厦，两林支厦大"，从厦门人这句话中，可以看出林文庆对于厦大的重要性。

令人欣慰的是，陈嘉庚、林文庆并不是孤军奋战。黄奕住捐赠10.9万元给厦门大学建"群贤楼"，后又捐3万元用于购买中西文图书。黄奕住还全额资助濒临关门的鼓浪屿崇德女子学校，将该校改名为慈勤女子学校。

1898年3月12日，美国领事巴詹声发起创办非教会新式学堂——同文书院。叶清池、黄秀烺、黄奕住等六位华侨慷慨解囊，常年经费支持，并捐建"清池楼"、"秀烺楼"、"奕住楼"等。叶清池出任该校董事长达20年。叶清池同时还捐助厦门女子公学、华侨女学的经费，并曾捐款创设犯罪习艺所。菲律宾华侨许经权捐助群惠小学，是该校校董之一。

四 南洋华侨于 20 世纪归国定居
鼓浪屿的原因浅析

为什么是 20 世纪前后，南洋华侨纷纷归国？为什么他们都不约而同地选择鼓浪屿作为他们的定居地？下面本文将从世界与中国当时的历史背景、南洋华侨自身发展状况及鼓浪屿的相对特殊三个方面试图对此予以解释。

1. 资本主义发展的全球化动力与南洋华侨的发展机遇

19 世纪，以蒸汽机和纺织机的发明为代表的工业革命极大地提高了生产力，使欧美资本主义经济得到长足发展。资本家追求利润最大化的本能与寻找商品市场的本能，使全球化成为不可阻挡的动力。英国继西班牙、葡萄牙成为海外贸易大国。英国殖民地几乎遍布全球，号称"日不落帝国"。而古老的东方大国印度和中国则成为其无法抵挡的致命诱惑。以英国为代表，法国、德国、丹麦、挪威、瑞典等国也不甘落后，纷纷加入这一轮全球化浪潮当中。美国作为新兴的资本主义国家，秉承了脱胎于英国宪政母体的政治基因与基督教的文化源泉，又兼具美洲新大陆与一个新生国家的活力与创造力，迅速成为堪与欧洲列国比肩的资本主义强国。同样，美国也将目光投向了东方。

资本主义经济对商品经济的巨大刺激，使各殖民地相继被纳入世界市场，这为海外华侨特别是南洋华侨提供了一个很好的发展时机。通过零售业积累了原始资本的一批侨商，开始涉足种植业、制造业乃至金融业。经过数十年艰苦卓绝的努力，到清末时，南洋华侨已积累起相当大的经济力量，形成了一批华侨巨商。

面对西风东渐风云激荡的世界局势，清政府与日本的态度截然相反。日本在考察欧美诸国与东方邻国大清帝国后，认为必须向西方学习，才能够发展壮大。"明治维新"的成功使日本宣布"脱亚入欧"，迫不及待地跻身于资本主义世界。而曾经被日本师法其上的中华帝国，此时却闭目塞听，盲目自大，仍以天朝自居。清政府不思进取，仍然采取闭关锁国政策。在清廷的眼中，华侨是"自弃祖宗坟茔"的天朝弃民。而中国与华侨之间，是"国不知有民，民亦不知有国"的关系。华侨虽怀有强烈的家乡情怀，却鲜有民族国家意识。他们孤悬海外，却报国无门。

2. 清朝晚期的自救努力与对南洋华侨的招抚政策

1894 年日本发动了甲午战争，清朝惨败的事实让国人认识到中国腐朽落后贫弱之事实。如果说清朝在鸦片战争中的失败，已让国人颜面扫地灰头土脸，那么甲午战争之败则让国人无地自容痛心疾首。因此变法革新不仅是民心所向，连清廷也不得不思图改。虽然1898年的"戊戌变法"以失败告终，洋务运动的脚步却并没有停止。慈禧太后重掌朝政后，颁布新令，推行改革，废八股，废科举，建立新式学堂，派遣公费留学生；改官制，整吏治，学习西方法律制度等，改革涉及政治、经济、文化、社会习俗等各个方面，为行将就木气数将尽的清朝注入了一股活力和强心剂，使清政府的统治得以苟延残喘。

也正是在这样的历史背景下，清廷意识到海外华侨的作用，企图利用华侨的资本来振兴商务。1895年，清廷命闽粤督抚派员赴南洋、美国等地，"劝华民之商于外洋集股办船械、军火、机械等局"。1903年，清廷商部建立，更有计划地开展劝诱华侨归国投资的活动。华侨巨商张振勋受命前往南洋各地招募华侨在闽粤两省创办实业。张氏所到南洋之处，皆引起极大反响，华侨似乎感到归国有期，报国有门，事业有望。因此在此期间，大量华侨选择了返乡。

下面一组数字可以更为具体体现这一场"归乡潮"：1895年，有74012人从厦门入境；1899年，为70335人；1904年，为70767人。而当时厦门人口尚不到10万。

华侨的归国热潮，使一些观念的内涵悄然发生变化，比如"洋务"第一次变成了"商务"，"招商局""矿务局""织布局"等各种"局"第一次转变为"公司"。而"公司"一词作为中国商业机构的代名词，正是由数以万计的华侨在南洋创造并传回故土的。

3. 民国成立的革新追求与南洋华侨爱国冲动

华侨这股归国热潮随着1911年辛亥革命成功，中华民国宣告成立而更加势不可挡。建设一个现代共和国之梦，第一次如此切近地让华侨可望可即。华侨们热切地希望报效祖国。他们在侨居国辛苦打拼积累下来的庞大财富，与从事现代工商业的丰富经验，终于有用武之地了。印尼华侨黄奕住1919年携资2000万银元归国定居鼓浪屿，投资领域之多，涉足行业之广就是典型之例。

对此，厦门海关税务司巴尔在《海关十年（1902 – 1911）报告》更能说明问题，他在报告中写道，过去的10年中，约有50%的闽南移民选择了返乡，"许多移民取得成功，带着他们积蓄的钱财返回故里。这些幸运儿盖起了新式的、条件改善了的楼房"。而厦门海关税务司麻振观察居住在鼓浪屿的华侨"这一阶层成员拥有巨额财富"这一迹象，他在《海关十年（1912—1921）报告》中写道："在鼓浪屿上，十年前还是荒废的空地，如今由归国的移民们建起了高大堂皇的大厦。鼓浪屿和厦门都安装了电灯。"

4. 鼓浪屿的特别魅力与南洋华侨的家国之梦

自1842年厦门成为五口通商港口城市之一，在欧美列国"洋人"与本土华人近60

年的共同开发经营下，至 20 世纪初，鼓浪屿已呈现与对岸厦门大相径庭的欧式面孔，道路四通八达，房屋轩敞通风，树木成荫，夜晚有路灯照明，最重要的是先进的下水道使整个街道和居住区异常干净卫生。鼓浪屿已初步显示出 International Settlement 的国际范儿。1902 年《鼓浪屿公共地界章程》的签订，鼓浪屿工部局与会审公堂的成立使鼓浪屿拥有了某种意义上的"治外法权"。优良的居住环境加上"治外法权"，现在没有什么地方比鼓浪屿更适合安居乐业了。在海外见多识广的华侨，需要的正是这样一个既有明净优美的自然环境，又有多元文化的人文环境的宜居之地。他们慧眼选中鼓浪屿作为安居乐业之处就不足为怪了。而且，他们中大多祖籍为泉漳，距厦门很近，照顾乡里族人也很方便。

五　结论

南洋华侨归来，对鼓浪屿带来的变化显而易见。首先，从人口数字上最能体现这一变化。1903 年，鼓浪屿人口仅为 3000 人左右，至 1911 年猛增到 12000 人左右。1930 年，达到 21042 人。1934 年达到 35000 人。对于一个面积不足 2 平方公里的小岛来说，这一人口密度足以惊人。其次，从工部局的财政报告中，我们可以感受到华侨为这个小岛带来的空前活力与生机。1903 年，工部局收入为 15416.5 元，其中产业税为 9595.36 元；1911 年，工部局的年收入比 1903 年增加近一倍，达到 27264.89 元，其中产业税收入 18584.86 元；1930 年，工部局收入比成立初期增加大约 6 倍，达到 113112.8 元，其中产业税为 75058.25 元。可以肯定地说，20 世纪前后南洋华侨归国定居鼓浪屿这一时期，是鼓浪屿发展的黄金时期，是鼓浪屿风华绝代的时期。

（审稿人：王日根）

《吴瑞甫家书》《菽园赘谈》简介

谢　泳[*]

一　《吴瑞甫家书》

本辑收《吴瑞甫家书》（外《卫生学讲义》）两种，现将作者、家书来源及相关情况稍做说明。

（一）生平

吴瑞甫（1872—1952），名锡璜，字瑞甫，号黼堂，别署孚塘。厦门同安区同禾乡石浔村人，世居同安县城后炉街，世代医家。吴瑞甫著述甚多，中医兼通西理，在中医实践及中医教育方面贡献卓著，培养了大批中医人才，在民国医界享有盛名。

吴瑞甫自幼聪颖好学，早年举孝廉，14岁奉父命学医，博览历代医书，精研思考。32岁中举，因淡泊功名，遂在同安悬壶济世，曾评注、校订宋代医书《圣济总录》《三因方》。吴瑞甫也是辛亥革命元老，早年参加过同盟会。民国十二年主编《同安县志》。

吴瑞甫长期在厦门行医，民国十八年创办厦门医学讲习所；民国二十年，任厦门中央国医支馆馆长，同时发起创办厦门国医专门学校，自任校长，大力培养中医人才。吴瑞甫自编讲义《伤寒纲要讲义》《诊断学讲义》《卫生学讲义》《四时感症》《中医生理学》《中医病理学》《传染杂病学》等，此外还主编《厦门医药月刊》《国医旬刊》等医学杂志。

抗战爆发后，日军占领厦门，吴瑞甫避居鼓浪屿。1939年，为拒绝出任伪厦门市长，吴瑞甫于5月取道香港，避难新加坡，在新加坡同安会馆行医。行医之余，吴瑞甫创办中医学会并被推举为主席，同时兼任厦门公会义务医师，并以古稀之年主编

　＊　谢泳，厦门大学人文学院教授，研究领域为现当代知识分子研究、厦门地方史研究。

《医粹》《医统》《医经先声》等杂志，积极筹建新加坡国医专门学校和医学图书馆，成为新加坡中医界公认的"国医名家"。1952年1月13日在新加坡逝世。

（二）著述

吴瑞甫是清代末科举人，诗书都有很高修养。他生平未印诗文集，但有诗文散见于其他文人集中，如《己丑生得子唱和集》中即有其作品。吴瑞甫著述主要是医书，早年由上海文瑞楼书庄刊行，现择要简介以保存史料。

吴瑞甫校正过宋代重要医学著作《圣济总录》，由此可见其整体中医修养。当年刊印此书的一则广告对此有详细说明。广告虽难免溢美，但以一人之力校正此书，实在难得。广告如下：

> 《圣济总录》一书，为宋正和奉敕撰刊颁行天下，奉为金科玉律久矣，著为令典。书凡三百卷，文二百余万言，论简而精，方博而要。凡食治针灸、汤醴、渍浴、按摩、熨引、导引、砭石，无不兼综条贯。伤寒吐血，肺痨、儿科、妇科、外科，尤为特色，洵我国数千年来独一无二之巨著。十三科医学最完全明备之书。惜靖康之变，版毁无存，四库全书收载纂要，指以未睹原书为憾，则其书宝贵可知。本庄以是书为我国粹学，特不惜重赏，始得元大德四年集贤学士焦养直所刻本函付石印，以飨医界。吾国医学虽非由科学而来，而经验之宏，药品之多，为五洲冠。是书包罗富有，于治病各科，有条不紊，医学家得此书而习之，不难穷原竟委。为原原本本之学，本庄又请闽中儒医吴鼒堂先生详加校勘。凡有志研究之医学家及热心爱国之卫生家，无论何项疑难杂症，既可引症用药，又可祛病保身，诚不可不备之要书也。兹将总目披露于后。其余子目繁富，难以备载。用上等中国连史纸精缮石印，业已出版，分订六十册，精装六函，为普及计，发售特价，定价二十八元，特价洋十六元六角，外埠函购加邮费六角，存书不多，欲购请速。

由广告对吴瑞甫的推重，可见其在民国中医界的地位。

《陈无择〈三因方〉》也是宋代著名医书，吴瑞甫在1927年详细校订此书。据文瑞楼出版广告说：

> 宋淳熙陈言著《三因极一病例证方论》，分为十八卷，其说分为三因：一内因，一外因，一不内外因也。四库全书称为条理分明，方论简要，为世推重，久

乏刊行，医学家往往以善价觅求而不易睹。闽中吴黼堂先生又以中东西学说，随各门逐条评注，气化形质，阐发入微，为医门别开生面。又于古人不治症，补经验方法，洵医林精本也。庄觅得家藏抄本，用上等中国连史纸，精缮石印，有志中西医学者，幸望先睹为快焉。装订八册，定价二元。

吴瑞甫校订的两部宋代医书，在当时非常难得，经由这次校订后，才有更多读者获睹此两书，实为中医界功德无量之事。《三因方》收入台湾"中国医药丛书"，有1991 年台联国风出版社据文瑞楼影印本。

1921 年，吴瑞甫的另一部医学专书《中西温热串解》刊行，当时的介绍如下：

> 书为福建同安吴黼堂孝廉撰述。书凡八卷。先生系现代闽中儒医。生平评注医籍，著作等身。精研东西洋医学医理，博稽考定，不遗余力，是不特于东西学说，多所折衷，即我国学说，经先生从实验中推勘者，靡不簇簇生新。确有实效，视汉唐以下旧注医籍，从模糊影响中揣测者相去奚啻霄壤，真我国治温热独一无二之精本。医学家能读此书，临症以治温病，自有得心应手之妙。（全书六册布套，价洋二元四角）

此书收入王致谱主编《民国名医著作精华》，有刘德荣、金丽点校排印本，2006年福建科学技术出版社出版。

1922 年刊行的《中风论》，在吴瑞甫个人医学著述中非常重要，文瑞楼书庄这样推荐：

> 闽同安孝廉吴锡璜撰，是书为熊叔陵原本，福建长乐名医陈修园鉴定。立论语语精粹，以治中风大症靡不药到回春，吴黼堂先生经屡试神验，又积其平生所阅历、治效，大加删补，撷中西学说而会其通，举凡脏腑功用，脑病源流，与夫经气、宗气、卫气、营气，均能探源立论，且与中风看护法、辨证法、施治法、善后法、外治法，无不体会入微，洞中窍要，洵中国独一无二治中风之善本也。凡讲贯中西医者，能家置一编，以之临症处方，自有大验。用中国连史纸精印装订二册，定价大洋八角。

《中西脉学讲义》，一函两册，1922 年印行。文瑞楼广告说明：

> 书为闽同安吴黼堂孝廉撰述。孝廉先代皆以医名，先生又以名儒兼精医理。

窃惟脉学者，诊病之源，至关紧要。先生以诸脉书多非善本，及取前代脉学各方籍，择其精切有据足征实用者，参之西说以会其通。举凡常法、变法、新久病法及察脉各玄机，大率皆旧诀所未见及之。本书于微妙中益参微妙，精致中更求精致，其视旧诀细切与否，实验与否，读者自能言之。及书成，因名之曰《中西脉学讲义》，不谓脉诀而谓脉学，因近世各省医学校以次成立，将与新医校讲新脉学也。此书一出，脉学必有定论，不致如前之家自为说也。其有裨益我国医学之前途，岂鲜浅哉！用上等中国连史纸精印装订两册，定价大洋八角。

《奇验喉证明辨》，全称《新订奇验喉证明辨》。1925 年文瑞楼印行，后收入"福建历代名医著作珍本丛书"，有陈玉鹏、温建恩、刘德荣校注排印本，线装书局 2011 年出版。

《诊断学讲义》，福建私立厦门国医专门学校讲义，由其子吴树萱、吴树潭和侄孙吴庆福整理。1936 年铅印线装一册。此书有台湾新文丰 1977 年影印本。

《伤寒纲要讲义》，福建私立厦门国医专门学校讲义，由其子吴树萱、吴树潭和侄孙吴庆福整理，1936 年铅印线装一册。此书有台湾新文丰 1985 年影印本。

《四时感症讲义》，福建私立厦门国医专门学校讲义，由其子吴树萱、吴树潭和侄孙吴庆福整理，1936 年铅印线装一册。此书有台湾新文丰 1980 年排印本。另有《四时感症论》，1981 年新加坡中医学研究院印行。

《吴瑞甫喉科经验临床应用》，吴树义口述，张泽民整理，福建省卫生厅中医处、厦门卫生局吴瑞甫学术研究领导小组编印，1983 年内部印行。

《外科理法》，廖雅彬、柯联才整理，福建省卫生厅中医处、厦门卫生局吴瑞甫学术研究领导小组编印，1983 年内部印行。

（三）家书

《吴瑞甫家书》，2011 年夏天笔者得自厦门旧书贾陈建伙先生处，现据藏家原件辑录。因原件当时为散乱文件，且有零散书信已在网上售出，所以本辑《吴瑞甫家书》只是散乱家书初步辑录，无系统且不完整。刊行目的是保存乡邦文献并供研究者及时使用。因原信散乱，现据信笺形制辑为两部分，一部分是吴瑞甫用新加坡行医时自制信笺"中医吴瑞甫用笺"，这部分显然是吴瑞甫避难新加坡后的来信；另一部分用"厦门协美造"信笺，大体可判断为吴瑞甫初到新加坡时所寄家书，原信周边多已裁剪且有部分残破。因旧时书信习惯不署具体年代，所以家书前后时间只大体排列，错置在所难免。"中医吴瑞甫用笺"部分，就时间言，应在"厦门协美造"信笺之后，现排列前面，系据藏者习惯（因此部分保存基本完好），而"厦门协美造"信笺部分，多有残破且有断笺零片情况，故排列在后。全部家书时间，大体为吴瑞甫 1939 年 6 月避居新加坡后，给五弟吴珣甫、长孙吴启祥及其他亲属之信，共 144 通左右，家书截止时间约在 1944 年。

家书一般保存在亲属处，吴瑞甫家书何以散落旧书肆？据廖雅彬《吴瑞甫家书遗方》一文所言："作者从吴瑞甫先生由新加坡寄回的家书中，发现许多有关答复来函问诊及处方用药等手稿，对于研究吴老的医疗经验，不无裨益。"[1] 据此可以判断，这批家书的真实性无疑，散出源头，大概和编辑《吴瑞甫学术研究文选》有关，无论如何，家书未化为纸浆即是幸事。

书信历来是研究历史人物的首选史料，因其私密性及真实性，在保存客观史料方面最为重要。吴瑞甫家书无疑是今后最重要的吴氏传记史料。

《吴瑞甫家书》内容非常丰富。首先，其中有不少宝贵的医方，这些医方能够保存下来，全赖这批书信，如能详加整理，对理解吴瑞甫的医学经验和医术均有帮助。其次，它是地方文史资料。战时新加坡与厦门往来情况，涉及金融、邮政、税收、房产等等，家书中均有真实记载，可谓抗战期间厦门与外界交往的重要补充史料。如吴瑞甫在一封家书中提及当时情况："此间防务，尽量整理，移家回国者颇多。不知将来局面如何？令人难测。甚恐海面封锁，则将来银信必觉困难。余每提前备寄，正为此故。"由吴瑞甫家书中的细节，还可看出这位著名中医对国家的感情和气节。在致吴珣甫信中，吴瑞甫告诫家人："厦壮丁兵操，自十余岁至三十五岁，限制颇严，值此时机，亦国民应尽之天职，甚已抽入义勇队且有作常备军者，民间风气大开，殊好现象，特其母或妻不免涕泣，乃妇人之见，此无足怪也。吾弟对于时事屡抱隐忧，总以慎重为要。"

书信是重要的传记资料，由下面家书可知吴瑞甫初到新加坡的处境，同时也能了解他对时局的全面观察。吴瑞甫在信中说：

> 启祥长孙知悉：近有人来言汝母嘱其到叻后向余言，谓余须速归。一则汝祖妈尚未归土，汝五叔公年老行走不便，一则厦门业产纷如乱丝，须回家整理；一则汝等余当再任教督之责，今均明了，亦属当务之急，自应一一施行。但比近今世界，无一片干净土，大家值此时局，能得偷安过日，便是大大福气，否则生者且无法照顾，何论死者。现海面船舶危险万状，英国商轮艾波号经中水雷沉没，

---

[1] 福建卫生厅中医处、厦门卫生局吴瑞甫学术研究领导小组编印《吴瑞甫学术研究文选》，1983，第 80 页。

搭客及办事人等，一概死亡，何从来往。即云厦门业产纠纷，汝得收税，随便的收。纵虽难收，亦看破就是。但若有人照契，汝可言寄在余处。惟明三借契，从前有收回否？余前屡次询及竟未照复，今者世界纷纷，无论何地方，大家都看破，无从处理，亦无从计较也。教儿孙一节，余年虽老，无时敢忘，特水途辽远，阻碍甚多，老人断无冒险之理，即冒险安抵家乡，衣食亦为发生问题。在外洋街衢亦稍平靖，生意尚在，不堪设想。余亦不贪恋久居，稍有时机，亦即速返，可免介此，顺由中国银行付其港币八十一元洋角正，到即照收。以十元交汝三姆婆，以十元交汝五叔公，余归家用。余为汝号一书名为长其（取诗经长发，其祥用号字为启垚），号一书名为舜其（取古人尧舜名义）。此后若有家信，写此名可照收。若刻印可刻长其二字（不用字号），以此乃（字名免用姓）若大名（别于乳名）后日再号。

此达　孚塘　叻示　六月二号覆信

信内信后均写孚塘　方不致误

《吴瑞甫家书》虽不完整，但大体记录了他初到新加坡期间的真实生存状态及心境，对于还原那一段历史有不可忽视的重要性。《吴瑞甫家书》信笔写来，自然流畅，灵动飘逸，也是精美的书法作品，有很高的艺术价值。

（四）《卫生学讲义》

本书是1936年6月吴瑞甫在福建私立厦门国医专门学校讲义，由其子吴树萱、吴树潭和侄孙吴庆福整理，铅印线装一册。书前有林国赓题词，后有吴锡琮、余少文序言各一。余少文评价此书："以哲理卫生冠于篇首，次则融会古今中外诸卫生学说，折衷至当，欲读是书者养成高尚人格，锻炼健全身体以保国而强种，粹然儒者之言，其功非浅鲜也。"其子吴树萱在书后跋语中认为此书："多融会中东西学说及诸子百家磨练而成，而注重于道德之卫生。此书出，以之作学校课本，于世道人心不无裨益。"此书至今未见任何形式的重印本。

吴瑞甫是传统中医，但对现代西医医理也有研究。本书虽然多讲生理卫生，但同时也涉及土地卫生、起居卫生等，实际已具现代环保意识，只不过没有用此名词。同时吴瑞甫也具现代公共卫生理念，他在《公众之卫生》一文中指出："个人卫生，家庭之事也；公众之卫生，社会之事也。无公众之卫生，纵一家庭间清洁消毒，事无不举，到疫病盛行期间，终必受累，可知卫生断非个人所能为力。近世交通便捷，铁路轮船，往来如织，虽数万里之遥，传染病蔓延甚易，则对于公众卫生，其必加意严防，周密设备，以保人民之安全者，尤刻不容缓。所以公众卫生者，乃以进人民于健康，谋社会之福利，而地方得以系荣。"吴瑞甫对现代防疫观念及建立相应制度也有周全考虑。通观全书，可看出 20 世纪 30 年代一个传统中医全面的现代知识。

二 《菽园赘谈》

本辑收丘菽园《菽园赘谈》，据厦门图书馆藏本影印，现将作者及版本情况略作说明。

丘菽园（1873—1941），名炜菱，字萱娱，号菽园。又有啸虹生、星洲寓公等别号。福建海澄（今厦门海沧区）人，21 岁乡试中式。幼时随父定居新加坡，为著名报人和诗人，享有"南洋才子"和"南国诗宗"之誉，一生以在新加坡传播中华文化为己任。中日甲午战争后，康梁倡导维新，他曾深表钦佩，于 1898 年创办《天南新报》，自任总理兼总主笔，鼓吹改革。

丘菽园著述甚富，主要著作包括诗集《丘菽园居士诗集》《啸虹生诗钞》；笔记《菽园赘谈》《五百石洞天挥麈》《挥麈拾遗》等。新加坡关于丘菽园的研究很多，如王志伟《丘菽园咏史诗研究》《丘菽园咏史诗编年注释》（新社出版社，2000）等。谢国桢《明清笔记谈丛》有对《菽园赘谈》的评价，认为记载中日甲午战争后新加坡情况的笔记当属《菽园赘谈》。谢国桢认为丘菽园是"留心时事的有心人"[1]。

《菽园赘谈》在晚清笔记中虽偶有提及，但尚未得到应有重视，以下分几个方面略加介绍。

（一）版本

初版《菽园赘谈》凡十四卷，光绪丁酉年（1897 年）香港铅印本，共八册。书前有曾宗彦短序，由叶蓓棠手书上版；叶蓓棠短序，则由李季琛手书上版；随后是黎香荪七言排律题词，接着是李琛汝、李启祥、潘飞声序言；接下来是达明阿、刘允丞、邱屏沧、李麟、马子般、曾宗璜、林泽农、林景修、王玉埠、黄镰、浮查客、许允伯题词，题词尾有许克家短序一则。此即《菽园赘谈》初版本，流传不广。

流传较广的是七卷本《菽园赘谈》，光绪辛丑年（1901 年）重编七卷，上海铅印本，编为四册。七卷本前有潘飞声、李启祥、许克家、叶蓓棠、侯材骥序及作者丘菽园"小引"一则，"小引"后有丘逢甲长序一篇，盛赞该书"上而谈国家政教，下而

---

[1] 《明清笔记谈丛》，上海古籍出版社，1981，第 120 页。

谈乡间礼俗，远征三代，近取四国，正襟而谈，娓娓乎与道大适是，盖究心古今中外之书，卓然与先正之善谈者埒"。书后附曾宗瑛、谢鸿钧跋两则，另有曾昭琴《刊刻答粤督书缘起》并《答粤督书》，最后刊有丘菽园《庚寅偶存》及短序一篇，系丘菽园诗稿，并附丘菽园《壬辰冬兴》十六首及黄乃裳短序。

《菽园赘谈》十四卷本印出后不久即又刊行七卷本，原因有二：一是十四卷本从香港中华印务总局用仿聚珍版排编，已经散版；二是十四卷本讹误颇多。丘菽园说，"赘谈虽属已贷付印，然星、香万里，不能自校，仅以托诸坊贾，草草蒇事，故讹字尤多，亦有原稿本讹，考据未审者，此则急于成书之弊。出书后，屡承闽县曾幼沧侍御师宗彦、番禺李石樵秀才启祥函纠讹字。今又得台湾家仙根工部逐卷校勘。"此本编校胜于十四卷本，后世多以此为正本。

宣统元年，张延华以"清虫天子"笔名辑"香艳丛书"，约三百三十五种分二十集十册，大体包罗隋至晚清间有关女性和艳情的小说、诗词、曲赋等。《菽园赘谈》以节录本形式收入丛书第八集，近年来有上海书店出版社、人民文学出版社原刊影印本，人民中国出版社新刊整理本。除此之外，未见《菽园赘谈》有其他版本流行，在晚清笔记中，尚属稀见。

（二）保存"公车上书"史料

"公车上书"是中国近代政治史上的大事，但关于此事的详细情况，学界历来有不同的评价，对于真实的历史详情，也认识各异。丘菽园与康有为相识，"公车上书"发生时，他恰在京师，是这一历史事件的亲历者。事件发生后不久，丘菽园有两次追忆，虽文字存诸多差异，但由此可窥知此前未知的若干史实，同时对康有为《公车上书记》的刊行也具补正作用。光绪二十年（1894 年），丘菽园以福建籍举人身份，北上参加会试。康有为发起联省公车上书，丘菽园亲见康有为《上清帝第二书》传抄稿，后以《截录康孝廉安危大计疏》为题，大段摘录于《菽园赘谈》中，篇后附有跋语，回忆自己当年参与"公车上书"的情形。丘菽园对康有为一直念念不忘，不仅将康有为所撰《上清帝第二书》收入《菽园赘谈》，附跋纪念，更于光绪二十四年与林文庆在新加坡创办《天南新报》，自任社长，从侧面呼应康有为等人的变法举动。"戊戌政变"后，丘菽园主动赠金康有为，并力邀其赴新加坡。光绪二十六年正月，丘菽园与康有为首次晤面，两人一见如故，不仅多有诗歌唱和，更在政治上加强了合作。后丘菽园与康有为绝交。在重编《菽园赘谈》时将《答粤督书》（即《上粤督陶方帅书》）附于书后，虽详述与康有为绝交原因，但依然将《截录康孝廉安危大计疏》收录书内并将跋语大加修正，较十四卷本有"新增"而无"删汰"；对于"公车上书"的描述，也与前稿有较多不同。中国近代史学界对《菽园赘谈》的重要性早有定评，认为它是研究康有为和"公车上书"的首选史料。

（三）西方科学知识在近代中国的传播

丘菽园虽是传统读书人，但早年游历域外，眼界开阔，善于吸收新知，是中国早期睁眼看世界的知识分子，能将西方知识与中国传统知识对接。《菽园赘谈》中有多篇涉及西方知识在近代中国传播的史料，如《化学原质多中国之物考》，将现代化学元素与中国传统事物对应，并寻出其大体来源，可谓中国早期关于科学史的研究文章，今天也不失其参考价值。

《菽园赘谈》卷五有《说照像》一文，是较早介绍西方照相术在中国传播的史料。

丘菽园说："西人照像之法，全靠光学妙用，而亦参伍以化学。其法先为穴柜，按机进退，藉日之光，摄影入镜中，所用之化学药料，大抵不外硝磺强水而已。一照即可留影于玻璃，自非擦刮，久不脱落。精于术者，不独眉目分晰，即点景之处，无不毕现，更能仿照书画字迹逼真宛成缩本，又能于玻璃移于石上，印千百幅，悉从此取给，新法又能以玻璃作印版，用墨拓出，无殊印书，其便捷之法，殆无以复加者。"

这则史料不但说明照相术在中国的早期传播，同时也将石印技术的要点做了提示，可认为是石印技术在中国传播的重要史料，对中国印刷史研究有重要意义。丘菽园在这则笔记中还提到王韬《瀛壖杂志》中一则史料，是王韬咸丰同治年间在上海所见，认为现在照相术"更日异更新，不用湿片，而用干片，坊间有照干片像法之译本，阅之颇可了了，惟不易精耳"。同时谈到新出现的夜间电灯照相法。丘菽园提到，1895年，他在新加坡"曾向德国人兰末氏假得此项机器一试其用，略带黝色，究不如日间所照为妙。计电灯全副十七盏，燃之光耀四射，倘开夜宴，以之照取人物亦颇不俗，今未盛行"。由这个经历，可以判断丘菽园是中国较早试用电灯光照相的人。文章还谈到新出的摄影器具，他说镜箱"亦分数等，佳者贵重不易得"，构造亦各不同，照人物面貌宜用"亮镜"，照山水名胜宜用"快镜"，"各极其妙，而不兼长"。丘菽园还注意到西人又制成供医疗治病用的新镜箱，"以之照人，能见人身骨朵"，"凡遇肢骨损伤，皆可一照而知，此医门卫生法宝也"。这些记述可视为西医造影技术在中国传播的早期史料。另外如《日月之食》，比较中西对这一天文现象观察的异同，也具新见。丘菽园对中西医的比较认识，也非常深刻。他在《疾病古今异称附中西医略》中认为："中医善治无形，西医善治有形，则各有所长也。中医化学未明，西医方隅或囿，则各有所短也。西医从考试出身，中医恒师心自用，则不得不让彼善长也，安得以彼之长济吾之短，然后博考其或长或短之故，调济以至于中，则善之善也。"

近代西方知识在中国的传播，较少专门著述，史料一般多散见于书信、日记及笔记中，《菽园赘谈》中保存了很多这方面的史料线索。

（四）晚清小说史料

1960 年，阿英编纂《晚清文学丛钞·小说戏曲研究卷》，将《挥麈拾遗》《五百洞天石挥麈》《菽园赘谈》及丘菽园发表在其他报刊上有关小说的评论，用丘菽园新加坡的斋名"客云庐"题名，汇编为五卷《客云庐小说话》，可见阿英对丘菽园小说评论的高度重视。

丘菽园喜读晚清小说兼及当时译介过来的西洋小说，在他这一辈旧文人中，他对小说形式的关注和评价有非常自觉的意识，特别是对晚清小说在开启民智过程中可能产生的重要作用，与梁启超名文《论小说与群治之关系》的见解相同，时间比梁启超文章还早一年。丘菽园在《小说与民智关系》中指出："吾闻东西洋诸国之视小说，与吾华异，吾华通人素轻此学，而外国非通人不敢著小说，故一种小说，即有一种之宗旨，能与政体民智息息相通。"从丘菽园《新小说品》所开列当时新小说的名录可看出，晚清新出的各类小说及新译小说，丘菽园多曾寓目。他对中国小说的许多考证和见解，值得研究中国文学史的人注意。如丘菽园在《小说闲评七则》中认为："《红楼梦》一书，不著作者姓名，或以为曹雪芹作，想亦臆度之辞，若因篇末有曹雪芹姓名，则此书旧为抄本，只八十回。倪云癯曾见刻本亦八十回，后四十回乃后来联缀成文者，究未足为据，或以前八十回为国初人之旧，而后之四十回，即雪芹所增入，观其一气衔接，脉络贯通，就举全书笔墨，归功雪芹，亦不为过。"这些认识在《红楼梦》研究中，至今不无参考价值。

丘菽园对《儿女英雄传》的评价是："自是有意与《红楼梦》争胜，看他请出忠孝廉节一个大题目来，搬演许多，无非想将《红楼梦》压住，直如项庄舞剑，意在沛公，才多者天且忌，名高者矢之鹄，不意小说中亦难免此，然非作《红楼梦》者先为创局，巧度金针，《儿女英雄传》究安得阴宗其长而显攻其短，攻之虽不克，而彼之长已为吾所窃取以鸣世，又安知《儿女英雄传》显而攻之者，不从而阴为感耶。《红楼梦》得此大弟子，可谓风骚有正声矣。"

丘菽园认为："《红楼梦》彻首彻尾，竟无一笔可议，所以独高一代，《儿女英雄传》不及《红楼梦》正坐后半不佳。"他对《花月痕》的评价是："亦从熟读《红楼梦》得来，其精到处，与《儿女英雄传》相驰逐于艺圃，正不知谁为赵汉，若以视红楼，则自谢不敏，亦缘后劲失力故也，就使后劲，要也未到红楼地位。《花月痕》命意，见自序两篇中，大抵有寄托而无指摘者近是，人见其所言多咸同间事，意以为必有指摘过矣，亦犹《红楼梦》一书，谈者纷纷，或以为指摘满洲某权贵某大臣而作，及取其事按之，则皆依稀影响，不实不尽，要知作者假名立义，因文生情，本是空中楼阁，特患阅历既多，冥想遐思，皆成实境，偶借鉴于古人，竟毕肖于今人，欲穷形于魍魉，遂驱及于蛇龙，天地之大，何所不有，七情之发，何境不生，文字之暗合有然，事物之相值何独不然，得一有心者为之吹毛求疵，而作者危矣，得一有心人为之平情论事，而观者谅矣。"

丘菽园对晚清小说的评价，多用中国传统评点形式，但见解鲜明，颇有见地。他对《品花宝鉴》评价较高，而对《金瓶梅》评价一般。《菽园赘谈》保存了丰富的晚清小说史料，研究晚清小说，不可不读。

（五）地方人物传记史料

清人笔记，因作者阅历不同，各有侧重。有专载朝章礼制的，有只记掌故旧闻的，也有多记诗歌唱和的。《菽园赘谈》虽各类兼备，但总体观察，内容除地方风物礼俗外，多涉诗话、科举制度、方言音韵，同时还有一个特点是多地方人物传记史料。

清人笔记本来就是一种自由文体，《菽园赘谈》中保存了丰富的地方人物传记史料，如研究晚清闽地乡绅、文人，可资取材处甚多，因所记多同时代人物事迹，真实性更强。如记林丰年、高雨农、邱萍孙、曾墨农、谢又新、张缵廷、林文庆等地方名人，皆有人有事，栩栩如生。如《林文庆》一节：

> 林文庆医师者，余同年友三山黄黻臣（乃裳）之快婿也。少日读书英伦大书院，学成考授一等执照，归而售技，即以字行，一时声名藉甚，咸谓林氏有子矣。君居英久，改从西装，及返星州见夫文献遗征，慨然有用世之志，遂弃西服，仍服汉制，然犹未有室家也，或造之谋，则曰蓬矢桑弧，某将为东西南北之人矣，何以家为。强之，则又曰：世无孟光，谁可配梁鸿者，于环岛之中，而求家人之卦，吾终咏雌朝飞乎。友人知其意有在，阴代物色，久之始得，即黄公之女公子也。籍隶榕垣，生而不俗，幼随美国教会女塾师诵习，能通欧西语言文字，熟精医学，平生游踪几环地球之半，李傅相使俄返命，与之邂逅太平洋邮船舱面，手书褒嘉为中国奇女子云。今冬行将南下成合卺礼，适余归舟相左，不及见。闻君夫妇虽俱谙西学，然无西人习气，此尤足多者，故特表而出之。

一般研究林文庆的著作，极少用到如此生动的史料，《菽园赘谈》可称闽地人物传记史料宝库。

　　丘菽园见多识广，尤能将中西知识作比较观察，凡遇新鲜事物，常能详细搜集史料，旁征博引。如《缠足》一篇，细述缠足在中国的起源及演变，可谓一篇缠足小史。他从李白、韩偓、杜牧、吴均等人的诗中，寻出唐人亦有缠足现象，成为后来研究缠足史者所必引史料。《烟草》一节，最早指出烟草由明代天启、崇祯年间传入中国，并指出烟草之害，可视为中国早期烟草传播及戒烟史宝贵文献。

　　《菽园赘谈》在晚清笔记中虽不特别知名，张舜徽《清人笔记条辨》、徐德明《清人学术笔记提要》均未提及，但其重要性无可怀疑，重新影印，对保存地方文献及繁荣学术，均大有裨益。

（审稿人：王日根）

鼓浪屿百年码头变迁考辨

林聪明[*]

引 言

鼓浪屿是个海岛，码头是海岛连通外界的支点和桥梁，鼓浪屿岛上建造了一座座码头，最早的用花岗岩石材建造的码头叫作"路头"，然而在历史的岁月中，多数当年的"路头"已经消失。鼓浪屿自然形成的曲折蜿蜒的海岸线，经过填海造地和人为的改造也发生了巨大的变化。这些变化是鼓浪屿发展过程的重要见证，岁月的消磨已经被人们淡忘，并且渐渐消失在历史的长河中。这方面的考证在鼓浪屿的研究中还基本上是一个空白。笔者作为一个老鼓浪屿人，父亲是船工，家住三丘田码头旁，生活与大海和码头紧密相连，所以对鼓浪屿的码头有一份特殊的感情。

几年前，笔者着手收集鼓浪屿"古路头"的资料，拍摄"古路头"保存的遗址和遗迹，开始撰写鼓浪屿"古路头"和消逝海湾的往事，希望能够留住这部分的记忆。初稿已经写出三年多了，但是由于历史资料的欠缺，搁置了一段时间。2017 年11 月，薛世杰（紫日）先生提供了几十张关于鼓浪屿"古路头"的老照片（本文中的照片有注明拍摄者和提供者外，其余均为薛世杰先生提供），在对老照片的考证基础上，完成了这篇文章，应《鼓浪屿研究》编辑部的约稿提供刊登，作为一个抛砖引玉。本着尊重历史，对历史负责的态度，欢迎批评指正并期待能够得到更有价值的资料，更准确地还原这段已经逝去的历史。在此，对历史资料无偿的提供者表示衷心的感谢！

鼓浪屿是一座小岛，岛屿的自然岸线勾勒出它的形态，高低起伏的丘陵是它立体的雕塑，展现了这座岛屿千变万化，与众不同的特性。鼓浪屿的秀丽不仅来

---

* 林聪明，厦门市委宣传部原副部长（退休），研究领域为鼓浪屿文史研究。

自蜿蜒曲折的岸线，也来自日光岩的高耸挺拔、鸡母山的天然造化和笔架山的钟灵毓秀。

码头无疑是这座闻名遐迩的岛屿与外界联系的支点，船舶的航线是小岛与厦门和大陆连接的维系。现在的人几乎都知道鼓浪屿的钢琴码头、三丘田旅游码头、内厝澳码头是人员进出的通道，黄家渡码头是主要的货运码头。

然而，在鼓浪屿发展的历史长河中，很多"古路头"已经消失，不少海湾已经改变原有的面貌，而这些改变却又记载着鼓浪屿百年的沧桑岁月，承载着鼓浪屿历史发展的一个个源头和支点，也是鼓浪屿这个小岛荣辱兴衰的记录。

历史的脚步匆匆向前，前人已逝记忆消失，还好我们可以借助老者的记忆和讲述，借助历史文献给予的线索，借助照相技术的发明，给我们留下的历史老照片，让我们可以解读历史中鼓浪屿的"古路头"，并透过鼓浪屿海湾的变迁，触摸鼓浪屿发展的历史轨迹。当我们把目光延伸向历史的远方，就可以从已经流逝的岁月中，掀开历史的面纱，倾听历史的脚步，回眸百年沧桑岁月的痕迹，观看历史舞台的一幕幕戏曲，从中寻觅智慧和灵感，借历史的一束光，照亮世事沧桑的坡坡坎坎。

一　鼓浪屿海岸线的变迁

今天，鼓浪屿的海岸线是大自然赋予和人工改造相结合的作品。我们看到的一个个的海湾也是自然与人力相互作用的结果。从 19 世纪末、1900 年、1908 年、1935 年、1946 年的手绘鼓浪屿地图和鼓浪屿的老照片，我们可以基本了解当时鼓浪屿海岸线的真实情景。改变最大的主要是鼓浪屿面向厦门岛鹭江道的东部海岸线，还有燕尾山和兆和山之间当年叫"坞内"的这段海岸线。

现在从鼓浪屿轮渡经过黄家渡码头、三丘田旅游码头，直至现在的鼓浪屿故宫外国文物馆（原鼓浪屿救世医院），海岸线几乎是比较平直的。但鼓浪屿原始的海岸线并不是这样的，从当时的英国领事馆旁边往西大体沿着现在的龙头路、三友假日商业中心、鼓浪屿农贸市场，再往北沿着龙头路、福州路，包括现在的海底世界、龙泽花园别墅、原来笔山小学的操场，再到现在龙山洞附近（原来的和记崎），这一大片本来就是一个很大的海湾，退潮时呈现一大片的滩涂。从地图上可以看出，当时的英国领事馆和和记洋行码头是位于这个海湾类似 C 形的两个端点。

本文从历史老照片回溯当年鼓浪屿与厦门岛相对海滨的原貌，寻觅历史变迁的足迹。

海岸图 1

　　这是英国摄影家约翰·汤姆逊于 1869～1871 年从升旗山往北拍摄的鼓浪屿。这是一张反映 19 世纪中叶鼓浪屿尚未大规模开发建设的地理状况的珍贵照片。照片左上角建于 1863 年的协和礼拜堂孤零零立在山坡上，协和礼拜堂往北有闽南民居群落，这个位置就是现在的中华路和海坛路一带闽南民居群落。距离闽南民居群落往东不远就是当年鼓浪屿的海边，四五条木船停靠在海湾中。照片的右上角是还在建造中的英国领事馆，从约翰·汤姆逊来华的时间判断，鼓浪屿英国领事馆建成的时间在 1870 年前后。远处山上可见位于笔架山上的笔架石、观彩石和位于燕尾山的僧帽石。

海岸图 2

　　这是 1869～1871 年英国摄影家约翰·汤姆逊与海岸图 1 反方向拍摄的一张鼓浪屿

19 世纪中叶的珍贵照片。这张照片拍摄的位置大约在笔架山的半山坡上，从西北往东南的方向拍摄，此时的鼓浪屿外国建筑不多，照片中偏左是一座外国人建造的房子。照片的右侧就是中华路和海坛路一带的闽南民居群落，中部是和记崎至龙头的海湾和当年上鹿耳礁，远处可见鹿耳礁一带海滨的礁石。

海岸图 3

这是 1880 年拍摄的老照片，是从燕尾山海边向南拍摄的，清晰地反映了当时的海岸线、滩涂和码头的状况。从近至远五个古码头依次是海关总巡码头、河仔下码头、三丘田码头、和记码头、龙头码头。

现状：对应图 1（林聪明拍摄）

这是从燕尾山海岸礁石上拍摄的照片。由于河仔下、三丘田、和记码头一带填海造地，完全改变了当年的海岸线，当年用花岗岩建造的码头如今只剩下"三丘田路头"了。20世纪80年代填海造地修建了三丘田旅游码头，最近几年又扩建，使海岸线景观发生了巨大的变化。

海岸图 4

这是清末拍摄的龙头一带海滨的老照片。照片左边临海一座两层白色建筑是一家酒店，海边的一些闽南民居也建造在已经填海的陆地上。

现状：对应图 2（林聪明拍摄）

由于20世纪20年代福州路一带填海造地和房地产开发，当年的海滨已经成为城区。

海岸图 5

　　这是 1880 年从鼓浪屿升旗山拍摄的鼓浪屿老照片。前景是鹿耳礁和龙头一带的洋房，中景是龙头至当年和记崎一带的海湾，远景依次是和记、三丘田、河仔下、总巡等四个古路头。和记崎的原泰利船行和汇丰银行公馆悬崖上的建筑清晰可见。

现状：对应图 3 （林聪明拍摄）

　　经过 100 多年的建设，鼓浪屿已经发生了巨大的变化。这是从升旗山上拍摄的照片，沿海的这片区域已经成为鼓浪屿城区重要的组成部分。

海岸图 6

这是一张十分珍贵的反映 20 世纪初期鼓浪屿龙头、黄家渡和福州路一带海湾历史变迁的照片，全景式地将当时的地理状况和龙头一带渡口的状况呈现出来。照片从和记崎往英国领事馆方向拍摄，现在的黄家渡、龙头和福州路一带大片的区域还是海滩。在现在轮渡码头的位置已经修建了一座电船码头（早期简易木结构），电船码头旁是龙头路头。靠近电船码头房子前有旗杆的建筑是原英国领事馆。在英国领事馆后面可见旗杆和旗子的是原德国领事馆。升旗山前左侧依稀可见房前有旗杆和旗子的方形两层建筑是建于 1998 年的原日本领事馆。黄家渡一带尚未填海造地，海湾的边界在靠近现在农贸市场附近。

鼓浪屿的德国领事馆在 1918 年第一次世界大战德国战败后就将业务合并到上海，黄家渡填海造地是在 1928 年前后，可以判断这张照片拍摄的时间在 1919 年之前。

现状：对应图 4 （林聪明拍摄）

这张从和记崎鼓新路 40 号拍摄的照片，可见当年的沧海已经成为鼓浪屿的城区。

海岸图 7

　　这是一张抗战胜利以后从望高山（同文顶）拍摄的鼓浪屿照片。照片中轮渡码头、电船码头、龙头码头、东方冰水厂码头、黄家渡码头十分清晰。鹭江中对开的两艘轮船就是当年的轮渡船。

现状：对应图 5（林聪明拍摄）

从鹭江宾馆拍摄的鼓浪屿岸线景观。

海岸图 8

20 世纪 60 年代，从厦门轮渡码头附近眺望鼓浪屿轮渡码头至和记码头一带，鹭江中准备靠岸的就是当年的轮渡船。

海岸图 9

这是英国摄影家约翰·汤姆逊 1869～1871 年拍摄的鼓浪屿鹿耳礁至覆鼎岩一带的海滨，这段海岸线改变不大。

现状：对应图 6（林聪明拍摄）

这是从鼓浪屿鹿耳礁岸边拍摄的覆鼎岩一带的海滨。

海岸图 10

这张照片拍摄于 1930 年前后，厦门岛的堤岸已经部分建好。1930 年开始建设的鹿耳礁旁鼓浪屿自来水抽水机站还未出现在照片中。拍摄位置在今天的漳州路上，可见漳州路口的榕树和海滨竖立的鹿耳礁等礁石。

现状：对应图 7（林聪明拍摄）

这是与海岸图 10 对应的照片，从漳州路上拍摄覆鼎岩和鹿耳礁一带海滨的景观。

海岸图 11

这是 1930 年从田尾观海别墅的围墙边拍摄的鼓浪屿田尾海滨岸线全景。

现状：对应图 8 （林聪明拍摄）

此图为从田尾海滨靠近观海别墅围墙修建的码头拍摄的，田尾一带海滨岸线基本没有变化，通往大德记海滨的地方修建了环岛路段。

海岸图 12

这是 19 世纪拍摄的鼓浪屿港仔后一带海滨，旗尾山上的建筑是德国领事公馆。

现状：对应图 9（林聪明拍摄）

港仔后海滨岸线比历史上的原始海岸线往南推进了一点。

海岸线图 13

这张拍摄于 1880 年的照片是从笔架山观彩石附近拍摄的。左侧是兆和山，右侧是燕尾山，中间大片的滩涂是俗称"坞内"的海湾，海上可见猴屿和大屿岛一部分。当时这一带都是农田和少量房屋。

现状：对应图 10（林聪明拍摄）

这是笔者从笔架山上拍摄的内厝澳坞内海滨照片。由于长期的填海造地，原来左右两侧山坡外平地就是这一带海滨，现在已经成为绿地，坞内海湾只剩下很小的海域面积了。

二　鼓浪屿历史上的"古路头"

（一）追溯当年的厦门的海上运输

船舶图 1

这是 20 世纪 30 年代从厦门拍摄的以鼓浪屿为背景的照片。照片的主体是鹭江中停泊的外国商船，船边停靠着一些木船。背景是鼓浪屿的三丘田码头至燕尾山一带景观，1930 年新建的美国领事馆、三丘田码头、汇丰银行公馆等建筑清晰可见。

船舶图 2

这是罗伯特·摩尔 1930 年以后拍摄的鹭江水域与船舶的照片。近景中的木帆船是有着三个船帆、五个舱面结构的大型传统木帆船，闽南人称之为"大轱"。从照片的背景可以看到鼓浪屿自来水在漳州路 24 号低位水池的塔楼。可以据此判断照片拍摄的大约时间。

船舶图 3

这是当时航行在厦门与鼓浪屿之间水域的大型传统木帆船，其在千百年间就是福建沿海海上运输的主要工具。

船舶图 4

船舶图 5

船舶图 6

船舶图 7

这几张照片拍摄的是或行驶在厦鼓海域，或停泊在鼓浪屿龙头路头至黄家渡一带海面的舢板，从中可以大致看出当时厦门岛和鼓浪屿之间海上运输繁忙的景象，载客的舢板还搭起遮阳的布帘。运载香蕉的舢板靠岸，搬运工人挑着香蕉，走过连接堤岸和舢板的跳板，将货物装进船中。这时的舢板已经从双桨改为摇橹为主了。

当年，作为五口通商口岸的厦门港是个什么模样？借助照相技术的发明，我们可以从 100 多年前留存下来的几张老照片，一窥当年厦门港的景象。洋人的远洋大船停泊在厦门和鼓浪屿之间的航道，而厦门岛西部和鼓浪屿岛东部岸线一个个用花岗岩石头建造的码头从岸上伸向海中，岸边和码头停靠了许许多多的小舢板。海面上穿梭着许多小船，船工划着双桨，或者摇橹，运载着人员和货物来往于厦门和鼓浪屿之间，来往于码头和洋人的大船之间，将货物过驳到大船和岸上。这些小舢板就是当年的主要水上运输工具，是厦门岛和鼓浪屿之间人员过渡的主要交通工具。就是这样原始的用花岗岩建造的码头和简陋的小舢板，成为当年五口通商口岸之一的厦门海上运输的基础和支点。当时福建沿海的传统大型木帆船就是有着三个船帆、五个舱面结构的大型传统木帆船，闽南人称之为"大䑩"，就是海上长距离运输的主力了。

根据洪卜仁老先生提供的 1936 年 3 月 23～25 日厦门《江声报》登载的鼓浪屿史料，1903 年鼓浪屿成为公共租界，工部局要舢板船工领牌才能经营，当时鼓浪屿有舢板约百艘，每船载客限制 6 人，每人船费铜钱 2 文，专门雇船过渡的船费铜钱 12 文。清宣统二年（1910 年），包船过渡的船费涨为 48 文。1936 年，包船过渡的船费为小银两角，散客过渡每人 9 个铜元。当时，龙头小舟领牌者 260 只，连同其他码头的总计

● 鼓浪屿研究 第八辑

300 只。可见当年厦门岛与鼓浪屿之间，海上人员和货物过渡是十分繁忙的。

从 19 世纪末的鼓浪屿地图看，厦门岛朝向鼓浪屿的西海岸，从当年的水仙宫往北至厦门船厂，图示标明沿海岸排列着近 20 个路头，尤其是当年的海关、三井洋行、英国邮政局、台湾银行附近码头特别密集。从另一张清同治年间的厦门地图来看，当时的水仙宫、寮仔后和龙泉宫附近海滨，排列着水仙宫路头、鼓浪屿路头、妈祖宫路头、寮仔后路头、龙泉宫路头、鱼仔路头。这就是厦门岛朝向鼓浪屿一侧的堤岸没有建成之前，厦门岛鹭江海滨的具体写照。当时，厦门滨海的城市景观非常糟糕，小河流、烂泥海滩、低洼沼地，卫生状况极差，甚至被称为垃圾城市。在弯曲的海岸线，沿着自然的地势和滩涂，一个个用花岗岩石材建造的"路头"从陆地伸向海中，沿岸的几十个"路头"就是这座海岛水上交通的重要支点。

1927 年，菲律宾华侨李清泉及其叔父李昭北以"李岷兴公司"的名义，投资 190 万银元，进行房地产开发建设。其中耗资最多，规模最大，贡献最巨大的就是修建厦门朝向鼓浪屿的沿海堤岸和码头。从 1927 年开始，李岷兴公司将工程包给一家广东建筑公司承建，4 年后虽然部分堤岸建成，但质量很差，经不起风浪冲击，有不少地段被海浪冲垮。1930 年，李清泉考虑到海岸堤坝的建设是百年大计，决定不惜巨资重建。为了保证质量，特地到西欧聘请荷兰著名池港建设公司来厦门承建。以每平方丈 2000 银元的造价，经过 5 年紧张施工，到 1936 年胜利完成这一巨大工程。从第一码头到沙坡尾沿岸，修建了 9 个码头。堤岸的修建和码头的建造，改变了厦门市区的面貌，促进了厦门经济社会和交通的发展。

20 世纪 50 年代，从厦门鹭江道北端的第一码头开始，往南依次排列到第九码头，就是位于现在的旅游客运码头附近的地方，后来一度改称为东风码头，这个码头是钢筋混凝土结构，主要靠泊来往九龙江海澄、浮宫、白水营的客轮。在鹭江道第一码头至第九码头之间是六七个用花岗岩石头建造的、停靠木帆船和小舢板的码头。这些码头从鹭江成斜坡式往海里延伸，可以适应潮水的涨落供船只停靠，退潮时露出码头的桥身和周围的滩涂。每逢天文大潮，海水会倒灌淹上鹭江道的路面。后来鹭江道进行改造，抬高和拓宽了路面，原来的这些码头就不见了。

再往南就是海关码头、轮渡码头、水仙宫码头、太古码头、海军码头。水仙码头是用钢筋混凝土建造的双斜面阶梯式码头，位于当年的自来水公司大楼（现在的厦门国际银行大厦）前，是厦门舢板社客货舢板停靠的码头，其他码头都是有趸船的比较现代的码头了。再往南至厦门港一带就是沙坡尾避风坞，主要是木帆船和渔船停靠的地方，近旁有水产造船厂、冷冻厂和厦门鱼肝油厂。称得上大码头的就是当年的太古码头，后来改称和平码头，是大船可以直接停靠的厦门唯一码头。直至 20 世纪 90 年代，它还是厦门来往香港的客轮停靠的码头。2001 年后，和平码头成为厦门至金门海上直航客轮停靠的码头，开启了两岸海上直航的新纪元。厦金航线的客船码头迁移到厦门国际游轮码头和五通码头后，和平码头的海上运输功能几乎终止，现在只剩下停靠海上看金门旅游船了。

（二）从地图追溯鼓浪屿岛上的"古路头"

鼓浪屿现存的"古路头"已经很少了，从历史上留下来的鼓浪屿地图和老照片，我们还是可以清楚地了解当年鼓浪屿海岸线和"古路头"的状况。

从《鼓浪屿文史资料》（上）的一张 19 世纪末鼓浪屿地图可以看到当年鹭江两岸的地形和码头。当时鼓浪屿朝向厦门岛的东海岸，地图在鹿耳礁至燕尾山一带海滨标注了 11 个路头的图标，但是没有注明具体的名称。从码头的地理位置判断可能就是：新路头、西仔路头、义和码头、龙头路头、和记路头（2 个）、三丘田路头、美国领事馆路头、河仔下路头、海关总巡路头、救世医院路头（见地图 1）。

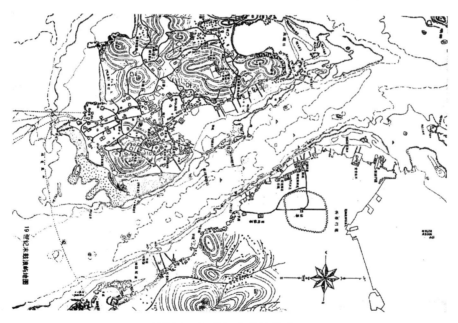

地图 1　19 世纪末鼓浪屿地图

资料来源：郑惠生、江韵兰等主编《鼓浪屿文史资料》（上），政协厦门市鼓浪屿区委员会，2010。

从《美国归正教在厦门：1842 - 1951》一书提供的一张 1908 年的鼓浪屿地图（见地图 2）可以看到，当年鼓浪屿建造的古路头从南至北依次有新路头、西仔路头、龙头路头、和记路头、三丘田路头、美国领事馆路头、河仔下路头、总巡码头、救世医院路头等九座古路头。

地图2 1908年的鼓浪屿地图

资料来源：〔美〕杰拉德·F. 德庸：《美国归正教在厦门》，杨丽、叶克豪译，台北龙图腾公司，2013。

　　《鼓浪屿文史资料》（上）提供的1935年鼓浪屿地图（见地图3）将"路头"称为"渡头"。地图从南至北依次标注当年鼓浪屿的码头状况：新渡头、西仔渡头、未标名称路头（从位置和历史老照片比对应该是"永明吕宋雪文码头"）、龙头渡、未标名称路头（从位置和历史老照片比对是"东方冰水厂路头"）、黄家渡、和记渡头（三个码头图标，从历史老照片看到和记码头长期是两个，但有段时间标注是三个码头）、三丘田渡头、未标名称路头（从位置和历史老照片比对是"中谦货栈"码头）、河仔下渡头、医院渡头（此时救世医院路头已经没有了，实际上应该是总巡码头），一共13个码头。另外，从图标来看，在鼓浪屿燕尾山北麓海滨还有一座"淘化大同公司"的专用码头，在兆和山海滨有"兆和罐头食品公司"的专用码头。这个时期是鼓浪屿建设发展的鼎盛时期，因应建设生活的需要，也是鼓浪屿岛上码头设施最繁荣的时期，一共有各类码头15座。

　　地图3还将鹿耳礁旁的新路头旁的覆鼎岩一带海滨称为"新路头海滨"。1935年的地图与1908年的地图相比，标注的码头增加了永明吕宋雪文码头、东方冰水厂码头、黄家渡码头、中谦货栈码头，以及淘化大同公司专用码头和兆和罐头食品公司专用码

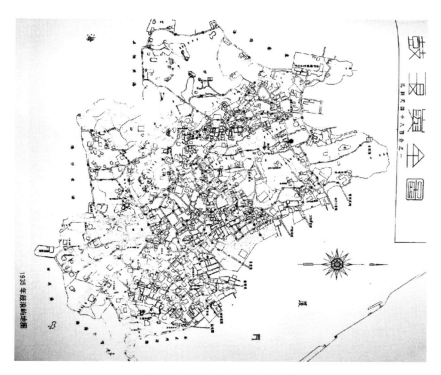

地图 3　1935 年的鼓浪屿全图

资料来源：《鼓浪屿文史资料》（上），政协厦门市鼓浪屿区委员会，2010。

头。原美国领事馆码头和救世医院码头已经消失。

在 1947 年的《鼓浪屿略图》中，从鼓浪屿朝向厦门岛东海岸从南至北依次标注的码头有：新路头、轮渡码头、龙头路头、东方冰水厂路头、黄家渡码头、和记路头（三座）、三丘田路头、海关路头等 10 座码头。西仔路头和永明吕宋雪文码头已经消失，增加了轮渡码头。而在此地图中没有标注出来的中谦货栈码头，实际上仍然存在，至 20 世纪 80 年代仍然是厦门绝缘材料厂的专用码头，现在还保存着码头的一部分，这时鼓浪屿岛上实际还存在 12 座码头。

河仔下路头这个原来主要供内厝澳一带居民过渡的码头，因临近三丘田路头、中谦货栈路头和海关总巡码头，其使用功能被附近的码头所代替，20 世纪五六十年代就只剩下一段残破的码头躺在滩涂中。到 20 世纪 80 年代中期，725 研究所在河仔下海湾填海造地时，将这个码头遗迹填埋了。

综上所述：鼓浪屿历史上曾经用花岗岩石材建造使用的"古路头"有新路头、西仔路头、永明吕宋雪文码头、龙头路头、东方冰水厂路头、和记路头（三座）、三丘田路头、美国领事馆路头、中谦货栈路头、河仔下路头、总巡路头、救世医院路头、淘化大同公司专用路头、兆和罐头食品公司专用路头等 16 座。

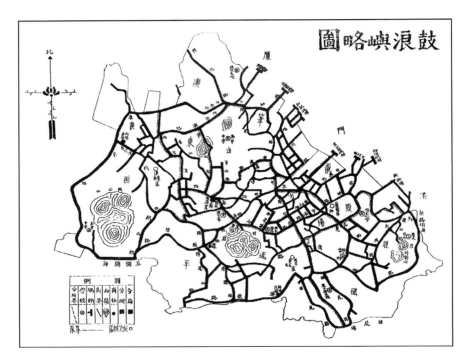

地图4　1947 年的鼓浪屿略图

资料来源:《鼓浪屿文史资料》(上),政协厦门市鼓浪屿区委员会,2010。

1928 年黄仲训先生在龙头至和记崎海湾填海造地后修建的黄家渡码头,是一座钢筋混凝土结构的码头,同时修建了一座高 7 米、宽 9 米的门楼,门楼进深 2.5 米,宽 5 米,门楼顶横书"黄家渡"三字。

1900 年前后,在永明吕宋雪文码头和龙头路头之间,现在鼓浪屿轮渡码头左侧建造了一座专门供外国领事馆、洋行和中外银行的小电船停靠的码头,称为"电船码头"。这座码头最早是一座木结构的码头,采用钢筋加固。后来才改建为钢筋混凝土结构的码头,现在这座码头还在,只是轮渡码头扩建时,扩建的部分与其基本合为一体,只剩下最外边部分桥体可以看见。

1937 年,在这座电船码头右侧建造了鼓浪屿轮渡码头,到 2017 年已经有整整 80 年的历史。

从历史老照片还可以看到,除了上述码头外,还曾经有过一些用木头搭建的简易小码头,用于小型船舶的靠泊,估计这些小码头是一些私人或公司所有,存在的时间都不长。清同治十年(1871 年),在现在鼓浪屿农贸市场附近有个通商局,是专司通商交涉事宜,也兼理小诉讼的衙门。当时的通商局门口附近都是海滩,在通商局附近建有一座木制的码头,称为通商码头。

（三）从历史老照片还原"古路头"

1. 新路头的变迁

新路头图 1

这张照片是英国著名摄影家约翰·汤姆逊 1869 年至 1871 年在厦门期间拍摄的鼓浪屿老照片之一。这张照片从当年新路头往北方向拍摄，新路头在照片的右侧，这个码头主要是居住在现今福建路、复兴路和鹿礁路一带居民前往厦门岛的渡口。

新路头图 2

这是英国摄影家约翰·汤姆逊 1869～1871 年拍摄的鼓浪屿鹿耳礁和新路头一带的照片。照片左侧的码头就是新路头，照片中有点像"牛蹄"的石头在 1959 年 8 月 23 日的超强台风中被刮倒，照片左侧的新路头位置与退潮后残留的码头路基是一致的。

新路头图 3

　　这张老照片是 1880 年拍摄的，两个拿着雨伞的人所站立的用花岗岩建造的码头就是"新路头"。照片中间有旗杆的建筑物是原英国领事馆，其左侧两层有拱廊的方形建筑物是当时的"海景酒店"，海景酒店右侧有旗杆的一层建筑物是原德国领事馆。这几座建筑基本上在一条平行线上，原德国领事馆和海景酒店比较靠近东边的海湾。

新路头图 4

　　这张照片是 1908 年拍摄的鼓浪屿鹿耳礁附近新路头葬礼队伍。这张照片显示新路头在靠近鹿耳礁的位置，更让我们了解当年送葬队伍有双人抬的鼓和唢呐等乐器组成的乐队，以及死者家属披麻戴孝的习俗。

新路头图 5

这张照片拍摄的是鼓浪屿的路头，从左侧海中礁石灯塔和右侧海中礁石的位置判断，这座码头是新路头。

新路头图 6

这张照片是罗伯特·摩尔大约 1930 年从厦门拍摄的鹿耳礁至永明吕宋雪文码头一带的景观，在鹿耳礁和牛蹄礁旁可见新路头。已经填海造地形成现在鹿礁路 2 号一带陆地，并建造了楼房。

新路头图 7

　　这张照片拍摄的是 1930 年鼓浪屿新路头三个女人送别的情景，是一张经常出现的经典照片。这是林尔嘉的四儿媳周竹君（右）、五儿媳王宝英（左）、六儿媳海蒂（中）在新路头的一张合影。

新路头图 8（林聪明翻拍）

　　1947 年黄聚德堂和行总合修鼓浪屿新路头堤岸，形成目前从轮渡通往覆鼎岩一带的海滨道路。鹿耳礁旁的一块类似牛蹄的石头在 1959 年 8 月 23 日被特大台风吹倒。

　　当年鼓浪屿新码头的遗址，只剩下花岗岩条石的桥基躺在退潮后的滩涂中。

新路头图 9（林聪明拍摄）

新路头是鼓浪屿所有古路头中最靠南边的一个渡口，长期以来一直是鼓浪屿岛上一个十分重要的渡口。从历史老照片可以判断，早在 19 世纪中叶已经有了新路头，当时的新路头和鹿耳礁附近是鼓浪屿东南部海岸的一个突出部。当年的原英国领事馆和原德国领事馆就在海边，海岸线一直延伸到鹿耳礁附近，形成一个弧形的海湾。新路头是当时居住在鼓浪屿东南部居民渡海前往厦门岛的主要码头，也是包括林尔嘉先生等迁居鼓浪屿的望族进出鼓浪屿的渡口，所以才会留存下林尔嘉先生的三个儿媳在新路头准备坐船前往厦门岛的经典照片。据张泉所著《林本源家族训眉记简史》所述，照片左边是林尔嘉五子林履信的妻子王宝英，中间是林尔嘉六子林克恭的瑞士妻子海蒂，右边是林尔嘉四子林崇智的妻子周竹君，她是清朝福建兴泉永道尹周莲的女儿。林崇智的儿子叫林朴，是台湾大学园艺系教授。

有意思的是，在台湾出版的李瑞宗、蔡思薇合著的《风景的想象力》一书第 78 页，在叙述林朴在鼓浪屿林氏府生活情形时，登载一张同样的照片，照片说明写着："送别，在鼓浪屿龙头码头，照片左边是林朴的母亲周竹君，她是福建兴泉永道尹周莲的女儿，中央是六叔母海蒂，是瑞士人"，没有说明右边人物是谁。三人所在的码头是新路头，不是龙头码头。与林尔嘉家族的其他照片比对，张泉的说法应该是正确的。

新路头至 20 世纪 50 年代还保存着，由于鼓浪屿海上运输的重心已经移到龙头码头、轮渡码头、黄家渡码头和三丘田码头，新路头的渡口功能被替代，并逐步被废弃，到"文革"前新路头才被拆掉。

20 世纪 70 年代，笔者还在鼓浪屿小学教育系统工作，并担任民兵连长。当年海峡两岸对峙时期，鼓浪屿区属民兵哨所就在鹿礁路 99 号的二楼，哨位就在漳州路口的大榕树下，站岗放哨的任务就是为了防止国民党武装特务潜入大陆，防止大陆的阶级敌人下海投敌。当时的新路头已经被拆除不见了，新路头旁的鼓浪屿自来水抽水机站独立于海中，海水涨潮以后要靠小船摆渡。鼓浪屿的自来水要通过运水船停靠在自来水抽水机站，将自来水抽到低位水池和高位水池后，再供应鼓浪屿居民。1984年厦门与鼓浪屿修通了海底水管，鼓浪屿的自来水供应依靠船运的时代才结束了。自来水抽水机站改成海洋预报站，现在连接岸上的桥是以后建成的。

随着时代的发展，新路头作为鼓浪屿的重要渡口的历史结束了，作为这段历史的物质见证的花岗岩码头也被拆掉了，现在只有在潮水低位时，才能见到还留在滩涂中的新路头的花岗岩地基。现在很多鼓浪屿人已经不知道新路头，更遑论那些到鼓浪屿旅游的匆匆过客。

2. 西仔路头的变迁

西仔路头对于现在的很多人来说是陌生的，因为这个码头除了老鼓浪屿人口头传下来的地名，还有历史老照片留下的旧日影像之外，至今没有留下任何可寻的痕迹。

西仔路头图1

这张照片是1880年从升旗山拍摄的鼓浪屿鹿耳礁旁的新路头和西仔路头。

西仔路头图2

上图是爱德华兹19世纪80年代从海中章鱼礁拍摄的照片，照片右侧是原英国领事馆，照片中间楼前有旗杆的一层建筑是原德国领事馆，原德国领事馆左侧两层拱廊建筑是海景酒店。在原德国领事馆前的码头是西仔路头，照片称为"德国路头"。从这张照片拍摄的方位可以初步判断，章鱼礁应该是现在鼓浪屿轮渡码头外有灯塔的那块礁石。

西仔路头图3

在上图中，滩涂上的花岗岩码头是西仔路头，照片右侧一层建筑是原德国领事馆，楼前有旗杆；照片左侧两层建筑是"海景酒店"。这座名为"海景酒店"的建筑与1930年位于现在鼓浪屿轮渡避风坞右侧的"海景酒店"不是同一座建筑。

西仔路头图4（林聪明翻拍）

这是1920年拍摄的西仔路头，码头停靠不少舢板，它们是当时厦门岛和鼓浪屿过渡的主要交通工具。轿夫在码头上抬轿，也有人从退潮后的滩涂上走上岸。左侧退潮后可见的礁石是明显的标志物。

西仔路头图 5

　　这是一张 1917 年 9 月厦门遭受超强台风后，从现在靠近轮渡码头的地方向南拍摄鼓浪屿西仔路头、新路头一带海滨的照片。当年现在轮渡避风坞朝南地块还没有填海造地，鹿礁路 1 号、2 号、4 号、6 号都是海滩，照片左侧一条破船搁浅的那块大石头就是原来在避风坞渔民供奉妈祖的大礁石。靠近鹿耳礁的是当年的新路头，中间是西仔路头。

　　将 1880 年拍摄的两张新路头和西仔路头的照片，与现在这一带海岸线进行比对，这张照片中西仔路头左侧的礁石，大约是现在鹿礁路 2 号红砖楼堤岸的位置。

　　19 世纪在鹿耳礁朝北的海滨中，有花岗岩建造的新路头和西仔路头，还有一些简易木头搭建的小码头。西仔路头的位置从历史老照片来判断，就是现在鹿礁路 1 号原日本博爱医院和鹿礁路 2 号原卓绵成的海滨旅社之间道路的位置，这里靠近原西班牙领事馆、德国领事馆和英国领事馆，主要是供洋人过渡使用的码头，所以鼓浪屿人称之为"西仔路头"。

　　这片海湾在 20 世纪 30 年代前后填海造地，形成现在的岸线。鼓浪屿轮渡避风坞往南至鹿礁路 99 号的建筑，包括鹿礁路 2 号、鹿礁路 1 号原日本博爱医院等建筑和道路都是在填海的地块上建造的。填海造地后，建于 19 世纪 80 年代之前的西仔路头就消失了。但是老鼓浪屿人往往将这一带海滨称为"西仔路头"。

　　新路头和西仔路头一带海滨填海造地后，堤岸外还有一个沙滩，鼓浪屿渔业捕捞大队的渔船长期停靠于此，并在此维修。当年鼓浪屿捕捞大队还在复兴路口，现在的复兴教堂所在地建有一个渔船机修车间。20 世纪 70 年代，冬天梭子蟹捕捞的旺季，鼓浪屿人经常要到这里，从刚靠岸的渔船购买膏黄肉实的冬蟹。当年一斤梭子蟹是一两角钱，很多人一买就是一箩筐，煮熟后大饱口福，这样的光景只留在回忆里了。

3. 义和码头的变迁

义和永明码头图 1

这张从厦门虎头山方向拍摄的鼓浪屿照片，大概是 20 世纪 20 年代末到 30 年代前期拍摄的，照片中有黄家渡码头、龙头路头、东方冰水厂路头，永明吕宋雪文路头在原英国领事馆左前方位置。

义和永明码头图 2

这张照片是 20 世纪 30 年代从厦门虎头山方向拍摄的鼓浪屿，"永明吕宋雪文厂"的准确位置在原英国领事馆前面，在鼓浪屿轮渡码头的南侧，这个码头原来是义和洋行的码头，后来才作为"永明雪文码头"。

义和永明码头图 3（洪凯杰提供）

这是与义和永明码头图 2 同时间拍摄的照片，范围从鹿礁路到三丘田，拍摄位置大体从厦门港方向拍摄，由于拍摄角度的关系，黄家渡码头几乎被电船码头挡住。左侧位于现在鹿礁路 2 号的建筑是"海景酒店"。

现在很多导游将游客带到鼓浪屿轮渡码头时，直接指着现在的钢琴码头说，这就是当年的"猪仔码头"，这是不对的。轮渡码头建于 1937 年，与历史上曾经贩卖苦力华工的猪仔码头不是一回事。

厦门是中国东南沿海重要的航运贸易中心，早为西方殖民者所垂涎，并被列为用武力侵占和强迫通商的主要目标之一。1840 年 6 月，英国发动了侵略中国的鸦片战争。1841 年 8 月 26 日，英国舰队发起对厦门和鼓浪屿的进攻，经过几个小时的激烈炮战，清军战败，厦门和鼓浪屿同时陷入敌手。

1843 年 11 月 1 日，根据不平等的中英《南京条约》，厦门成为五口通商口岸之一。西方列强就开始全面展开对厦门和鼓浪屿的侵略，大批西方列强的商人来到鼓浪屿设立洋行、开办公司，对中国进行经济掠夺。

"英商德记洋行"于 1845 年在厦门创办，创办者为英国人德滴（James Tait），他还曾兼任西班牙、法国、葡萄牙及荷兰等国驻厦领事。外国洋行在鼓浪屿从事贩卖鸦片和华工的罪恶勾当，当时的厦门是中国最大的"苦力买卖"中心之一，位于鼓浪屿大德记的英商德记洋行和鼓浪屿和记崎的和记洋行就是从事贩卖华工的据点。

外国人汤姆逊在 1888 年写到，臭名昭著的"苦力贸易"似乎起源于 1848 年的厦门。当时，150 名苦力从这里乘船出发，前往澳大利亚南部。很快，苦力贸易就迅速发展起来了……1865 年 10 月，"迪德玛丽"号离开澳门，前往秘鲁西部的卡亚俄。到美国大溪地岛的时候，船上 550 名苦力只活下了 162 人。[①]

据历史资料记载，苦力华工像奴隶一样被关押在畜栏，被打上 P、C 或 S 的记号，分别代表秘鲁、美国加州、英国的三维治岛，运送到目的地的死亡率达到 40%～50%。

1852 年 10 月 13 日，为了抗议英商德记洋行拐骗劳工，厦门 1500 名群众在德记洋行门前示威，英舰"沙拉门多"号上的陆战队登陆开枪镇压，打死 8 人、重伤 16 人。

当年英商德记洋行、和记洋行、宝顺洋行等干尽了贩卖华工和鸦片的坏事，德记洋行在鼓浪屿覆鼎岩还建有关押华工的"猪仔馆"。由于当时的厦门成为中国最大的"苦力贸易"中心之一，据吴凤斌《契约华工史》所刊载资料，从 1845 年至 1853 年第一季度，从厦门出口的华工苦力就有 12261 人。

和记洋行有专用的码头，历史资料中没有发现关于德记洋行建造专用码头的记载。德记洋行的猪仔馆建在覆鼎岩附近，而覆鼎岩两侧的沙滩都适合停靠小船，可以用小船将贩卖的华工运送到停泊在海上的轮船，最后运送到世界各地。

在原英国领事馆东面海滨早年就建有码头，1894 年以后，英商义和洋行在此设立

---

① 潘威廉：《老外看老鼓浪屿》，第 137 页。

堆放煤炭的栈房，利用原有的码头起卸货物，称作"义和码头"。义和洋行歇业后，该码头作为渔船停靠的码头，称"鱼仔码头"。码头附近原有广东人的"兆祥营造厂"，后来将厂房租给华侨吴万植制造肥皂，码头又作为永明肥皂厂的货运码头，称"永明吕宋雪文码头"（闽南话"肥皂码头"的意思）。从历史老照片可以看出具体位置在现在鼓浪屿轮渡码头南侧的位置。

关于义和码头所在的这个码头，历史上是否作为运送贩卖华工的码头，潘威廉所著《魅力鼓浪屿》一书将义和码头称为"猪仔码头"。陈全忠在《鼓浪屿东部海滩沧桑》一文中，讲述了英法等国商人将拐骗、绑架的华工，通过义和码头运送到外轮贩卖，闽南人称"卖猪仔"，称义和码头为"猪仔码头"。但此事尚未见到具体佐证的历史资料。这里需要明确两点：一是德记洋行和和记洋行在鼓浪屿贩卖华工的罪恶历史是谁也否认不了的；二是如果考证义和码头有运送过苦力华工的证据，是可以将它称为"猪仔码头"的，但将现在的轮渡码头指称为"猪仔码头"是不对的。

4. 电船码头和轮渡码头的变迁

轮渡码头图 1

这张照片拍摄于1928年黄家渡尚未填海造地之前。从和记崎山上眺望鼓浪屿龙头这片海湾，可见龙头路头和电船码头。

轮渡码头图 2

　　这张照片拍摄的是民国时期的鼓浪屿轮渡码头和旁边的电船码头。很多人把这两个码头混在一起。轮渡码头建成于1937年10月，它的结构是采用引桥与趸船相连接，渡船停靠在趸船上供乘客上下船。而电船码头斜面的阶梯可以适应厦门地区海水的涨潮退潮，船只在任何水位条件下都可以停靠在码头。

轮渡码头图 3

　　上图拍摄的是鼓浪屿电船码头，现在该码头仍然保存着。在新中国成立以后，这个码头也是鼓浪屿人游泳和钓鱼的地方。

轮渡码头图 4

　　上图拍摄的是20世纪70年代扩建以后的鼓浪屿轮渡码头候船室和避风坞。

鼓浪屿码头图 5

　　这张照片应该是20世纪80年代中期拍摄的，当时为了建设环岛路，原东方汽水厂外和龙头路头附近的海面已经填成陆地，可以从轮渡码头直通黄家渡码头了。电船码头桥面原是钢筋混凝土框架结构支撑，也改为修筑的堤岸了。

轮渡码头图 6（林聪明拍摄）

上图是与轮渡码头图 1 对应的照片，从和记崎山坡拍摄。

根据现有的历史老照片判断，电船码头是在黄家渡这片海湾尚未填海造地之前建造的，主要专供外国领事馆、洋行和中外银行的小电船停靠，最早的码头是木头建造的。1928 年，黄仲训在鼓浪屿填海造地，建造了黄家渡码头。之后，从一张自厦门岛拍摄的鼓浪屿照片中看，电船码头不见了。能够合理解释的就是 1917 年 9 月袭击厦门的强台风，将木结构的电船码头摧毁了。随后，在 20 世纪 30 年代，同样从厦门岛拍摄的鼓浪屿照片中，在原来的位置重建的电船码头改为钢筋混凝土结构了。电船码头就是现存的紧靠鼓浪屿轮渡码头，斜面阶梯朝向北面的码头。现在由于鼓浪屿轮渡码头扩建，电船码头已经被新建的码头遮挡了，但从鼓浪屿轮渡码头的趸船还是看得很清楚。值得一提的是，不少人将电船码头和轮渡码头混在一起。

1937 年 10 月 16 日，鼓浪屿轮渡码头建成，结束了居民过渡全部依靠舢板的历史。当时，鼓浪屿轮渡码头使用的趸船小，轮渡船是木制的机器动力船舶，载客量 100 人左右。

现在的鼓浪屿轮渡钢琴码头是经过几次扩建才成为目前的模样。20 世纪五六十年代，鼓浪屿轮渡码头与 20 世纪 40 年代拍摄的照片相差不大。20 世纪 70 年代，每年的春节轮渡出现拥挤现象时，鼓浪屿的武装基干民兵还要到轮渡码头执勤维持秩序呢。

1976 年，轮渡码头进行扩建，并建造了半拱顶的候船室，因其外形线条类似三角钢琴盖的形状，又因鼓浪屿是著名的钢琴之岛，人们称为"钢琴码头"。轮渡码头扩建时，修建了轮渡船的避风坞，并将候船室的陆地部分向东拓展，与电船码头顶端相差大约 10 米。随着鼓浪屿旅游的发展，轮渡载客量不断增加，后又在原电船码头的北面扩建了一个新的码头，使现在鼓浪屿轮渡码头实际拥有两个候船室和两个停靠轮渡船的趸船。趸船也从水泥的换成钢制的，可以停靠载客五六百人的轮渡船了，厦门和鼓浪屿的交通设施更加完善了，能更好地适应鼓浪屿旅游业发展的需要。

从轮渡码头往大德记行走，在轮渡码头南侧是一个避风坞，这里也是观赏鹭江两岸风光的好地方，透过钢琴码头旁边的避风坞看厦门，厦门岛上的高楼大厦仿佛长在避风坞的堤岸上，这也是一种透视美。这里原来是被闽南人称为"夫妻船"停靠的港湾，是厦门疍民生活的一个地方。靠近现在避风坞堤岸右侧的地方原有一块海水最高潮位也淹没不了的礁石，上面还有一个小小的妈祖神位，是渔民供奉香火，祈求神明保佑的地方。这里经常停靠着一二十条的夫妻船，小小的渔船就是渔民生活和劳作的小天地，笔者少年时代在此看到的就是一幅鲜活的疍民生活的场景。后来多数渔民加入鼓浪屿渔业捕捞大队，小船换成大船，曾经也有过红火的时代。后来有一些渔民上岸居住，并且在鼓浪屿旧庵河建造了渔民新村。如今，鼓浪屿捕捞大队已经不复存在，渔民的子女也都不再从事父辈曾经的渔业生产，渔民新村承载着那段过去的岁月。后来这里修建轮渡的避风坞时，将海中的礁石炸掉了，当年疍民生活的痕迹一点都没有留下，只有留在老鼓浪屿人的记忆中。

5. 龙头路头和东方冰水厂路头的变迁

龙头路头图 1

这张照片上是 1908 年抬棺行走在鼓浪屿龙头路头上的船工。

龙头路头图 2

这张照片上是 20 世纪初龙头路头等待营生的舢板和船工。

龙头路头图 3

　　这张照片上是龙头路头等待运输客货的舢板。船工使用竹竿和铁制钩具制成的搭钩固定舢板，这些载客的舢板都有遮阳的布棚，当年龙头路头是鼓浪屿一个主要的载客码头。

龙头路头图 4

　　这张照片拍摄于20世纪30年代前后，前景是龙头路头，依次为东方冰水厂路头和黄家渡码头。海面上舢板很多，反映当时鼓浪屿与厦门岛之间海上运输的繁忙，也从一个侧面见证了鼓浪屿当年的繁荣。远处可见下三丘田已经填海造地，王仔添建造的原三和路2号至12号的那座楼已经建好，再往北是中谦货栈码头。

龙头路头图 5

　　这张照片拍摄于20世纪30年代，可看到繁忙的鼓浪屿龙头路头、东方冰水厂路头和黄家渡码头，码头旁停满了等待载客载货的舢板。黄家渡码头旁海边竖着"爱卿：空包留存"和虎标万金油的广告牌，从一个侧面反映了当年鼓浪屿商业的繁荣。

龙头路头图 6

　　这张照片拍的是20世纪40年代的鼓浪屿龙头路头。其中舢板有使用双桨的，也有摇橹的。

龙头路头图7

　　这张照片是20世纪40年代拍摄的鼓浪屿轮渡码头。照片是从黄家渡旁拍摄的，最上头的是轮渡码头，中间的花岗岩建造的码头是龙头码头，最下边是东方汽水厂码头。当年轮渡码头的候船室就在大榕树前面。

　　龙头路头是鼓浪屿与厦门岛海上对渡最古老的码头之一，在黄家渡一带尚未填海造地之前，龙头路头居于鼓浪屿东部海岸比较适中又靠近厦门岛的位置，附近的居民比较集中，在鼓浪屿早期道路比较简陋的条件下，是一个过渡的理想位置，也是当年相当长时期，舢板集中停靠的主要码头。我们从留存下来的老照片可以穿越时空，看到当年龙头路头的繁忙景象，看到随着时光的流逝，龙头路头、东方冰水厂路头、电船码头、轮渡码头和黄家渡码头这几个相邻的码头兴衰交替的变化。

　　早年花岗岩石材建造的龙头路头，在20世纪60年代以前还是厦门舢板社来往厦鼓客货运输的码头，从60年代以后，厦门舢板社主要使用三丘田码头作为客运码头后，龙头路头因运输功能慢慢退化而损毁了。东方冰水厂码头在笔者的少年时代的20世纪60年代中期已经损毁了。

　　当年从轮渡码头上岸以后，龙头路口海滨原东方汽水厂、厦门酒店等三座建筑临海而建，阻断了通往黄家渡的道路，民房旁边原来还有一座仓库式的建筑，是当年厦门分析仪器厂的厂房。20世纪80年代，修建鼓浪屿环岛路时，为了打通轮渡沿着海边通往黄家渡的道路，在龙头路口临海而建的三座建筑前进行填海造地，修建了道路。1997年前后，龙头路口的这些老房子拆掉了，在轮渡广场与黄家渡码头之间修建了草地花园。

6. 黄家渡码头的变迁

黄家渡图 1

这张照片是 20 世纪 30 年代龙头路头、黄家渡一带景观。海面上舢板很多，当时这一带是厦门岛与鼓浪屿海上运输的主要区域。近景摇橹的舢板就是当时厦门与鼓浪屿海上运输的主要交通工具。

黄家渡图 2

这张照片是 20 世纪 30 年代从日光岩上拍摄的黄家渡一带景观。黄家渡码头和这一带海滨填海造地已经完成，码头周围还有一些空地尚未有建筑物。鹭江中停泊着五六艘外国商船和军舰，是旧中国遭受列强侵略的形象写照。

黄家渡图 3

这张照片是 20 世纪 50 年代末期从鼓浪屿电船码头拍摄鼓浪屿黄家渡和海滨的景观。靠近和记码头的是建于 1957 年的厦门航海俱乐部。

黄家渡图 4

这张照片是 20 世纪 50 年代末期拍摄的，是从鼓浪屿轮渡海边拍摄沿岸的码头。近景是还在运行的龙头路头以及近旁的东方冰水厂路头，往北依次是黄家渡码头、和记路头、三丘田路头和中谦路头。这是 20 世纪 80 年代鼓浪屿东部海滨几个小海湾尚未填海造地之前的形态。

黄家渡图 5（林聪明拍摄）

现在成为鼓浪屿主要货运码头的黄家渡码头。

（1）填海造地的黄家渡

黄家渡码头现在所在的位置，历史上就是海。20 世纪 20 年代的三次填海造地，陆续形成了从原来龙头路头附近到靠近和记路头的海岸线，黄家渡码头是这片海湾填海造地后的产物，在鼓浪屿的码头建造史上，属于后来者，已经有 90 年的历史。

　　原来鼓浪屿日兴街和蓬莱旅社一带是一个避风坞，印尼华侨黄奕住在 1924 年前后填海造地，并在形成的地皮上修建了日兴街，成为当年鼓浪屿岛上一条热闹的商业街（现在鼓浪屿三友假日商业中心西侧的道路，已经并入龙头路）。

　　1927 年，菲律宾的华侨苏谷南和苏拱南兄弟，联合其他人组建利民房地产开发公司，在当年和记崎以南的海滩筑堤填海造地，然后建房卖地。苏谷南和苏拱南也在开发地块各建一座三层红砖楼居住，现编福州路 58 号为苏谷南住所，福州路 39 号为苏拱南住所，并将房子前面 1000 多平方米的地块捐给福民小学作为操场，这个操场可是附近青少年踢足球的主要运动场。

　　原来的福民小学（后改为笔山小学）的操场挖下去都是当年填海的沙子，20 世纪70 年代初期，改建笔山小学的校舍时，就在操场挖了个大坑，把下面的沙子挖出来建房子，再用建筑的泥土回填。笔者外祖母居住在福州路 25 号，居住在一楼，地板铺的是闽南传统的 1 尺 2 寸的红砖，在潮湿的春夏之交地板从来不会返潮，原因就是下面全部是填海的沙地。后来笔者家修建厕所挖化粪池时，挖几米深，还是当年填海造地的沙子。

　　1928 年越南华侨黄仲训从当年的龙头路头附近的厦门酒店北面到当年的和记码头附近，修筑了约 300 米长的堤岸，填海造地形成黄家渡一带的陆地，并在靠近龙头路头的地方修建了黄家渡码头。黄家渡码头与鼓浪屿的古路头在建材的使用和结构上是完全不同的，它是钢筋混凝土结构的码头，并且在码头的入口处修建了一座门楼，门楼高 7 米，宽 9 米，门楼过道进深 2.5 米，宽 5 米，门楼顶冠上横书"黄家渡"三字。

　　填海造地后的黄家渡地块，历史上曾经做过何姓码头工人的聚居地、民产公司堆集垃圾和粪便的场地和运输码头、盐务局露天堆盐场、饮食市场等。1938 年 5 月10 日，日本侵略军攻占厦门岛时，大量难民涌入鼓浪屿，黄家渡一带成为国际难民避难所。新中国成立以后，这一带曾经成为菜地、苗圃、煤球厂、航海俱乐部，先后修建了和平公园和鼓浪公园。改革开放以后，开发建设了龙泽花园别墅和厦门海底世界。

　　从这段历史我们知道从黄家渡到和记崎（现在龙山洞口附近）一带都是当年填海造地形成的陆地，现在从龙山洞口沿着通往海底世界的福州路往前走，就会发现南北走向平行的两条道路两侧的建筑，基本上都是红砖楼房，在鼓浪屿风貌建筑中形成了红砖建筑的特殊板块。从龙山洞附近的福州路 43 号到福州路 1 号整条路靠海的一侧房子不多，当年只有和记的一座大栈房和 4 座红砖民居，当时编为福州路 20号到 24 号，如今只剩福州路 20 号一座二层别墅孤零零地立在那儿。这座楼的一楼长期作为鼓浪屿笔山幼儿园，其他同在一列的 3 座红砖民居在开发龙泽花园别墅和旧城改造时拆掉了。与原福民小学（后改为笔山小学）操场隔路平行而建的还有一排楼房，在龙泽花园别墅开发中也拆掉了。

在现编福州路 13 号和 27 号路口朝东的地方原来有一座教堂，是小群教会 1949 年在鼓浪屿黄家渡所建的基督教聚会所。在笔者的记忆中这是座下部是砖土墙，上部是木质结构房屋，这座教堂在 20 世纪 60 年代就已经坍塌并被拆除，70 年代鼓浪屿园艺建筑公司将这块地作为建材仓库。龙泽花园别墅开发时，征用了这块地，厦门市有关部门将复兴路口的一块地给小群教会修建了"复兴堂"。

在福州路 20 号朝东靠海的地方，现在的环岛路旁还保存着一座花岗岩石墙的两层楼房，这是 1957 年建设的厦门航海俱乐部，当年在石头房子的南侧竖立一座高 4 米左右的木制秋千架，顶端是一条宽度只有十几厘米的平衡木，是航海运动员训练平衡和胆量的器材。厦门航海俱乐部为厦门培养了许多划艇、帆船、帆板运动员，每当训练时厦门岛和鼓浪屿岛之间的海面上白帆点点十分好看。现在厦门航海俱乐部已经迁址厦门岛，物是人非，只剩两层的石头房子告诉我们，这里曾经是厦门航海运动的摇篮。

从福州路 20 号到原厦门航海俱乐部东西向道路为基线，往南到现在厦门海底世界一带，在 20 世纪五六十年代是一大片空地，靠近航海俱乐部附近这块地，当年是种植地瓜的田地。到了 20 世纪 70 年代，鼓浪屿煤球店从现在的鼓浪屿农贸市场的地块搬到这里，鼓浪屿居民用作燃料的煤球和煤砖就是在此生产销售，直到大约 90 年代初期，厦门市政府取消在城区用煤做燃料，改用天然气为止。

20 世纪 70 年代，鼓浪屿区政府在黄家渡码头后面的地块上建设公园，作为居民休闲的地方。80 年代，建成一定规模的鼓浪公园是当时每年元宵节组织元宵游园活动的主要场所。1996 年，鼓浪屿区人民政府为了发展鼓浪屿旅游业，与新加坡企业合作建设厦门海底世界，成为一处展示了解海洋生物的旅游景点。可惜的是鼓浪屿的元宵民俗活动也基本没有了。

（2）货运集散码头黄家渡

黄家渡从建成以后就一直是鼓浪屿的主要货运码头，供应鼓浪屿的生活用品，鼓浪屿建筑需要的建筑材料，当年鼓浪屿除了岛上的四家国营企业以外，企业的生产原料和生产的成品大部分都从黄家渡码头运输。位于内厝澳的厦门玻璃厂和厦门灯泡厂有自己的专用码头，位于坞内的厦门造船厂鼓浪屿车间在靠近燕尾山的地方也有专用的码头，位于三丘田和河仔下之间的厦门绝缘材料厂也有专用码头。当年鼓浪屿岛上市属工厂还有厦门电容器厂、厦门分析仪器厂、厦门第三塑料厂。鼓浪屿区属企业有鼓浪屿无线电厂、鼓浪屿高频设备厂、鼓浪屿胶木厂、鼓浪屿织布厂、鼓浪屿综合厂、鼓浪屿工艺绣品厂、鼓浪屿第二分析仪器厂等，这些企业有四五千名工人。岛上还有水产研究所、725 研究所、亚热带植物引种园等科研单位，有厦门第二医院、解放军194 医院、海军鼓浪屿疗养院、鼓浪屿宾馆。企业原材料和产品的运输，岛上生活的将近 3 万居民的生活资料的运输，主要依靠黄家渡码头进出。人员的进出主要是依靠鼓浪屿轮渡码头和三丘田码头。所以，黄家渡码头实际上承担了鼓浪屿水上货物对外运输的任务。

　　黄家渡码头往北的地块是当时鼓浪屿最脏最臭的地方，这里是当年岛上垃圾和粪便集中和出岛的集散地，早年的民产公司就专门从事这个行当。这里建有公厕、垃圾场和大粪池，每天清洁工人在早晨和黄昏都要拉着垃圾车和粪车到居民区给居民倾倒垃圾和倒马桶。当年垃圾车的四面护板高 1 米左右，漆成绿色，清洁工以摇铃声为信号，一听到倒垃圾的铃声，大人小孩都要赶快把家里的垃圾端出来倒到垃圾车里，这种方法一直到 90 年代改作上门收垃圾为止。

　　7. 和记路头和海湾的变迁

和记路头图 1

　　这张是拍摄于 1880 年的鼓浪屿老照片，照片右侧是和记路头，和记崎上的建筑就是当年的泰利船行（现编鼓新路 40 号）。和记崎往南一带都是海湾。和记崎旁有几座洋人建造的建筑，采用闽南民居的燕尾脊屋顶的风格。

和记路头图 2

这张照片拍摄的是 1917 年 9 月台风袭击厦门，和记码头和栈房受损严重的情景。人物背后和右侧的两座栈房就是当年和记洋行的仓库，残破的船被海浪冲到严重破损的和记路头上。

和记路头图 3

这张照片拍摄的是 1917 年 9 月台风过后和记栈房南侧海域受损的情况。照片右侧在台海造地堤岸上建造的栈房就是和记洋行的仓库，高坡上的建筑物是泰利船行，1903 年鼓浪屿成为公共租界后，工部局曾租此楼办公，左上角建筑是八卦楼。

和记路头图 4

　　这张从厦门同文顶拍摄的鼓浪屿轮渡码头至和记码头的照片，拍摄时间应该在1938年前后，黄家渡一带海滨已经填海造地完成，但还没有什么建筑物。鼓浪屿轮渡码头也建成使用。从这张照片可以印证1935年鼓浪屿地图标示和记码头有三个路头是准确的。

和记路头图5（林聪明拍摄）

　　这张照片拍摄的是当年和记码头的遗迹，只有当潮水退到低点时，才能看到当年和记码头留在滩涂上建造码头的石头。

和记路头图6（林聪明拍摄）

　　这张照片中拍摄的是从海滨通往龙山洞口的这条道路，就是当年和记路头所在的大体位置。

和记路头图 7（林聪明拍摄）

这张照片拍摄的是当年和记洋行的栈房，新中国成立以后很长时间这里是鼓浪屿碾米厂的车间。

和记路头图 8（林聪明拍摄）

这张照片拍摄的是和记栈房留存的北侧残墙。

和记路头图 9（林聪明拍摄）

这张照片拍摄的是通往三丘田码头的道路，右侧路基就是当年和记海湾的堤岸。

鼓浪屿龙山洞口往三丘田码头前行，就可以看到一座早年货栈的残墙，这就是当年英商和记洋行的货栈，鼓浪屿人称之为"栈房"。栈房前就是"和记海湾"，海中建有和记路头。20 世纪 80 年代末，和记海湾填为陆地，历史的变迁已经物是人非，让我们回溯当年的那段历史。

第一次鸦片战争以后，厦门成为通商口岸。西方列强纷纷来到鼓浪屿设立洋行，创办公司。他们大刮地皮，兴建码头、货栈、公馆等，到 1882 年，厦门的洋行数量已达到 23 家。

创办于 1846 年的英商和记洋行，陆续在三丘田附近修建码头，填海造地建造栈房。因码头所建之地的后面是陡峭的山坡，又是和记洋行的所在地，因此叫"和记崎"。笔者家就在和记路头附近的三丘田，从历史地图和老照片，以及笔者实地生活的所见所闻，和记洋行在和记崎两座临海的栈房前修建了 2 个码头，20 世纪 30 年代最多，达到 3 个码头。和记洋行和德记洋行都是掠夺和贩卖苦力华工的主角，他们利用欺骗手段甚至暴力手段，把中国的青壮年关在洋行的"猪仔馆"，然后用小船运送到停泊在锚地的外国货轮的舱底，运往外国贩卖。

何丙仲先生所著《鼓浪屿公共租界》记载，1852 年 11 月 21 日，和记洋行的大班公然冲进衙门进行恐吓，强行要将拐骗青壮年华工的沈某从兵营里解救出来，因而双方引起冲突。第二天，包括鼓浪屿在内的厦门十八保民众罢市示威。24 日，英军悍然向当地群众开枪，惨死 12 人，伤 16 人。暴行进一步激起民众的愤怒，英国人也只是对当事人罚款了事。外国洋行仗着列强的武力，肆意掠夺中国财富，残害中国人民，他们所获得的财富，浸透了中国人的鲜血和眼泪，这段历史每个中国人都不能忘记。20

世纪 70 年代，和记路头和三丘田一带还保存着 6 座栈房，这些栈房是外国洋行当年堆放货物的主要仓库。

20 世纪五六十年代，和记路头就只剩下 1 个可以使用的码头了，其他的都已经毁坏，只留有码头遗址和滩涂中的条石。和记路头到 20 世纪 80 年代初还在使用，码头南侧的地块是填海形成的，上面建有一座大栈房（和记路头图 2 人物背后的建筑物）。在栈房朝向厦门岛的东面堤岸处还有一座已毁坏的和记路头残留部分。和记路头和栈房背后是一个陡峭的山坡，当地人称之为"和记崎"，就是现在鼓浪屿龙山洞口的陡坡处。

1928 年，越南华侨黄仲训在当年龙头路头旁厦门海景酒店至和记崎一带海湾填海造地时，这条岸线在和记栈房东面成 90 度折弯，并与当年和记洋行的栈房堤岸相连，使和记码头处于凹进去的海湾之中。

在 100 多年前和记崎朝北走向的岸线原来一直延伸到燕尾山，沿着岸线建造了三丘田路头、河仔下路头、海关总巡路头等。后来，王仔添在鼓浪屿五个牌一带海滨开采石料，制作石雕发财以后，1927 年前后，在三丘田路头的南侧筑堤填海形成一块三面环水的矩形地块。这个地块的北侧形成一条连接三丘田路头和原美国领事馆靠海大门的道路，长约 50 米，紧挨着道路建造了一座长方形的两层楼房。南侧的岸线与和记路头平行，东侧岸线朝向厦门岛，长 60 多米。这个面积大约 3500 平方米的地块，三丘田的居民称作"下三丘田"。

下三丘田的南侧岸线与和记路头附近的海域成为一个"凹"字形的海湾，这个海湾长约 100 米，宽约 60 米，因小海湾中有和记洋行的码头，岸上是和记洋行的栈房，所以当地人将这一带统称为"和记"。今天从龙山洞前往三丘田旅游码头的柏油马路右侧就是当年和记海湾的堤岸。

鼓浪屿原来就是一个麻雀虽小、五脏俱全的独特海岛，岛上有碾米厂、豆制品厂、食品厂、米粉厂、杀猪的屠宰场甚至有火化场。新中国成立以后，和记码头一直是从龙海用传统木帆船运粮到鼓浪屿碾米厂的唯一码头，英商和记洋行的两座栈房作为鼓浪屿碾米厂的厂房和仓库一直使用到 20 世纪 70 年代。当时为了粮食储存的需要还在旧栈房旁边新建了一排仓库。

每当夏收和秋收以后，从龙海粮食主产区收购的稻谷就用木船运输，经九龙江出海口和厦门港航道运往鼓浪屿，运粮木帆船乘着涨潮的高水位停靠和记路头，在码头和船之间搭一条木头跳板，搬运工肩上搭一条布，将每袋一两百斤的稻谷扛上肩，从船上经过窄窄的跳板走上码头，扛进碾米厂的仓库。搬运工每扛一袋稻谷就从记工员手上拿到一根竹签，作为结算工钱的凭证。当年鼓浪屿人吃的大米都是这个碾米厂加工出来的，当年因为生产的需要，隔着马路的两个栈房之间的还专门架设了一条空中廊道连接仓库和碾米车间。

除了和记路头旁边的两座栈房外，附近的三丘田还建有4座栈房，其中一座屋顶坍塌的栈房，长期空置里面杂草丛生，在20世纪70年代被房管所改建为五层楼的居民楼，门牌编为三明路25号，三丘田居民习惯上称之为"五楼"。笔者家从房管所租住的一套住房就是三明路27号，与之相邻，从窗户可以直接看到黄奕住家"黄仔厝"的花园。

在上三丘田与黄仔厝花园相邻的还有3座栈房，两座有屋顶，一座屋顶已经坍塌，里面种过香蕉，笔者少年时代经常跑到里面玩。

和记路头和6座栈房都是厦门五口通商的历史见证，在20世纪70年代这些栈房都还保存着，其中一个栈房在20世纪50年代曾经作为厦门打捞公司的食堂和会场，打捞公司还经常在那里演出芗剧。后来这几个栈房改做鼓浪屿胶木厂，主要生产一些电器配件和开关。20世纪90年代由于企业生产出现困难，也因为鼓浪屿确定发展旅游业，将鼓浪屿胶木厂厂房和土地盘给厦门工商银行，所得到的几百万元用于这家区属企业的工人安置和后续工作。原鼓浪屿胶木厂的地块改造成现编三明路47号、53号、57号三座别墅。

和记路头的这个小小海湾是附近居民游泳的主要浴场，每到夏天涨潮时，长石条铺就的码头上总是挤满游泳的人群，在码头附近的海面上打水仗的人、用各种姿势游泳的人、打水球的人，分成两边，各占堤岸一个用花岗岩石头垒成的护墩，玩水上捉迷藏的，跳水声、喊叫声、欢呼声响成一片，到今天还历历在目，犹如在耳边回响。

这个海湾还是当年厦门轮船总公司航行香港、广东等地船舶维修停泊的好地方，这些货船长36米左右，二三百吨位（最大排水量340吨）的船舶由于外表油漆成黑色，俗称其为"黑乌贼"。这些船舶航行一段时间后，船底就会爬满海蛎等有壳类和海藻影响航速，要停靠在和记海湾进行保养。当退潮以后，船向一边倾斜时，船员就要拿着铲子、刷子等各种工具将附着船底的有壳类和藻类铲除冲洗掉，然后在船底堆放柴草点燃，用火的热量将船底烘干，在潮水还未涨上来时刷上油漆，对船进行保养。

到20世纪80年代末，鼓浪屿区在三丘田堤岸和原厦门航海俱乐部堤岸之间修建了一条堤岸并连接起来，堤岸内作为开挖龙山洞土头和岛上垃圾的填埋场，并将和记海湾填为陆地，从三丘田就可以沿着海岸线直达轮渡码头了。

地是扩大了，路是方便了，但是鼓浪屿少了形成优美曲线的一个海湾，历经140

多年风风雨雨的和记路头被埋在土里面，和记路头旁的两座栈房也被拆毁，只剩曾经作为碾米厂车间的那座栈房还残留半堵墙壁，仿佛还在提醒人们这里有一段不该忘却的历史，还在默默地诉说着厦门五口通商口岸历史变迁的故事。

8. 三丘田路头的变迁

三丘田路头图 1

这张照片是 1880 年从三丘田路头后面高坡拍摄的厦鼓两岸风光，三丘田路头朝向厦门岛的海滨有三座古路头，从左至右依次是海关总巡公馆码头、河仔下码头和三丘田码头。当年从三丘田码头到燕尾山附近海关总巡码头一带没有什么建筑，都是海滩和山坡。

三丘田路头图 2

这张照片是 1880 年升旗山拍摄的鼓浪屿海湾和路头。当年从和记崎开始到龙头，现为福州路和黄家渡一带都是海滩。照片中的三座码头从南至北依次是和记路头、三丘田路头和河仔下路头。

三丘田路头图 3

这张照片中的码头就是当年的三丘田路头，码头后面几座一层建筑物是当年和记洋行的栈房。正对着三丘田码头的两层别墅是鼓新路 42 号的"黄仔厝"，法国人建于 19 世纪末期，黄奕住的长子黄欣书购买作为住宅。悬崖上的汇丰银行公寓建于 1876 年。照片右侧临海建筑物是当年的美国领事馆。王仔添在三丘田尚未填海造地。这张照片拍摄的时间在 20 世纪 20 年代之前。

三丘田路头图 4

这是一张从鹭江道拍摄鼓浪屿黄家渡附近至燕尾山的照片，八卦楼下的码头就是当年的三丘田路头。照片呈现 20 世纪 30 年代前后，鼓浪屿朝向厦门岛的主要海岸线和景观，这个海岸线基本保存到 20 世纪 80 年代前后。1976 年，河仔下海湾填海造地作为"725 研究所"；80 年代中期填掉三丘田至原中谦路头的海湾，建设三丘田旅游码头。80 年代末期将和记海湾填掉，改变了原来的海岸线。

三丘田路头图5

　　这张照片是1960年从厦门轮渡码头拍摄厦鼓两岸的风光。与厦门轮渡码头相对的就是三丘田码头。这张照片清晰地反映出鼓浪屿和记海湾、三丘田海湾未填海造地时的岸线。

三丘田路头图6（林聪明拍摄）

　　这张照片拍摄的是鼓浪屿唯一现存的古路头，它是用花岗岩石材建造的三丘田路头。

　　王仔添在填海造地的"下三丘田"北侧建起一座两层的楼房，楼房与海之间只留一条不到3米来宽的道路，这条道路与三丘田路头相连。而楼房的南侧则是一大片空地，因这里是填海造出的地，我们称之为"海沙坡"。

　　据说，100多年前有洪姓居民于此开垦三块田地，故称三丘田，王仔添填海之前的地方称为"上三丘田"，附近修建的码头就叫作"三丘田路头"，从100多年前留存下来的老照片来看，三丘田的这个码头已经是当时厦门和鼓浪屿海上运输的主要码头了。

　　三丘田路头在很长的时间里，都是厦门舢板社从厦门水仙码头到三丘田路头主要的客运航线，每条长6米的舢板可以载客12人。因为当时厦门玻璃厂、厦门灯泡厂、厦门造船厂鼓浪屿车间和厦门第三塑料厂在内厝澳一带，因此，三丘田路头成为这些企业工人来往厦鼓的重要码头，一段时间还专门开通载客的电船。作为厦鼓海上客运码头的三丘田路头一直运营到 20 世纪 80 年代。笔者在青少年时代的生活就和三丘田路头紧密联系在一起，长大以后，还经常替父亲摇橹运载客人来往于厦门和鼓浪屿之间。

三丘田路头很长一段时间还是海沧东屿村渔船停靠点，渔民从这里上岸，挑着海鲜到鼓浪屿市场售卖。所以笔者从小就和邻居的小伙伴学会了摇橹，学会了划双桨渔船。这样我们就可以摇橹划船钓鱼、撒网捕鱼，还经常升起舢板的风帆，扬帆在厦门鼓浪屿之间的海域。

三丘田不仅是厦门与鼓浪屿之间海上运输的重要码头，由于地理位置和条件，它还曾经是厦门打捞公司和厦门海上航标灯设施的维修基地。

新中国成立以后，三丘田和原美国领事馆是厦门打捞公司所在地，打捞公司在"海沙坡"还建有翻砂车间。当时主要打捞抗日战争后期，被盟军飞机炸沉在鹭江海底的日本军舰。20 世纪五六十年代，厦门打捞公司的打捞起重趸船就经常停靠在三丘田海边。这种打捞起重趸船自身没有动力，需要拖船拖驳。停靠在打捞趸船旁的还有一条专门负责潜水员作业的船，船上最明显的标志就是一座中间支撑，两边横杠翘起，人工两边上下按压为潜水员打气的设备。潜水员的潜水服用很厚的帆布制成，胸前和背后还要挂着铅坠，戴上潜水头盔，头盔连着通气管道，装备好后从船旁的梯子下水。潜水员在水下作业时呼吸的水泡会不断地从水底冒出水面，船上可以通过电话与潜水员通话。

当时从海中打捞起来的钢铁停放在三丘田码头两边的沙滩和滩涂之中，时间放久了，铁板上都长满了海蛎，涨潮以后会有不少鱼游来寻找饵料，铁板的附近也是我们垂钓的好地方。当时在靠近原美国领事馆海边大门的海边放着一门巨大的铁锚，锚杆就有四五米长，重量有好几吨重，一个铁链的环就有十几斤重。

三丘田的"海沙坡"长期作为海军航标兵维修航标的基地，海边榕树旁还竖立着高高的起重机，专门用于起吊航标。"海沙坡"平时都堆放着一二十个从海中拉回来保养的航标灯，堆放着在海中固定航标的铁链和铁锚。每当维修航标时，敲击航标铁锈的钢铁撞击的声音不绝于耳，起重机的卷扬机房的墙上还写着大幅标语"敲铁锈也是干革命"。后来维护航标的任务由厦门航标区接管，再后来也搬到东渡去了。

在三丘田的岁月中，印象十分深刻的是 1959 年 8 月 23 日的超强台风。那一天晚上天气特别闷热，下半夜忽然狂风大作，暴雨倾盆而下。当笔者被厦门打捞公司的工人背出门的时候，海水已经涨到笔者家门口。人们被安置在原美国领事馆，许多人原来不肯离开家，等到海水涨进屋子后才离开。第二天台风过境，人们回到家里一看，海水虽然已经退去，但是从水淹的痕迹可以看出楼下房子淹了将近一人高。笔者这座楼屋顶的瓦片全部飞走了，二楼的钢筋混凝土阳台在台风中坍塌了。海面上到处是被台风毁坏的木船，一条残破的木船搁浅在和记海湾，随着风浪一进一退撞击着堤岸。破船上有一些木头，笔者跳到船上将木头丢到岸上以后，两手抓住船帮要跳到岸上，结果一个巨浪打来，笔者还没有跳起时，船帮就已经撞击到堤岸，笔者的两个手指被撞得鲜血淋漓。笔者跳上岸后，厦门打捞公司的医生为笔者包扎治疗。那一次的超强台风损失巨大，和记海湾旁的一棵老榕树也被台风刮倒了，厦门和鼓浪屿的不少疍民遭了殃。

三丘田的旧居和宽敞的海沙坡留下了笔者从童年到中年的记忆，也记载了与鼓浪屿发展息息相关的人和事，流淌的岁月中又有几多欢乐，几多辛酸，几多惆怅。

9. 中谦路头和三丘田海湾的变迁

中谦路头图 1

这张照片拍摄于 1910 年，眺望鼓浪屿的情景（从厦门鹭江道第四、第五路头附近眺望鼓浪屿）。从左往右依次是三丘田路头、中谦路头、河仔下路头、总船路头和救世医院路头。中谦路头后面就是四个双坡面屋顶的中谦栈房。

中谦码头图 2

这张照片拍摄于 1910 年，眺望鼓浪屿的情景。这张照片是从原汇丰银行公馆左侧山坡拍摄的，左下角的房子是现编鼓新路 65 号，右下的栈房是中谦路头的仓库，右下角的码头是中谦路头，往左依次是总船路头和救世医院路头，河仔下路头被照片中的山坡挡住了。

中谦路头图 3（林聪明拍摄）

这张是与中谦码头图 1 对应的照片。左侧白色建筑物就是鼓新路 65 号，陈天恩的儿子陈希圣医生住宅。因为在这个山坡和原汇丰银行公馆之间的山坳，20 世纪 70 年代 725 研究所在这里修建了几座住宅，遮挡了拍摄的视线，无法从相同的位置拍摄。

中谦路头图 4

这张照片是靠近三丘田码头的原中谦货栈码头，其已经停止使用了。

三丘田海湾图 1

　　这张照片是 20 世纪初位于三丘田的美国领事馆（旧馆），建筑旁建有美国领事馆专用路头。

三丘田海湾图 2

　　1930 年美国领事馆旧馆拆除，在原址西面半山坡建造了新馆，并筑堤造地修建红砖围墙，临海处修建了一个网球场。

三丘田海湾图 3

　　这张照片是 1930 年新建的三丘田美国领事馆。照片右侧就是中谦仓库，左边建筑是鼓新路 44 号。1985 年三丘田海湾填海造地修建三丘田旅游码头，原美国领事馆临海堤岸上修建的围墙，就是现在从三丘田旅游码头通往龙渊别墅道路的围墙。

三丘田的居民称为"三丘田海湾"的地方，就是指从三丘田路头至中谦栈房路头为南北端，以原美国领事馆的堤岸和围墙为西界，形成的长方形海域，这是笔者从小生活的主要海域。19 世纪末 20 世纪初，美国领事馆还有一个自己的路头，在 1908 年鼓浪屿的手绘地图上有专门的标注。但是这座原美国领事馆的专用码头应该在新馆建造时就废弃不用了。

1930 年，美国领事馆拆除旧楼，在原馆址往西的半山坡上修建了新馆舍，临海修筑堤岸形成的一块长方形作为花园和网球场，这时已经没有专用码头了。从笔者的孩童时代起，在三丘田路头和中谦路头中间只有领事馆路头残留的一些花岗岩石条静静地躺在滩涂上，仿佛在诉说当年的那段被人们遗忘的历史。

在原美国领事馆北侧，当年有一座中谦栈房，从留下来的历史老照片来看，这座栈房的屋顶有四个双坡面的屋顶，规模不小。这座栈房紧邻海边，修建一座停靠船舶，装卸货物的码头，当地人称之为"中谦路头"。中谦路头是由菲律宾华侨林中玉和姻亲洪子谦合资开发经营，取两人姓名中一个字名为"中谦栈房"。新中国成立以后，中谦栈房作为工厂厂房，早年生产纽扣，三丘田的居民习惯上称之为"扣子厂"。20 世纪 60 年代时生产胶木电器，后来成为厦门绝缘材料厂。20 世纪 80 年代中期，工厂搬迁到厦门，厂区改变用途开发成龙渊别墅。目前，中谦码头只剩下一个废弃不用的码头了。

从三丘田路头到中谦路头之间的方形海湾，三丘田居民习惯上叫作"三丘田海边"。笔者家居住的那座楼房与海只隔着一条 3 米左右宽的马路，台风掀起的大浪都能够从一楼的屋顶飘进去。每逢农历九月天文大潮，海水都会淹上路面。这里涨潮时海水深，海域宽阔，还是跳水、打水球的好地方。这里距离原中谦路头 100 米左右，也是比赛游泳速度的好场地。这片海域也是垂钓的战场之一，海底既有泥沙混合的滩涂，也有部分沙滩，是鱼儿讨食的场所。

1985 年，从三丘田码头的堤岸到中谦路头修筑一条堤岸，采用绞吸式挖泥船作业，填海造地修建了三丘田旅游码头和荷花舞厅。当年这个码头只停靠轮渡公司环鼓旅游的船只，从荷花舞厅通往荷花亭的引桥成为附近居民休闲、乘凉的好去处。

2004 年，三丘田的居民区在旧城改造中，被成片拆除了。随着鼓浪屿旅游业的发展，三丘田码头进一步扩大，成为外地游客进入鼓浪屿的主要码头。

10. 总巡码头、救世医院码头和河仔下海湾的变迁

总巡码头图 1

这张是 1880 年从鼓浪屿望厦门岛的照片，当时鼓浪屿河仔下一带还没有什么建筑物，海中的码头是总巡码头。

总巡码头图 2（林聪明翻拍）

这张照片拍摄的是 1930 年位于燕尾山南侧、河仔下海边的原鼓浪屿救世医院。医院临海的堤岸与原救世医院码头已经没有通道，码头已经废弃不用。左侧的码头是厦门海关理船厅（也称总巡）的码头。

总巡码头图 3

这张照片中的建筑物是河仔下救世医院和护士学校。停靠船舶和起吊航标的码头就是厦门海关理船厅的专用码头，也称"海关码头"、"总船码头"，这座码头部分是水泥桥面，还铺设了两条路轨，用于起重机起吊航标设施。

总巡码头图 4 （林聪明翻拍）

这张照片是 1948 年建成的鼓浪屿救世医院全景，医院前面是河仔下码头和河仔下海湾。起重设备是起吊航标灯浮筒的，海湾后来成为厦门舢板社的船厂，20 世纪 70 年代船厂搬到厦门。725 研究所搬到鼓浪屿时将海湾填掉。

总巡码头图 5 （林聪明拍摄）

这张照片拍摄的是当年河仔下总巡码头的遗址，只剩下躺在滩涂的码头残骸，海中的方形建筑物就是 725 研究所用于油漆实验的设施。

1862 年 3 月 30 日，西方列强在厦门设立海关税务司，在鼓浪屿设立海关理船厅，厦门海关和港务管理大权就控制在外国人手中了。海关理船厅公所位于燕尾山旁的河仔下海滨，现编鼓新路 60 号，与原鼓浪屿救世医院相邻，与厦门海关隔海相对，从海关理船厅公所大门出来，往左走下一个斜坡，经过救世医院门口就到达河仔下总巡码头。这个码头靠海岸的上半部是水泥建造的桥墩和桥面，桥面上铺设铁轨，用于涨潮时将海上铁制的航标设施用车拉到岸上，再进行除锈油漆保养。码头的下半部分是采用花岗岩石条建造桥墩和铺设桥面的，是理船厅、救世医院和其他人员过渡的主要码头。

总巡码头右侧与中谦码头之间是一个小海湾，靠岸的是沙滩，下面是沙土混合泥质的海滩，原来厦门舢板社的造船厂就设在这里，主要建造和维修舢板。笔者的少年时代经常到这里捡拾柴火。造船工人修船时，用斧头劈下和刨刀刨下的木材碎片，就是最好的战利品。20 世纪 60 年代，船厂的一个工人在总巡码头边还抓到一只水貂。这一带海域也是中华鲎产卵繁殖后代的地方，在退潮后的河仔下滩涂，经常可以看到幼小的中华鲎。

20 世纪 70 年代初，厦门舢板社的造船厂搬到厦门，随后厦门 725 研究所搬到鼓浪屿，将河仔下的小海湾填海成为陆地，建造研究所的办公楼，总巡码头被毁掉，现在只剩下深水区的一小段残损的码头，只有在退潮时站在河仔下段环岛路可以看到。

（审稿人：王日根）

"奕住"还是"奕柱"？

——黄奕住生平述略兼姓名辨正

王晴璐[*]

摘　要：近代著名华侨黄奕住先生自南洋归国后在祖国的教育、医疗卫生、金融、城市建设等诸多领域做出了卓越的贡献，值得后人永久的铭记与缅怀。然而，由于《申报》《大公报》等近代文献之误，黄先生的名字出现了另一种写法，即"黄奕柱"。本文在简要介绍其生平后通过文献与实地调研，判定其姓名的正确写法应为"黄奕住"。

关键词：黄奕住　黄奕柱　姓名　辨正

一

黄奕住先生 1868 年 12 月 7 日出生于福建省南安县的一户贫苦农民家庭，是家中长子，因当时医疗卫生条件落后，婴儿的夭折率很高，他的父亲黄则华非常希望留住这个孩子，故为其取名"奕住"，乳名"阿住"，"奕"是在宗谱中的辈分[①]。黄奕住先生儿时也上过私塾，但随着弟弟妹妹的相继出生，家中情况愈发紧张，后来甚至出现了断粮的状况，最后，父亲只好忍痛让其辍学，这件事在黄奕住先生内心留下了很深的伤痛，成为终身的遗憾。正因为深谙失学之苦，事业成功后，黄奕住先生慷慨出资捐助多所学校，让年轻一辈有机会上学。他后来回忆：

吾幼时失学，为大恨事。今于吾父吾母丘墓之乡，吾身数十年经营衣食之地，

---

[*]　王晴璐，复旦大学档案馆馆员，研究领域为档案文献。

① 参见赵德馨《黄奕住传》，湖南人民出版社，1998，第 2 页。本文生平述略部分主要参考《黄奕住传》及该书附录的黄奕住《自订回国大事记》、黄钦书等《先府君行实》、黄浴沂《先父黄奕住传略》《回忆录》等，下除引文外，不再逐一说明。

晚岁游历之区，为青年学子略尽吾情，弥吾阙憾焉。①

当时，南安一代有从事理发业的传统，黄奕住先生 12 岁时也跟随伯父黄伯顺学习理发，学成后成为一名走街串巷的理发匠。在挑着理发担辗转各地的过程中，黄奕住先生了解到南洋一带很适合从事商业，华人在那里也发展得有声有色，有的甚至成了富豪，就产生了前往南洋开拓事业，改变家庭面貌的念头，他的观点是"彼能往，我亦能往，事在人为耳"。他的志气让父亲十分感动，硬是变卖了家中的一些田产为他筹集了旅费。1885 年春，刚过 16 周岁的黄奕住先生踏上了前往南洋的海船。

黄奕住先生首先到达的是新加坡，后又转到印尼的三宝垄市，在三宝垄，他一开始也从事理发业，但没多久就发现理发只是一门小本生意，一辈子只能糊口，要靠理发脱贫致富几乎不可能。于是，他产生了改行做商贩的想法，为表示破釜沉舟的决心，他将所有的理发工具都投入大海，用借来的五盾作为本钱，开始了全新的行业。

当时，细心的黄奕住先生发现南洋人有喝咖啡的习惯，于是开始挑担卖咖啡，随着生意的兴旺，资金逐步积累了起来，他便在三宝垄市的中心市场租了一个固定摊位。慢慢地，一个摊位也容纳不下他的生意了，他又租房办起了杂货店，卖咖啡及其他杂货，店名"日兴"。从此，黄奕住先生的事业更进入上升通道，日兴杂货店逐渐扩大为日兴商行，又因当时三宝垄市是蔗糖的主要集散地，黄奕住先生也于 1895 年以后将经营的重点转向了蔗糖。1908 年，黄奕住先生 40 岁时，日兴股份公司成立，注册资本已经达到四十万盾。1913 年，日兴的资产上升至百万盾，黄奕住先生也一跃成为印尼爪哇的四大糖商之一。一战结束后，糖价大涨，黄奕住先生的资产再次增长，终于成了千万富翁。他本人也逐渐成为三宝垄市的华侨领袖，担任了三宝垄中华会馆财务董事、中华商会副会长等，并开始扶植南洋的华侨教育，先后捐助三宝垄中华学校、新加坡南洋华侨中学、新加坡爱同学校等。

黄奕住先生在三宝垄期间，还曾接待过孙中山先生，对同盟会的革命活动予以资助。

1919 年黄奕住先生怀着拳拳爱国心，叶落归根，挟巨资回国发展，定居厦门。回国后的黄奕住先生更是贡献卓著，概括起来，主要有：创办中南银行，投资修建厦门第一条现代马路，成立厦门市自来水公司并任董事长，大大改善了厦门市民的饮用水情况，对鼓浪屿也实现了自来水供应。黄奕住先生还接办了厦门电话公司，收回鼓浪屿日本人创办的川北电话公司，并实现了厦鼓之间的通话。另外，在鼓浪屿，他出资

① 黄钦书等：《先府君行实》，载赵德馨《黄奕住传》，湖南人民出版社，1998，第 373 页。

兴建了黄家花园与观海别墅。值得一提的是，黄奕住先生平素为人节俭低调，而他此次建造的黄家花园却由中楼、南楼、北楼三幢别墅组成，之所以规模如此宏大，绝不是为了炫富，而有着借此气势压倒鼓浪屿上外国人建筑的别墅，长中国人志气的良苦用心。现在，黄家花园仍然与菽庄花园一起，是人们到鼓浪屿必游的景点。

而黄奕住先生事业成功后用力最多的就是教育事业，他捐助的学校可以列一串长长的名单。

1920 年黄奕住先生于故乡南安创办了斗南学校，且实施免费入学，在当时引起了很大的轰动。斗南学校成为南安教育质量最好的学校，培养了大批人才。黄奕住先生又接办了当时因经费短缺濒临停办的厦门女子师范学校，并改名为厦门慈勤女子中学，"慈勤"是黄奕住先生母亲的谥号，饱含了他对母亲的深深怀念。后黄萱女士曾就读于此校。大学方面则名单更长，如为创办早期经费极度困难的厦门大学捐款国币 3 万元用以购买中西文图书，为此，1931 年厦大建校 10 周年时，特意在群贤楼建石碑刻铭文致谢。黄奕住先生还担任了暨南大学校董，捐款筹办了中国第一所商科大学上海商科大学，即今上海财经大学的前身。黄奕住先生还应李登辉校长之请，在复旦大学建造江湾新校区时捐款 1 万余元建造了一座办公楼，即奕住堂（今复旦大学校史馆主体建筑），奕住堂亦成为复旦江湾新校区建立之初的三幢主要建筑之一。他对北京大学、南开大学、岭南大学也予以过捐助。

在医疗卫生和文化教育方面，黄奕住先生还捐款建立了厦门中山医院、鼓浪屿医院，捐助厦门图书馆，创设鼓浪屿图书馆等。

1945 年 6 月 5 日，黄奕住先生病逝于上海，享年 77 岁。在因身体衰弱于 1943 年即立下的遗嘱上，他写道：

> 余来自田间，深知社会疾苦。赋性质直，见义思为。生平关于教育、慈善诸端，赞助向不后人。亦宜指定的款，俾能继续供（贡）献人群。……余一生勤俭持身，忠厚待人，对于国家社会之事，虽不敢上拟先忧后乐之伦，亦未尝稍忘匹夫有责之义。①

黄奕住先生对于国家和社会堪称厥功甚伟，但他对自己生平的总结却如此谦逊低调，认为尚达不到范仲淹"先天下之忧而忧，后天下之乐而乐"的境界，只不过是尽了匹夫之责罢了。黄奕住先生的品格值得后人永远的景仰。

---

① 赵德馨：《黄奕住传》，湖南人民出版社，1998，第 351 页。

二

前文已简要介绍黄奕住先生成就卓著的一生，然而，笔者发现，黄奕住先生在世时，其姓名却出现了另一种写法，即"黄奕柱"，主要见于《申报》《大公报》及复旦大学历史档案中，如 1921 年 5 月 13 日《申报》刊载的"复旦大学消息"：

> 该校今又经中南银行总理黄奕柱君筹助一万两，指定独建事务所房屋一座。

1930 年 5 月 28 日《大公报》刊载的"黄奕柱之子在沪被绑"新闻：

> 中南银行董事长黄奕柱之子，沁（二十七日）晚六时半，驾自备汽车，行经海格路，被匪绑去，黄两保镖，一死一伤，车夫亦伤。

而复旦大学历史档案中，历期《复旦年刊》所列之校董名录及照片均作"黄奕柱"，相同的情况还出现在 1926 年《复旦丙寅年鉴》中[1]。《本校四十年大事记》"民国八年"条：

> 始于江湾建屋，简照南兄弟捐建教室，是为简公祠；黄奕柱捐建办公厅，后增两翼为图书馆。[2]

《国立复旦大学一览》"校史"部分：

> 至民六年改组为大学，规模扩大，负笈来游者日众，李先生乃亲赴南洋各地，募集巨款，拟建新校舍，在江湾陆续购地七十余亩，并得国内热心教育之士，如简照南黄奕柱先生等，慨助多金，捐建房屋，乃于民九年冬十二月，鸠工兴建，逾年，简公堂，办公室（即今之图书馆）及第一宿舍落成，大学部遂于民十一年春，由徐家汇迁入，其李公祠原址作为中学部校舍……[3]

---

[1] 《复旦丙寅年鉴》，复旦大学档案馆馆藏历史档案卷 2546。
[2] 《本校四十年大事记》，复旦大学档案馆馆藏历史档案卷 17，时间应为民国九年，原件上有铅笔更正痕迹。
[3] 复旦大学编《国立复旦大学一览》，1947，第 2 页。

当受以上历史档案影响，复旦大学校史馆门前石碑与内部展览文字及一系列校史著作如《复旦大学志》《复旦上医老校舍寻踪》等均将黄先生之名写作"黄奕柱"①。

那么，黄先生的名字究竟是"奕住"还是"奕柱"？为此，笔者进行了文献与实地的调查，最终的结论是，正确的写法应为"奕住"，除赵德馨的《黄奕住传》②外，尚有来自其直系亲属的直接证据数种，分列如下。

第一，1945 年黄奕住先生去世时，其家族机构黄聚德堂载于《申报》上的《讣告》作"奕住"。原文如下：

> 黄钦书、浴沂、友情、天恩、德隆、德心、德坤、世哲、世禧、世华先生尊翁奕住老太爷恸于中华民国三十四年六月五日（农历四月二十五日）午时寿终沪寓正寝，择于六月七日（农历四月二十七日）未时在岳阳路一六八号本寓大殓，谨此报闻。③

同样是登载在《申报》上，但由其家族机构起草的《讣告》不可能将其名字写错，属直接证据。

图 1　赵德馨《黄奕住传》封面　　图 2　《申报》刊载之黄奕住先生《讣告》

第二，书有《南安奕住黄先生墓志铭》的黄奕住先生原墓于"十年动乱"中被

---

① 复旦大学历史档案中也有将黄先生之名写作"黄奕住"的，如《三十年的复旦》（复旦大学档案馆藏历史档案卷 2552），但可能因历史档案中"黄奕柱"占了多数，未能引起足够的重视。

② 赵德馨因夫人周秀鸾教授与黄奕住外孙女周菡为姨表姐妹，得睹大量黄氏私家档案。该书从正文到引述及附录的《江夏紫云黄氏大成宗谱》、黄奕住亲撰的《民办福建全省铁路股份有限公司缘起》（文末列发起人，含黄本人）、黄奕住之子撰写的《先府君行实》、《先父黄奕住先生传略》均作"奕住"，从未出现过"奕柱"之名。

③ 《申报》1945 年 6 月 6 日，第 1 版。

毁，但墓碑拓片照片得以保存，被收入《厦门墓志铭汇粹》[①] 一书，墓志铭中为"奕住"。1979 年黄先生之墓得以重建，为黄奕住先生与其母萧氏、其妻王氏的合葬墓，墓碑上亦作"奕住"。照片由黄奕住先生的曾孙黄骥先生提供。

图 3　南安奕住黄先生墓志铭　　　　图 4　黄奕住先生重建墓

第三，黄奕住的外孙女周菡女士曾写有《我的外公黄奕住》[②] 一文，以澄清黄蕙兰为黄仲涵而非黄奕住之女开头，逐段介绍黄奕住先生生平、与女儿黄萱的往事等，文中还附黄奕住独资修建的开元寺东塔纪念碑照片，也可清晰见到碑文上黄先生之名为"奕住"。同时，在原厦门博物馆馆长何丙仲老先生的大力支持下，笔者有幸与周菡女士通了电话，她再次明确表示正确的写法是"住"。

图 5　周菡女士撰写的《我的外公黄奕住》

另外，1920 年 12 月 15 日《江苏省公报》、1921 年 2 月 26 日《申报》刊载的对黄奕住先生予以表彰的大总统令均作"奕住"，1921 年 6 月 6 日《申报》刊载的《中南

①　苏大山：《南安奕住黄先生墓志铭》，载何丙仲、吴鹤立编纂《厦门墓志铭汇粹》，厦门大学出版社，2011，第 347～349 页。

②　周菡：《我的外公黄奕住》，载《老照片（第 45 辑）》，山东画报出版社，2006，第 44～52 页。

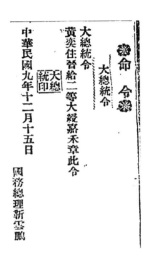

图6　《江苏省公报》刊载的表彰黄奕住先生的大总统令

银行创立会纪事》中有黄奕住先生在创立会上的部分演说原文，文中黄先生几次谈到自己，均为"奕住"。另外，在复旦大学档案馆丁士华副馆长的指点下，笔者前往上海市档案馆调阅了中南银行的相关案卷，如中南银行营业执照、董事会会议记录①、呈请事项单，财政部批文等，均为"奕住"，无一为"奕柱"。

图7　财政部颁发的中南银行营业执照

　　而当年同样受到黄奕住先生捐助的厦门大学，其群贤楼碑文与校史展中均为"奕住"。且在当时厦大所编的《厦门大学中文图书目录》与《黄奕住先生捐赠图书目录》序言中，时任校长林文庆对黄奕住捐赠购书款一事均做了说明：

　　　退隐在厦的有名华侨黄奕住先生，在民国十五六年间，捐助本校图书费三万

---

　　①　1935年中南银行董事会会议记录中有参会人员签名，黄奕住先生之名由其子黄浴沂代笔，为"奕住"。

元，该款所购中西文书籍，均表明黄先生购赠字样，作为永久纪念。①

图8　厦门大学群贤楼致谢碑文

民国十六年间，黄奕住先生首先同情本校，慨然捐助图书费国币三万元，本校因此获益不少，除设法陆续分购中、西文重要书籍凡七千九百余册外，并就书内各附特别标志，留为永久纪念，此次图书馆同仁，从事编辑图书总目录，同时把黄先生捐款所购书籍，另辑成册，这种饮水思源的工作，的确是少不得的。②

笔者也就黄奕住先生姓名的正确写法求证于鼓浪屿管委会、申遗办，得到的书面答复亦为"奕住"。管委会还将有黄奕住先生介绍的鼓浪屿申遗文本慷慨相赠。

综合以上证据，应可判定黄先生之名只有一种正确写法，即"黄奕住"，"奕柱"当为前人笔误。由此，亟盼今人及时更正此误，使先生之名得以归正，使有幸受其厚泽的莘莘学子与普通百姓皆能铭记其正确姓名，饮水思源，此当为感恩前辈的重要之举。

附记：本文的写作获得了原厦门博物馆馆长何丙仲先生、黄奕住曾孙黄骥先生、黄奕住外孙女周菡女士、鼓浪屿管委会、申遗办的鼎力相助，笔者所在的复旦大学档案馆校史研究室钱益民老师对文章的修订提出了宝贵意见，谨致谢忱。

（审稿人：谢泳）

---

① 林文庆：《〈厦门大学中文图书目录〉序》，转引自陈文庆《实业家黄奕住捐助厦大考辨》，《福建史志》2013年第6期，第50页。
② 林文庆：《〈黄奕住先生捐赠图书目录〉序》。

孙中山父女与鼓浪屿

龚 洁*

多年来，厦门文史界一直在寻觅中国民主革命先行者孙中山先生是否来过厦门的史料，有的说肯定来过，不来怎能写出《建国大纲》中的海沧"东方大港"的规划呢？而且肯定说是从汕头来厦门后转往日本的。有的则说没有确切史证可以说明孙中山来过厦门、鼓浪屿，因而至今未能统一认识。及至 20 世纪末，笔者在海沧新垵做华侨红砖厝的田野调查中，发现孙中山的第二夫人陈粹芬的祖居老屋和她散落在新垵祖地及追随孙中山先生的革命事迹并公之于众后，人们才对孙中山先生与厦门的关系有了进一步的了解。

其实，1914 年冬，孙中山先生领导的中华革命党就在鼓浪屿成立福建支部（一说他曾来到鼓浪屿），进行反对袁世凯维护共和的斗争。1918 年 6 月，广州军政府与北洋政府在鼓浪屿举行"南北停火会议"，达成八项协议。1919 年，粤军陈炯明与北军童保暄、臧致平商洽南北划界，6 月 23 日在鼓浪屿开会决定停火。此后，陈炯明叛变革命，孙中山避难永丰舰。他立即想到鼓浪屿的许春草，即派大元帅府庶务长、厦门灌口人郑螺生持他亲自任命许春草为"讨贼军总指挥"的委任状，到鼓浪屿见许。许接受任命后，组织起一支 2 万人的讨贼军。孙中山还亲自将许的"建筑公会"改为"建筑总工会"。

孙中山还任命鼓浪屿的林祖密为"闽南军司令"。他为厦门松筠堂药酒题写堂名，为《江声报》题写报名。还给厦门华侨杨衢云、庄银安、陈新政、陈楚楠等写信，感谢华侨捐款资助辛亥革命。在他制定的《建国方略》里特别提到要在海沧建设中国的"东方大港"。这一切足见鼓浪屿和厦门在他的宏图里有着不同寻常的地位。

最近，笔者无意间获得孙中山二女儿孙婉的许多史料。得知孙婉不但来过厦门，还寓居鼓浪屿一年八个多月时间，记述颇为翔实绵密，叙事也流畅清晰。现据这些史料和储存的资料，特汇辑成本文以飨读者。

---

* 龚洁，厦门郑成功纪念馆原馆长（退休），资深厦门地方史专家。

一

孙中山先生有三次婚姻，与原配夫人澳门的卢慕贞育有一子二女，即长子孙科、长女孙娫（18 岁去世）、次女孙婉。厦门海沧新垵的陈粹芬和海南文昌的宋庆龄均没有生育。

孙婉（1896—1979），又称孙琬、孙金婉、戴孙婉。1896 年 11 月 12 日生于檀香山，这巧合其父孙中山的生日，并在此度过了童年。1907 年，因孙中山哥哥孙眉的农场破产，她与姐姐孙娫随母亲、祖母等举家迁居香港九龙，生活艰难。1910 年，卢慕贞带着孙琬姐妹一起赴南洋与孙中山团聚，两年后，孙中山派人将她们护送回国。

孙婉赴美国加州州立大学文学系留学时，乏人照料，孙中山嘱托在哈佛大学留学的同盟会员王伯秋"多加关照"。王出身官宦之家，在日本留学期间结识了孙中山、宋教仁、黄兴等人。他学业优秀，办事干练，深得孙中山赏识。孙婉与王伯秋交往，日久生情，相互爱慕，于 1914 年结为夫妻。1916 年，生下女儿王缵蕙。1919 年，王伯秋偕孙婉母女回国途中，孙婉在邮轮上又生下儿子王弘之（海平）。可王伯秋与孙婉结婚前在南京已有妻室，孙中山得悉后，提出王与原配夫人离婚，否则坚决反对女儿的婚事。王不愿离婚，孙婉与王就此分手，一双儿女由王抚养。1920 年，孙婉守候在上海欲见一双儿女，王伯秋失信。这时，孙婉既牵挂儿女又想念澳门的母亲，无奈之下，她决定回澳门侍奉母亲。

1921 年，孙婉回澳门，与母亲卢慕贞住在文第士街孙公馆。在此，经哥哥孙科介绍认识了戴恩赛博士，那时戴已是广西梧州市市长。那年 3 月 19 日，孙科遵母嘱，在孙公馆为妹妹与戴恩赛主持了婚礼，从当年的结婚照片（见图 1、图 2）看，孙婉、戴恩赛身边就站着孙科及其夫人陈淑英，卢慕贞和"四姑"陈粹芬等簇拥于后，十分清晰。

1921 年 3 月 11 日，宋庆龄致信孙婉："你父亲和我很高兴你们的婚礼在澳门举行，希望你们将会十分幸福，寄给你礼金四千元，或如你父亲所说，这是你们的嫁妆。"那时，孙中山在广州，特地为女儿婚事办了一个喜宴，邀请在广州的官员来"吃饭"，宣布"请大家来吃饭，是我女儿孙婉和戴恩赛博士结婚，事先未通知大家，以免赠送礼物"。孙婉和戴恩赛婚后，两人非常恩爱，偶有小别，即用英文通信，爱慕之情，跃然纸上。

1921 年冬，孙中山在广州就任非常大总统，外孙女在香港降生，时逢准备北伐，望一举成功，就赐名外孙女叫"成功"。1922 年，陈炯明叛变，孙中山登永丰舰（即中山舰）指挥讨逆。次年夏，孙婉在香港又产一子，孙中山为纪念永丰舰避难，赐名外孙名"永丰"。

图 1　孙婉和戴恩赛结婚照　　　图 2　孙婉和戴恩赛与亲人合影

　　1925 年，孙中山在北京住院期间，孙婉和戴恩赛均随侍在侧。3 月 12 日上午 9 时 45 分，孙中山逝世时，他俩侍奉榻旁，十分悲伤。孙中山口授遗嘱（总理遗嘱）时，他俩伫立聆听，是总理遗嘱的主要见证人，戴恩赛还每晚为岳父孙中山守灵。

　　孙中山逝世后，孙婉回到澳门，戴恩赛留在北京，他俩分开了一段时间，就用英文通信，信中说："我们一家人就像失去了许多东西，为了父亲的愿望，我们一定要尽力去完成。""晚上有时燃气不足，寒夜凄清，但当一想到和你拥抱着跳'一文钱酒'（英译名）舞蹈，亲吻的甜蜜时，忘却了一切痛苦和不安"。"你是世界上赐给我温暖和快乐唯一的人，我知道你的热情，没有你我就不能生存在这个世界上"。"在我充满失望和沮丧时，当我想起你，便鼓励我去生存，只要你在我身边，和你在一起，是我最大的快乐。我们要互相保重，小小的离别，当我们下次再见时，我们的拥抱、跳舞、亲吻，这是我们最快乐的时刻"。"我虽身在北京，你在澳门，父亲的离世，那份伤痛难过的心情，每晚梦到你在一些不可思议的地方，只要我们相互接触和安慰，就能减轻我们丧父的悲痛。你要振作自己，为了我们、孩子和母亲，为了实现父亲未完成的革命事业，我们一定要遵奉父亲的遗训"。他俩就这样用英文通信，交流感情，用爱的力量战胜悲痛和孤独。

　　1929 年 2 月，戴恩赛被国民党中央政治会议任命为国民政府驻巴西公使，孙婉陪丈夫赴巴西履任。1933 年任满，戴恩赛结束公使使命，偕孙婉回到祖国。

二

1933 年回国不久，国民政府主席林森任命戴恩赛为财政部厦门海关监督。据《厦门海关志》载："戴恩赛，1935 年 1 月 26 日到任，1936 年 9 月 1 日离任。"厦门海关监督，由中央政府财政部会同福建省政府协商后委任，督理厦门及泉州、东山各地海常关税务及其他事宜。厦门海关监督从 1913 年 3 月起，至 1938 年 6 月（厦门沦陷后），共派驻 18 任、17 人（1 人回任）为监督，戴恩赛为第 16 任，孙婉陪戴恩赛到厦门海关赴任，并与丈夫一起住在鼓浪屿 1 年 8 个月有余。

图 3

戴恩赛（1892—1955），广东五华人，1892 年出生在香港，就读育才书社。1913 年上海圣约翰大学毕业后，进入清华大学留美预科。1914 年赴美国哥伦比亚大学攻读国际法，1918 年获法学博士学位。回国后曾任广州军政府外交部秘书，翌年任外交部政治组组长、外交委员、外交调查委员会会员。这期间与孙科成为好友，由此有机会结识孙婉，并由孙科促成他俩的婚姻。1921 年结婚时，戴恩赛为广西梧州市市长，孙科是婚礼的主持人。1923 年，孙中山任命戴恩赛为梧州海关监督兼外交部特派广西交涉员，梧州市市长。1933 年从巴西回国后，任厦门海关监督。1937 年任粤海关监督，还兼任过翠亨村中山纪念中学代理校长。

日寇侵占广东后，戴恩赛的海关监督职务被停止，8 年中没有任何收入，中央政府全无接济，也没有退休金。他曾致函孙科，希望资助其赴国外疗养，可孙科未复函，置之不理。

图 4

1949 年 10 月，广州解放前夕，孙婉、戴恩赛携女成功移居澳门。儿子戴永丰执意留在广州岭南大学工作。1952 年 6 月，戴永丰在岭南大学突然去世，消息传到澳门后，戴恩赛精神受到沉重打击，一病不起，于 1955 年 1 月 16 日逝于戴公馆，终年 63 岁。

戴恩赛逝世后，孙婉、戴成功母女相依为命。由于生活陷于窘境，戴成功变卖了父亲留下的戴公馆，一家人搬至澳门士多纽拜师大马路 51 号小楼居住。

1963 年初，戴成功在香港街头突然遇见分别十多年的澳门粤华学校同班同学庞锡垣，庞锡垣听了戴成功的诉说，十分震惊，随即偕夫人司徒倩前去澳门看望孙婉。这年冬天，孙婉接受司徒倩为干女儿，那年孙婉 67 岁，司徒倩 38 岁。

1964 年戴成功开"成记"古董店，处理父亲留下的一批古董以维持生计。孙婉还给廖承志和邓小平副总理写信，希望国家给予补助，后来新华社澳门分社接济了孙婉和家人。

1968 年，蒋介石曾派人专程到澳门邀请孙婉移居台湾，她婉言谢绝，但复函致谢。蒋介石改为就地"赠舍建屋"，可成为一纸空文。

1971 年，孙婉摔倒，致盆骨粉碎，入镜湖医院治疗。这期间，新华社澳门分社秦介平与柯正平、何贤等到家中探望，并询问病情。北京方面还派出骨科名医，赴澳门为孙婉治病。

1979 年 6 月 10 日，孙婉在澳门镜湖医院逝世，享年 83 岁。何贤主持追悼会，北京方面支付了孙婉住院八年的所有医疗费用。孙婉去世后，先葬在澳门"孝思永远墓园"，后移葬香港薄扶林基督教坟场，与丈夫戴恩赛永远相伴在一起。

附：陈粹芬简况

陈粹芬是孙中山第二夫人，祖籍厦门海沧新垵村。清同治年间，因新垵全村姓邱，陈姓只有陈粹芬一家，她父亲以渔农为生，但感到单姓孤单，就带着全家播迁闽粤沿海，最后落脚香港新界屯门。1873年陈粹芬出生于屯门，原名香菱，又名瑞芬，因排行第四，故人称陈四姑。1892年，19岁的陈粹芬在香港屯门基督教美国纪慎会堂，由陈少白介绍认识了26岁的孙中山。当时孙的原配夫人卢慕贞因需照顾儿子孙科，无法随中山先生四处奔走呼号革命，孙的日常生活和革命活动据点红楼里的接待、文书、做饭、洗衣等事均由粹芬承担，日久生情，加上粹芬对中山先生的崇拜，他俩不久就结成伴侣，一起进行革命活动。

图5　孙中山与第二夫人陈粹芬

1895年广州起义中的武器，经由陈粹芬之手藏匿的一批短枪、手榴弹等保存完好。1900年惠州起义，孙中山从美国、加拿大购买的武器，由日本横滨中转，都是由粹芬接洽联络转运。陈粹芬可以说是孙中山的革命好帮手。

在日本横滨，陈粹芬在同盟会机关印刷宣传品、传递情报、转运军火、接待来访、洗衣做饭，很多事务都由她一手承担，胡汉民、汪精卫、居正、戴季陶、冯自由、廖仲恺、蒋介石等均受到她的接待照料，都亲切地喊她"四姑"。日本朋友宫崎寅藏、西山寺公望、犬养毅等与中山先生过往甚密，他们对粹芬赞赏有加，说她是"女杰"、"女中丈夫"。黄三德在《洪门革命史》中说，"看见中山先生姜侍，一表人才，中山娶她十余年，在镇南关起事，失败出走安南，做伙头饭与众兄弟食，洗衣裳，挨尽艰苦"。

1912 年，民国建立，孙中山就任临时大总统，陈粹芬悄然隐退，到澳门风顺堂 4 号孙眉家中居住。她说："我跟中山反清，建立中华民国，我的救国救民愿望已经达到。……我自知出身贫苦，知识有限，自愿分离，并非中山弃我，他待我不薄，也不负我。"1915 年，孙中山与宋庆龄结婚，陈粹芬说："中山娶了宋夫人之后有了贤内助，诸事顺利了，应当为他们祝福。"陈粹芬告别亲友，只身赴南洋，隐居马来半岛庇能（槟榔屿）。1925 年 3 月 12 日孙中山逝世，陈粹芬在庇能设坛遥祭 7 天，失声痛哭说："我虽与中山分离，但心还是相通的。他在北京病危期间，我几乎每天晚上都梦见他在空中飞翔。"

孙眉去世后，陈粹芬在孙中山之子孙科的协助下回到广州，并抱养了苏姓华侨的幼女为女儿，取名孙容，相依为命。后来，母女俩为孙科操持家务，照料孙科之子孙治平、孙治强兄弟。1936 年，蒋介石到广州时，特意去探访陈粹芬，并赠予 10 万元给她作为建筑居屋及养老之用，以报答她当年的接待照料。1937 年，孙容与孙眉之次孙孙乾相爱，按辈分乃为叔侄辈，遭孙家长辈反对，而孙科认为他们之间无血缘关系，极力赞成，出面成全。就此孙容恢复原姓，改名苏仲英，并赴意大利结婚。后来苏仲英因患癌症于 1958 年去世。

1960 年，陈粹芬在香港因年迈体衰而溘然长逝，享年 87 岁，葬于荃湾华人墓地。1986 年末，她的女婿孙乾回香港将陈粹芬的遗骨携回中山县，与妻子苏仲英的遗物一并安葬在翠亨村孙氏家族墓地内，墓碑上书"孙陈粹芬夫人之墓，婿孙乾率外孙必胜、必兴、必达、必成、必立建立"。《翠亨孙氏达成祖家谱》记载，"元配卢慕贞（1915 年离婚），侧室陈粹芬，妣宋庆龄"。在翠亨孙中山故居纪念馆内也按此规格展出。

孙中山与宋庆龄结婚后，曾多次写信给子女，均称呼陈粹芬为"二母亲"，要儿孙记住这位"二母亲"。遗憾的是，陈粹芬与孙中山先生结婚十多年，因革命生涯艰险，未能举行正式结婚仪式，也未能为孙家生下一男半女。但孙中山先生始终对陈粹芬十分感念，把她视作亲人和孙家成员。

（审稿人：王日根）

鼓浪屿内厝澳崎仔尾传教士
公墓文献考证

叶克豪[*]

一　来厦门的传教士及其家属

鼓浪屿内厝澳崎仔尾，俗称内厝澳"十八脚桶"排屋的西面，隔着马路围有一片墓园，这片墓园不同于鼓浪屿龙头俗称"番仔墓"的洋人墓园，它纯属于在厦门传教的英美基督教三个传教差会专有的传教士公墓。这里排列着 60 具墓位，除了原墓园主的 3 个古早的坟墓、1 个华人教徒吴涂坟墓、1 个华人牧师叶汉章坟墓、1 个守墓人彭木生坟墓、1 个挪威籍格奥尔格·弗雷德里克·冯·克罗格船长坟墓外，还安息着三公会传教士及他们的子女共计 53 人。这一片墓园处于现编为内厝澳路 217 号的地块中，原有的地块面积 2237 平方米，纵横约 47 米，如今却仅剩下守墓人小屋的一隅。

乾隆二十二年（1757 年），大清皇帝下了一道圣旨，令除广州外，禁止厦门、宁波等港口对外贸易，标志着清政府彻底奉行闭关锁国的政策。"闭关锁国"后的大清帝国逐步落后于世界发展大潮，但是在对外贸易中，大清国的茶叶、瓷器、丝绸等一直处于出超地位。为了扭转对华贸易逆差，英国开始向大清国走私鸦片，获取暴利，以达到其所谓的贸易平衡。

1838 年（清道光十八年），道光皇帝派湖广总督林则徐为钦差大臣，赴广东查禁鸦片。林则徐到任后，下令查缴了鸦片计 2 万余箱，于虎门海口尽数销毁，从而打击了英国鸦片走私贩日趋嚣张的气焰，影响了英国所谓的"国家利益"。为了打开中国封闭的市场大门，英国国会通过对华战争的拨款案，英国政府以此为借口，决定派出远征军侵华。

---

* 叶克豪，资深厦门地方史专家。

1840 年 6 月 28 日，英军舰船 47 艘、陆军 4000 人在海军少将懿律（George Elliot）、驻华商务监督义律（Charles Elliot）率领下，陆续抵达广东珠江口外，封锁海面，第一次鸦片战争（First Anglo-Chinese War）从此展开。

1841 年 1 月 7 日，英军突然攻击虎门的大角、沙角炮台，但未奏效。1 月 26 日，英军武力强占了香港岛。8 月 21 日，英国政府全权代表璞鼎查（Henry Pottinger）率舰船 37 艘、陆军 2500 人离开香港北上，攻破福建厦门，占据鼓浪屿。

英军继而北上攻陷浙江定海、镇海等地，军舰驶抵南京下关江面。1842 年 8 月 29 日，清大臣耆英与英军璞鼎查签订了不平等的《中英南京条约》，割让了香港，开放广州、厦门、福州、宁波、上海为通商口岸。

1841 年 5 月，美国圣公会国外布道委员会理事部（The American Board of Commissioners for Foreign Missions，缩写 ABCFM，俗称为美部会）正式批准文惠廉牧师（Rev. William Jones Boone）因身体健康的问题离开荷属巴达维亚（今印度尼西亚）经新加坡抵达澳门，那时已是 1841 年 11 月，鼓浪屿早在 8 月已被英军占领了。

1841 年 4 月，加入美国圣公会国外布道委员会理事部的美国归正教会（荷兰）雅裨理牧师（Rev. David Abeel）自澳门抵达新加坡后又探访马六甲和婆罗洲，于 12 月返回澳门。

卜沃文（A. J. Poppen）在《闽南第一位宣教士：雅裨理的生平》一书中提到："……1841 年 12 月 30 日，当战争尚在进行时，雅裨理便已写信给一位在美国的朋友说，'我希望在数星期内，前往现在被英国所占领的厦门。我想，毫无疑问的，我肺部的疾病是在逐渐的扩展，但是或者要再等许多年或几年以后，它才会停止呼吸的。我确信我以生存着来完成主所指派给我的工作，而别人将继续完成余下的事工。'"[①]

由于各种迹象显露出英国即将打开这个长期与外界隔绝的大清帝国的门户，早期在南洋诸岛传教的各国传教士们都怀着一种矛盾的心情和特有的看法，认为往日所祈求进入中国大地传播福音的愿望似乎可以兑现了。

雅裨理牧师的期望终于成了现实。1842 年 2 月 7 日，雅裨理牧师陪同文惠廉牧师搭乘一艘英国海军"澳大利亚人号"舰艇离开香港前往厦门（由于清朝实行海禁，香港至厦门不能通航，只能搭乘英国占领军的舰艇前往已被占领的厦门）。经过 17 天的航程，于 2 月 24 日上午在鼓浪屿登岸。因带有英国政府对华全权代表璞鼎查的介绍信，又因为驻鼓英军高贝少校的夫人是基督教徒且与文惠廉牧师是旧相识，故两人颇得优待，很快就在鼓浪屿找到住所（现编鼓浪屿中华路 23 号）安顿下来了。

---

① 卜沃文：《闽南第一位宣教士：雅裨理的生平》，基督教辅侨出版社，1963。

3月3日，两个美国传教士就乘船到厦门寮仔后（即望高石下临海的水仙宫、妈祖宫一带）做第一次的露天福音布道活动。当年厦门的街市及居民聚集地都是以宫庙为中心而建，宫庙前的场地成为聚众活动的场所，早期的传教布道往往就站在路中央或宫庙前向佛教徒作福音的宣扬。

到厦门做传教探路的文惠廉牧师终于下了定居厦门播扬基督福音的信心，于1842年4月回到澳门。6月7日文惠廉牧师带着牧师娘萨拉（Mrs. Sarah Amelia Boone）和美国长老会的麦拔莱牧师（Rev. T. L. MacBryde）夫妇与自费前来医疗传教的甘明医生（Dr. William H. Cumming）抵达厦门。自此之后，基督教在中华大地的厦门首得公开传教。

可是，文惠廉牧师娘萨拉逗留了不到三个月，因患流行热病，于8月30日下午5时去世，她临终的话是："在我的生命中心存感激的是，上帝的召唤使我成为一个传教士。"她成为在厦门传教事工过早离世的第一人。31日下午文惠廉牧师娘被埋葬在鼓浪屿一块由英国军官向鼓浪屿黄氏租借的旧有墓地，地处内厝澳崎仔尾，即现编内厝澳路217号的地块内。

发行于美国波士顿的《传教先驱》（*The Missionary Herald*）是美国圣公会创办的传教月刊，刊载美国圣公会在世界各地有关传教事务的文章，包括通信、讯息、传教士的报告及评论等等。

1843年6月，《传教先驱》登载了雅裨理牧师的日记（年刊合订本第251~254页），他在1842年8月的日记中记载：

> 8月30日——文惠廉牧师娘侍奉于美国圣公会宣教部，她父亲曾是南卡罗来纳州的校长。文惠廉牧师夫妇1836年离开故乡到荷属东印度群岛巴达维亚做主工，1840年到澳门，他们在那里度过最后一个夏天。
>
> 8月31日——今天下午，宣教同工怀着深深的遗憾，在她的墓地上留下了我们无比的敬意。牧师娘两三天前，已经断续地出现神志昏迷，昨天则昏迷一整天，约在下午五时，离开世俗的人生。在病情还未严重恶化前，她已经预感到死亡的结局，但她并不害怕死神的来临，她已经"预定了在天国的房间"。她坚信上帝是她的救主，并用强烈的语言表达上帝赐给自己的荣耀：受呼召献身于宣教事业，并尽她全部的职责。
>
> 我想没有人比这位忠心的亲爱姐妹更加高效和充满活力，且始终如一。

在英国驻厦门的佛礼赐领事于光绪十年九月二十六日（1884年11月13日）向鼓浪屿本地妇人黄陈氏永久租借地块的契约中有这样的记述：

254　　　　China:—Journal of Mr. Abeel.　　　　JUNE,

standing the language, they can have but little personal influence over the Chinese. At times we see native converts with them who probably understand this dialect.

August 30.

Mrs. Boone, the lady whose death is mentioned below, went from this country in the service of the Episcopal Board of Missions. She was the daughter of the Hon. Henry De Saussure, late chancellor of the state of South Carolina. Mr. and Mrs Boone left the United States in 1836, and commenced their labors at Batavia. In 1840 they removed to Macao, where they remained till last summer.

31. This afternoon we committed to the tomb the remains of our much-esteemed, and deeply-regretted fellow missionary, Mrs. Boone. She departed this life yesterday, about five, P. M. She had been delirious through the day, and partially so for two or three days previous. Before her illness became at all alarming, she expressed her apprehension that it would result in death, and "set her house in order." She said she had no fear of the king of terrors, but felt an unshaken confidence in God her Savior. She was deeply impressed with the honor which God had conferred upon her in calling her to the missionary work. This she expressed in strong language. And this she acted out in all her duties. I have known no one more energetic, efficient, and uniformly cheerful, than this devoted and beloved sister.

Sept. 9. To-day a steamer brings us the unexpected news of peace between Great Britain and China. The treaty quite equals our expectations. The opening of so many large cities to commerce and foreign intercourse, the appointment of consuls to whom alone their countrymen are to be amenable, the regulation of trade by a fixed and published tariff, the liberty so often and effectually resisted of having ladies accompany their husbands, are points gained which will promote the interest of the missionary quite as much as that of the merchant.

Visit to the Hae Hong—Visit to Yew Ako—Encouraging Indications.

Oct. 31. During the past week an event has occurred which may have very important bearings. We were all invited to visit the Hae Hong, at present the highest mandarin at Amoy. Sedan chairs were sent for us, and all

went except myself. I was unwell at the time. They were received and entertained with the greatest courtesy and kindness. Their host was so affable and engaging that the attendants thought he committed the extreme fault of rather slighting the important duties of the table. He was informed of our object in coming to China, and listened attentively to the most prominent doctrines and duties of our religion. Mr. Boone promised to send him our books, which he said he would take pleasure in accepting and reading. What an advance upon the old system.

There are many indications that the exclusiveness and intolerance of the Chinese is giving place to more correct views of themselves as well as of others. The following incident may be regarded as illustrating the progress of liberal sentiments among them.

The missionaries, soon after their removal to Kolongsoo, became acquainted with the son of a former commander-in-chief of the marine provincial forces—a man of equal rank with the governors or viceroys of the provinces. Having been invited to spend a day with him, Mr. Abeel, in company with Mr. and Mrs. McBryde, repaired to his residence in Amoy, the most elegant and tasteful in the city.

Nov. 10. Our intended visit had been so far divulged that we could scarcely enter the gate, so great was the crowd who were desirous to catch a glimpse of a foreign lady. The curiosity of the other sex had likewise brought together a large concourse. Mrs. McBryde was received by the wife of our friend with a freedom and gracefulness of manner, which showed that Chinese ladies are not ignorant of these external accomplishments. May the cultivation of their minds soon claim the attention of their parents and guardians. The first part of the day was spent in company with Yew Ako—our host—and his friends who had assembled to see us. To my surprise the former asked me to address the people on the religion of Jesus. He himself professes Mohammedanism. It is the religion of his family, though he evidently knows but little of its peculiar tenets. He agrees with us in denouncing image-worship; probably he is not aware of the difference between us and the more enlightened adherents of the false prophet. Mr. McBryde and myself were invited to take Mrs. McBryde to view the extensive and highly improved grounds.

图 1　1843 年 6 月《传教先驱》（年刊合订本第 251～254 页）

立永远租字人华妇黄陈氏因在西国坟地内有祖坟七首并山园一所，自道光二十三年，有英国人病故租地安葬，续后再租黄家山园一并围筑。蒙大英国带兵官李每月给氏英银四大员，一则雇氏打扫坟地，二则作为租地之资……

"道光二十三年"即公历 1843 年，当年英军占领鼓浪屿，直到 1845 年后按《南京条约》规定的第五期赔款还清后才撤离。正因为文惠廉牧师和驻鼓英军高贝少校的夫人是旧相识的朋友，同为基督教徒的关系，初来乍到的文惠廉牧师受到英军高贝少校帮助，住宿问题得以解决；何况文惠廉牧师娘的到来不满三个月就病逝，后事更应当给予出面帮助，于是就有由"带兵官李"出面租借黄氏祖坟作为英籍人士的埋葬地一事，如契约中说的"自道光二十三年（1843 年），有英国人病故租地安葬……蒙大英国带兵官李每月给氏英银四大员"。由于黄陈氏并不清楚其中原委，误以为是英国人病故，而文惠廉牧师娘去世的正确的年份是道光二十二年（1842 年），并非黄陈氏所曰道光二十三年，且永远租地的契约签订的时间是在文惠廉牧师娘逝世 42 年之后（1884），黄陈氏的记忆中完全可能有出现差错。文惠廉牧师娘去世的 8 月 30 日是中国

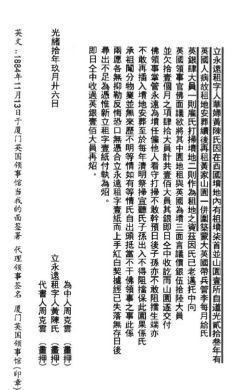

立永遠租字人華婦黃陳氏因在西國墳地內有租墳柒首並山園壹所自道光貳拾叁年有
英國人病故租地安葬續後再租黃家山園一併圍築蒙大英國帶兵管李每月給氏
英銀肆大員一則雇氏打掃墳地二則作為租地之資茲因氏已老遷托中向
英國領事官佛面議欲將其中圍地租與英國為墳三面言議價銀伍拾陸大員
並欠拾壹個月之項肆欲肆拾大員計共壹佰大員其銀即日全中收訖而山園遂交付
佛領事當管佛領事子孫亦不敢阻擋生端亦
不敢再插入墳地安葬至於每年清明祭掃宜聽氏子孫出入不得阻擋保此園果係氏
承祖闔分物業並無來歷不明等情如有等情氏自出頭抵當不干佛領事之事此係
兩愿各無抑勒反悔恐口無憑合立永遠租字壹紙而上手紅白契據經已失落無存日後
尋出不足為憑惟新立租字壹佰大員再炤
即日全中收過英銀壹佰大員再炤。

光緒拾年玖月廿六日

英文：1884年12月13日于廈門英國領事館當我的面簽署　代理領事簽名　廈門英國領事館（印章）

為中人周克雲　（畫押）
立永遠租字人黃陳氏　（畫押）
代書人周克雲　（畫押）

图2　内厝澳崎仔尾山园地 1884 年黄陈氏永远租地字契（抄件）

农历七月二十五日，正是厦门人所谓"六月天七月火"的炎热气候，在隔日（31 日）下葬也符合外国人的常理。

50 年后，在三公会（归正公会、长老公会、伦敦公会）于 1934 年 10 月发布的"中国厦门鼓浪屿传教士公墓"公告中就提到："三年后（1845），美国归正教会的波罗满牧师娘（Mrs. Theodosia Scudder Pohlman）和罗啻牧师娘（Mrs. Clarissa Ackley Doty）也分别葬在她（文惠廉牧师娘）的旁边。"这表明文惠廉牧师娘在去世（1842 年 8 月 31 日）后埋葬在鼓浪屿内厝澳崎仔尾的英人租借坟场，即契约中所称的"西国坟地"。

打马字牧师的第二任牧师娘玛丽（Mrs. Mary Eliza Van Deventer Talmage）于 1865 年来到厦门。1888 年打马字牧师夫妇在鼓浪屿田尾"三落"姑娘楼创办的《漳泉圣会报》（光绪十四年六月，1888 年出版），在第 1 部 1 卷《厦门圣会的来历》一文内有提到"可惜文先生娘，食毋著水土，感著热病，到 8 月 26 号，予主召伊离开世间，身躯埋伫鼓浪屿冢山"。《漳泉圣会报》的创办距离文惠廉牧师娘萨拉逝世已有 46 年，而在 1843 年 6 月出版的《传教先驱》登载雅裨理牧师日记中明确记载着，文惠廉牧师娘萨拉逝于 8 月 30 日（农历七月二十五日），翌日下午下葬入土（8 月 31 日，农历七月二十六日）。所以《厦门圣会的来历》一文提到的 8 月 26 日应该是农历，但月份是错的。

1843 年春天，文惠廉牧师带着两个孩子和一个鼓浪屿小佣人黄光彩也离开鼓浪屿回国。（1844 年 5 月 24 日，文惠廉牧师在上海开辟了美国圣公会新的传教工场。20 年后，鼓浪屿人黄光彩成为在上海圣公会的第一位华人牧师。）

雅裨理牧师的传教活动常受到他身体健康不佳情况的限制，但鼓浪屿人仍不断地前来参加崇拜聚会。卜沃文在《闽南第一位宣教士：雅裨理的生平》一书中提到："当厦门的首长（海防同知）敦请全体传教士们往他的家里参加盛宴时，雅裨理牧师因身体上的软弱竟未能赴宴。后来，当他完全恢复健康时，该首长另外又安排一个宴会好让他也可以参加。……这次的宴会使雅裨理在厦门最高级官员们中间开始有了相当的影响力量。他对于厦门语的精通熟练，他那种温雅而文静的态度，以及他那种诚心实意地关心到他们的幸福，使中国官员们体会到他实在是一个很可以信任的人。"这样，平民百姓也认为基督教的传播是得到官府的认同的，"中国人仍然不断地前来参加崇拜聚会。""一星期以后，正当他们主日礼拜完毕的时候，有一位官员带领二十位侍从前来拜访他们，那主日是文惠廉负责讲道的，于是他为着他们之来而重新聚会一次，那位官员要求索取福音书籍，并承认他已放弃事奉偶像而敬拜这位真实的上帝了。"

1842 年 11 月 23 日，"厦门最高级的官长'海防'亲临雅裨理的家中，作一次很愉快的访问。……隔了一天，另外一位更高级的长官'提督'，也照样地到雅裨理的家作一次很愉快的访问，这位提督是统率该区域海军的。"

伦敦公会马约翰牧师（Rev. John Macgowan）在《耶稣还是孔子——厦门传教史》一书中说道："如果基督教与中国人的首次接触发生在厦门而不是广州，必定会有更圆满的发展。"特别是厦门的普通百姓并不偏执，"在遇到不公平或冤屈时，他们很容易激动，但总体来说，厦门人是公正无私且讲道理的，他们和英国人一样有正义感，追求高尚优秀的品格，尊敬生活中的杰出人物。""中国人傲慢、自大的性格，最容易在广州人身上发现，尤其不幸的是，近代基督教与中国人的最早接触，竟然在广州。"

英国长老会宾为霖牧师（Rev. William Chalmers Burns）也认为厦门人与广州人性格上相比更为友善，"他们虽然对圣经没有多大兴趣，但仍然以冷静的态度聆听，能够以友善的态度对待我们"。

雅裨理牧师在抵达厦门后八天——1842 年 3 月 4 日，即发出第一封信件给美部会的《基督教通讯》，呼吁："……我提早写这封信的目的是表示此地需要工作人员的补充和供应。我最近探访过婆罗洲，对于婆罗洲及中国这两个工场的重要性比较，我能够很准确地鉴别出来。婆罗洲的工作应当继续并支持下去，但我可以毫无踌躇地断言，从各方面看来中国的工场是更加重要和有前途的。我很愿意我们的教会，能够进入这一工场。我知道我们不能找到其他的地方，比中国的工场更能获得效果的。可否请指派罗啻牧师（Rev. Elihu Doty）及波罗满牧师（Rev. William Pohlman）二位弟兄由婆罗洲前来和我同工？他们二人是献身到中国来的人，而那几千个寄居于婆罗洲各部地区里的陌生人是不足与此地千千万万的群众相比拟的。我这个请求并非出于自私。这是我经过熟思考虑的判断。如果我处于他们的情形中，我自己也是要选择前来中国工作的……中国现在已经局部地开放了，我们有各种理由来断言中国必不再像从前那样的闭关自守。请中国籍（会讲华语）的传教士来中国工作吧！"

1843 年春，鼓浪屿聚会的人数有百人左右，雅裨理牧师在给美国的朋友信中有这样的描述：

你们在主日所听过的讲道是一小时，经常不到一小时。我在这里讲道的时间从早餐完毕以后开始，并且经常要继续下去，直到身疲力竭，发觉自己需要休息时才结束聚会。有时候，我竟然要被迫离开那些来探访我的人到床上休息去。我所需要的，只是得着圣灵更多的扶持，好叫我成为最喜乐的人。

1844 年 6 月 24 日，罗啻牧师偕牧师娘埃莉诺（Mrs. Elanor Ackley Doty）和孩子，以及波罗满牧师偕牧师娘希奥多西娅（Mrs. Theodosia R. Seudder Pohlman）和孩子自婆罗洲抵达厦门。两家人起初住在鼓浪屿，不久迁至厦门寮仔后靠海的较舒适的居所。一所商行经过改建之后成为他们的住所，罗啻牧师一家住在楼上，波罗满牧师一家住在楼下。从一开始，两个家庭就经历了失去亲人的痛苦。抵达厦门仅 26 天，罗啻牧师 6 岁的儿子费理斯（Ferris Holmes Doty）就染病死了。一年后，波罗满牧师也失去了 2 岁的儿子爱德华（Edward Joseph Pohlman）。1845 年 9 月 30 日，波罗满牧师娘希奥多西娅身染热病刚生下一个婴儿后数小时就一同去世，终年 34 岁。一星期之后的 10 月 5 日，罗啻牧师娘埃莉诺也去世了，终年 39 岁。他们的死因全都是染上"热病"——疟疾，直到 19 世纪末，厦门海关医生曼逊（Dr. Patrick Manson）认定蚊子是疟原虫宿主，之后才证实了数十年未解的热病是经由蚊子叮咬而传播的疟疾，他们都安卧在内厝澳崎仔尾坟场文惠廉牧师娘的周旁。

在 1934 年三公会的"中国厦门鼓浪屿传教士公墓"公告中就提到："……三年后（1845），美国归正教会的波罗满牧师娘和罗啻牧师娘也分别葬在她的旁边（文惠廉牧师）。在他们的身旁还埋葬着厦门本地人的第一个信徒①，还有 19 世纪上半叶四个属于

---

① 资料查证显示：第一个信徒是道光二十八年二月初一礼拜日，公历 1848 年 3 月 5 日，伦敦公会施阿懔牧师施洗的第一位信徒吴涂，逝于当年 12 月 26 日。

美国归正公会和两个属于伦敦公会的孩子都长眠在这里。"

此后的二十多年，还有数位传教士埋葬在这个坟场。

1848 年 12 月 6 日逝世的美国长老会卢壹牧师。

1853 年 12 月 3 日逝世的英国长老会用雅各医生娘萨拉。

1858 年 2 月 28 日逝世的美国归正教会罗啻牧师第二任牧师娘玛丽。

1858 年 8 月 31 日逝世的英国长老会山大辟牧师。

1862 年 2 月 10 日逝世的美国归正教会打马字牧师娘阿比。

1863 年 10 月 18 日逝世的英国圣公会牧师史密斯。

1864 年 3 月 5 日逝世的美国归正教会笃力姑娘。

1866 年 7 月 29 日逝世的英国伦敦公会施阿惕牧师的妹妹凯瑟琳姑娘。

埋葬文惠廉牧师娘的这一块墓地，原是由 1842 年英国带兵官李以每月四大员（圆）向鼓浪屿黄姓租用的。到了 1867 年，埋葬在租赁的坟场有记载的人数已达 27 人，其中成人有 12 人（包括一个本地人信徒——吴涂）、孩童 15 人。

表 1　1842～1867 年逝世的传教士及孩童一览

姓名（Name）	所属差会（Mission）	出生（Born）	逝世（Died）	备注（Endnotes）
Mrs. Sarah Amelia Boone	ECUSA	1808.11.18	1842.8.30	美国圣公会文惠廉牧师娘萨拉，享年 34 岁
Ferris Holmes Doty	RCA	1838	1844.7.19	罗啻牧师 6 岁大的长子费理斯
Edward Joseph Pohlman	RCA	1843	1845.7.24	波罗满牧师 2 岁大的儿子爱德华
Mrs. Theodosia R. Seudder Pohlman	RCA	1811	1845.9.30	波罗满牧师娘西奥多西娅身染痢疾，生产时母婴不幸双亡，享年 34 岁
Mrs. Eleanor Ackley Doty	RCA	1806.12.7	1845.10.5	罗啻牧师第一任牧师娘埃莉诺享年 39 岁
Ann Stronach	LMS	1847	1847.6.3	施约翰牧师或施阿惕牧师（？）5 个月大的女婴安
Edward Smith Doty	RCA	1848	1848.7.14	罗啻牧师 7 个月大的男婴爱德华
Rev. John Lloyd	PCUSA	1813.10.1	1848.12.6	美国长老会卢壹牧师，享年 35 岁
Chinese grave（First Chinese Christian that died）中国人的坟墓（第一个逝世的中国人基督徒）	（LMS-Chinese）		1848.12.26	伦敦公会第一位华人信徒吴涂于 1848 年 3 月 5 日由施阿惕牧师施洗入教，12 月 26 日过世，1849 年 9 月安葬在鼓浪屿传教士公墓
C. H. M. Hyslop	LMS	1849	1849.7.3	海雅各医生 12 个月大的婴儿
Mrs. Sarah Harnett Young	EPM	1816	1853.12.3	用雅各医生娘，原伦敦公会夏蜜姑娘，1851 年与用雅各医生结婚，1853 年因难产母婴双亡，享年 37 岁
Mrs. Mary（Smith）Doty	RCA	1824	1858.2.28	罗啻牧师第二任牧师娘玛丽，享年 34 岁
Elmova Loftisa Doty	RCA	1858.3	1858.7.22	罗啻牧师 4 个月大的男婴埃尔莫瓦

续表

姓名（Name）	所属差会（Mission）	出生（Born）	逝世（Died）	备注（Endnotes）
Annie Elizabeth Lea	LMS	1856	1858.8.14	李为霖牧师 22 个月大的女儿安妮
Rev. David G. A. Sandeman, M. A.	EPM	1826.8.23	1858.8.31	山大辟牧师死于霍乱，享年 32 岁
James Ogden Talmage	RCA	1857.8.17	1858.11.9	打马字牧师 15 个月大的儿子詹姆斯
Eliza Margaret Stronach	LMS	1842	1859.6.11	施约翰牧师或施阿栗牧师（？）17 岁的女儿伊莱扎
Esther（Murray）Swanson	EPM	1860.7.8	1861.9.17	宣为霖牧师 14 个月大的女婴以斯帖
Mrs. Abby F. Woodruff Talmage	RCA	1820.10.23	1862.2.10	打马字牧师第一任牧师娘阿比，享年 42 岁
Rev. George Smith	CMS	1832.2.23	1863.10.18	英国圣公会牧师乔治·史密斯，享年 31 岁
Miss Caroline E. Adriance	RCA	1824.10.24	1864.3.5	笃力姑娘，享年 40 岁
Hanssen Hugh Herbert Cowie	EPM	1863.3.10	1864.3.21	高休牧师 12 个月大的男婴汉森
Johanna Bertha Swanson	EPM	1863.10.12	1864.6.26	宣为霖牧师 8 个月大的女婴约翰娜
Miss Catherina Stronach	LMS	1804.3.24	1866.7.29	施阿栗牧师妹妹凯瑟琳姑娘，享年 62 岁
Charles Maxwell Cowie	EPM	1866.6.5	1867.4.3	高休牧师 14 个月大的男婴查尔斯

注：美国圣公会：ECUSA；美国长老会：PCUSA；英国圣公会：CMS；美国归正教会：RCA；英国长老会：EPM；英国伦敦公会：LMS。

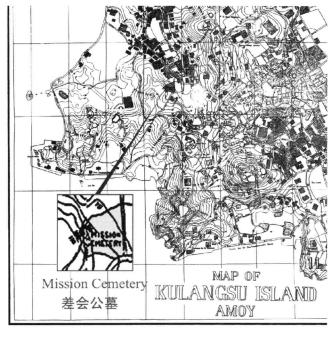

图 3　三个传教差会的公墓所处鼓浪屿位置

图 4　内厝澳路 217 号

图 5　早期在鼓浪屿内厝澳崎仔尾租赁的传教士坟场

图6　鼓浪屿内厝澳崎仔尾早期传教士公墓（1842－1867）

二　墓地的来历

1867年（同治六年），"在那一年决定要取得一块永久性的租赁用地，该地是由相邻的两片地块构成，由在厦门的英国领事获得长期租用权。"（见1934年10月，鼓浪屿传教士公墓信托委员会"中国厦门鼓浪屿传教士公墓募捐启"。）

由于清政府禁止外国人购置大清国的土地，为了得到土地长期使用权，于是由领事出面签字永远租约，签约双方在文字上做尽文章，字眼上的变通后成了由清政府授权实施者的地保做中人，大英帝国的领事名正言顺地持有大清国土地永久租赁的所有权后，再交由传教差会付诸实施（教会出资），这样土地所有权转换实质上已成了一笔无限期的正式买卖，也成了传教差会在大清国永久合法的地产。

同治六年十一月（十一月二十六日，1867年12月21日，见地契领事签发日期），立永远租约字人黄典礼"今当大老爷台下，将古（鼓）浪屿内厝澳果子宅围墙内山园二丘并英人旧葬风水地，东至英人新围墙，西至石，南至本家旧围墙，北至园岸……将园地永远租与大英国牧师前去开剥葬坟，听从其便……"由英国领事罗伯特·史温侯（Robert Swinhoe，1866～1868年在任）在黄典礼所立的永远租约字纸上签字。这成为传教士墓地第一份永远租地的契约，并在契约上注明"今天我把租赁所有权转交给传教士"。契约虽然没有提及在什么地方签订，但"当大老爷台下"似乎是在官厅或领事馆办理，为中人是鼓浪屿保的地保郑福，"特授泉厦分府俞　官给鼓浪屿保　地保郑福戳记"盖章认可。地保持有道台特授木质印章，事关土地转让与民事诉讼等均须在呈上级道台之前，盖上地保戳记的红色印章方有效力。

这份契约文书的实质就是民间社会的法律文件，从法律角度明显是一份卖主一次性将土地所有权卖断的"死契"，即土地所有人将地权一次性卖断了，永远不再向对方赎回。这份永久性契约经地保郑福盖章认可的"红契"，也就是所称的经政府登记入册认可的"官契"原始文书，它已具有法律的效力了。

这一份契约全文如下：

> 立永远租约字人黄典礼今当，大老爷台下，愿将古（鼓）浪屿内厝澳果子宅围墙内山园二丘并英人旧葬风水地，东至英人新围墙，西至石，南至本家旧围墙，北至园岸，四至明白为界，其长十三丈，后横五丈二尺，中横三丈六尺，前横四丈，议租英银一百元，将园地永远租与大英国牧师前去开剥葬坟，听从其便，经即日全中收过契面英银一百元，今欲有凭合立永远租约字一纸，付执为据。
>
> 为中人地保（特授泉厦分府俞 官给鼓浪屿保地保
>
> 郑福戳记）
>
> 同治六年十一月　　　　　　　　日立永远租约字人黄典礼（画押）
>
> 见证人黄长泰（画押）
>
> 书字人洪东龙（画押）

同治六年十二月（1867），在内厝澳耶稣教士寿莹相邻的一丘山园园主黄文英应"今因众教士公议要用此园，英托中愿将此园地永远租与大合众国教士"签订一份"三面言议价银二十大元……即将园地交与银主前去掌管，永为己业，任从围盖，不敢阻挡……此系两愿，各无反悔，恐口无凭，合立永远租约一纸，付执为照……"为中人是"特授泉厦分府俞 官给鼓浪屿保地保 郑福"，盖章认可。此份契约英国领事并未参与签订事项，纯由传教士与园主立约，地保从中作证，园地永远租给英国长老会的厦门差会。契约全文如下：

> 立永远租约字人黄文英有承祖遗下山园一坵址在内厝澳耶苏教士寿莹东边，今因众教士公议要用此园，英托中愿将此园地永远租与大合众国教士。三面言议价银二十大元，即日全中交过英银二十大元，即将园地交与银主前去掌管，永为己业，任从围盖，不敢阻挡。保此园系是英承祖遗下山园，与他人无干，亦无重张典借不明，如有不明情事，英自出头抵当，不干教士之事。此系两愿，各无反

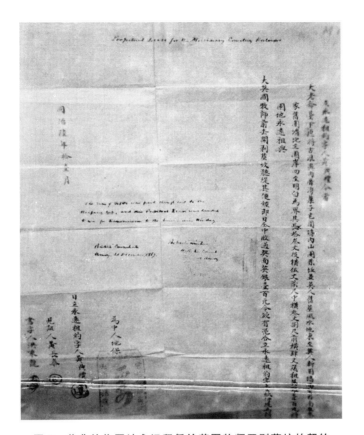

图7 黄典礼将园地永远租赁给英国牧师开剥葬坟的契约

悔，恐口无凭，合立永远租约字一纸，付执为照。

即日仝中收过永远租价英银二十大元足，再照。

作中地保（特授泉厦分府俞 官给鼓浪屿保

地保郑福戳记）

知见人黄天星（画押）

同治六年十二月 日立永远租约字人黄文英（画押）

代书人文英自笔（画押）

19世纪70年代，居住在鼓浪屿岛上的外国人已超过300人，加上因经商做生意的人、行船海员，行旅造访而来的外国人，岛上中路（现中华路）以东自南至北一带已形成一个洋人居住区。清光绪四年（1878）夏天，由英国和德国的领事倡议组织一个"鼓浪屿道路墓地基金委员会"，目的是募集资金以便经营管理鼓浪屿岛上的道路和墓地，主要成员是由长住岛上的领事、传教士、医生、海关人员、商行等外国人推选的

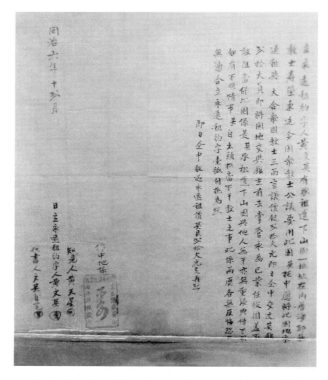

图 8 黄文英山园地一丘永远租赁给英国教士的契约

代表组成。其酌定寄居鼓浪屿的外国人须年纳人头税 5 元……墓地每座墓茔须纳 10 元……其收取款项专用于鼓浪屿岛上的道路的拓建维修和墓地整顿及管理之需。

光绪九年正月（1883），李妈登将内厝澳崎仔尾一丘受种子四升的山园地以英银 90 大元永远佃税与英国领事（H. M. Consul）。

此丘受种子四升的山园地原系园主黄马贺继承父业后于光绪五年十二月（1879）以 100 大元卖给其族人黄羡，为中人是地保何钦，卖地契约盖有"署理泉州厦防分府李给树（鼓）浪屿保地保"印章。过了三年后的光绪八年十二月（1882），黄羡又以英银 100 大元将此丘山园卖给李马丁（登），为中人是地保何添美，卖地契约盖有"钦加知府衔署泉厦分府刘 给鼓浪屿保地保"印章。仅仅过了一个月，光绪九年正月（1883）李妈登却以英银九十大元永远佃税与英国领事，此中赔本生意定有原委。

永远佃税给英国领事（H. M. Consul）的园地在契文中"合立永远税佃字壹纸，并缴上手契字二纸，合共三纸，送执为照"，这样，在李妈登与英国领事签订的契约中包括上手的两份买卖其园地的原有契约，在英文的附件还标明土地位置与四至地界及注明，地契由鼓浪屿保地保盖章生效。契约全文如下：

　　立永远税佃人李妈登有自己明买过黄羡山园一丘，受种子四升，址在鼓浪屿土名崎仔尾，东至马路，西至本家园，南至路，北至墙脚，四至明白为界。今因乏费，将此园地托中引就永远佃税与英国领事官。三面言议，着下时价英银九十大员，其银即日仝中收讫。其园地即付银主前去掌管为业，或起盖，或转卖，各从其便，不敢阻挡，亦不得异言生端等事。保此山园果系是登明买物业，与房亲人等叔兄弟侄无干，亦无重张典挂他人财帛，以及交加来不明为碍，如有不明等情，登自出头抵当，不干银主之事。此系二比甘愿，三面言议，各无抑勒，恐口无凭，合立永远税佃字一纸，并缴上手契字三纸，合共三纸，送执为照。

　　即日仝中收过佃税银九十大员再照。

知见仝收银人李玉成（画押）

为中人黄新来（画押）

日立永远佃税人李妈登（画押）

代书人黄如玉（画押）

光绪九年正月

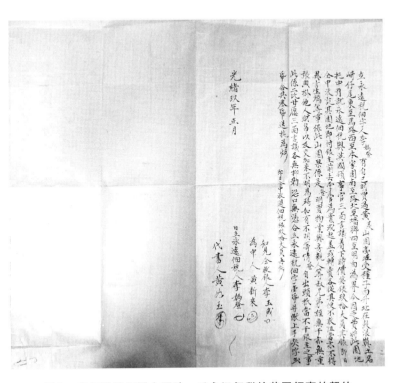

图9　李妈登崎仔尾山园地一丘永远佃税给英国领事的契约

169

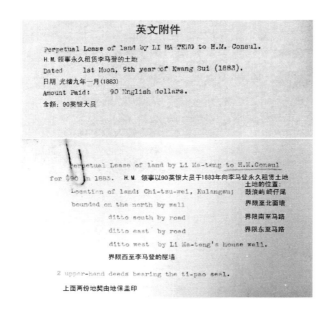

图 10　李妈登崎仔尾山园地一丘永远佃税给英国领事契约英文附件二张

附件：李妈登永远佃税与英国领事官所签订的契约包括上手买卖沙园的两份契约

（1）黄马贺将园地卖给黄羡的契约

　　立卖尽绝根契字人黄马贺有承父阄分应得沙园一丘，受种子四升，址在古（鼓）浪屿土名崎仔尾，东至马路，西至本家园，南至路，北至墙脚，四至明白为界。今因乏银费用将此沙园一丘托中引就将卖尽与族弟黄（印）羡官英银一百大员，其银即日全中收讫，其园即付银主前去掌管起耕招佃，不敢阻挡。保此园系是贺承父阄分应得物业，与房亲叔兄弟侄无干，亦无重张典挂他人，以及交加来历不明为碍，如有不明等情，贺自出头抵挡，不干银主之事。此系二比甘愿，各无反悔，恐口无凭，今欲有凭立卖尽绝根契字一纸，并缴上手契字一纸，共二纸，付执为照。

　　　　　　　即日全中收过契面英银一百大员

　　　　　　　　　　　　　　　　　　　　　　　　代书人　秉笔（画押）

　　　　　　　　　　　　　　　　　　为中人　何钦（画押）（署理泉州厦防分府李

　　　　　　　　　　　　　　　　　　　给树（鼓）浪屿保地保　何钦戳记）

光绪五年十二月　　　　　　　　　　　　日立卖尽绝根契字人黄马贺（画押）

　　　　　　　　　　　　　　　　　　　　　　知见收银人妻李氏（画押）

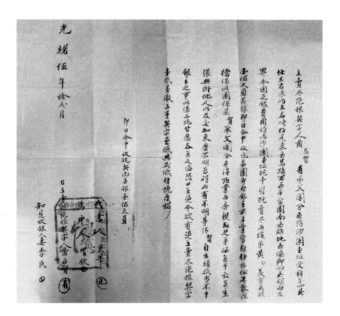

图11 光绪五年十二月黄马贺将园地卖给族弟黄羡的契约

（2）黄羡将园地卖给李妈登的契约

　　立杜尽绝卖契字人黄羡缘有凭中明买黄马贺山园一丘，受种四升，址在鼓浪屿土名崎仔尾地方。东西四至，载在上手契内明白为界，今因乏项别创托中引就将此园杜尽绝卖与李（印）妈丁处，英银一百大员，其银即日全中收讫，其园即听银主前去掌管永为己业，或起盖，或转卖任从其便，不敢阻挡。一卖终休，日后子孙亦不能言找言赎等事。保此园果系羡凭中明买物业，与他人无干，亦无重张典借不明为碍，如有等情，羡自出头抵挡，不干银主之事。此系两愿，各无抑勒，恐口无凭，合立杜尽绝卖契字一纸，并缴上手契一纸，共二纸，付执为照。即日全中收过契面英银一百大员足再照。

　　　　　　　　　　为中人地保（钦加知府衔署泉厦分府刘　给鼓浪屿保

　　　　　　　　　　　　　　　　　　　　　　　　地保何添美戳记）

　　　　　　　　　　　　　　　　知见仝收银人妻陈氏（画押）

光绪八年十二月　　　　　　　　日立杜尽绝卖契字人黄羡（画押）

　　　　　　　　　　　　　　　　　　代书人周登庆（画押）

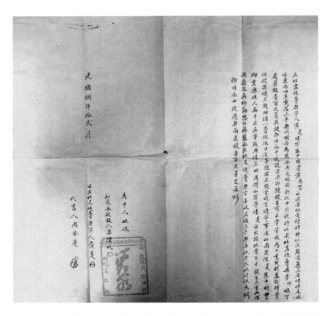

图 12 光绪八年十二月黄羡将园地卖给李马（妈）登的契约

翌年，光绪十年（1884 年），最早将园地租赁给传教士作为坟场的黄姓，其眷属黄陈氏出让了该园地。

　　立永远租字人华妇黄陈氏因在西国坟地内有祖坟七首并山园一所，自道光二十三年有英国人病故租地安葬，续后再租黄家山园一并围筑。蒙大英国带兵管李每月给氏英银肆大员，一则雇氏打扫坟地，二则作为租地之资，兹因氏已老迈托中向英国领事官佛，面议欲将其中园地租与英国为坟。三面言议价银五十六大员，并欠十一个月之项四十大员，计共一百大员，其银即日全中收讫，而山园遂交付佛领事掌管永远为坟，任雇他人看守打扫，不敢干预，日后子孙亦不敢阻挡生端，亦不敢再插入坟地安葬。至于每年清明祭扫，宜听氏子孙出入，不得阻挡。保此园果系氏承祖阄分物业，并无来历不明等情，如有等情，氏自出头抵当，不干佛领事之事。此系两愿，各无抑勒反悔，恐口无凭，合立永远租字一纸，而上手红白契处经已失落无存，日后寻出，不足为凭，惟新立租字一纸付执为照。

　　即日全中收过英银一百大员再照

为中人周克云（画押）

光绪十年九月二十日　　　　　　　　　　　　　立永远租字人黄陈氏（画押）

代书人周克云（画押）

英文：1884 年 11 月 13 日，于厦门英国领事馆当我的面签署　代理领事签名

（厦门英国领事馆　印章）

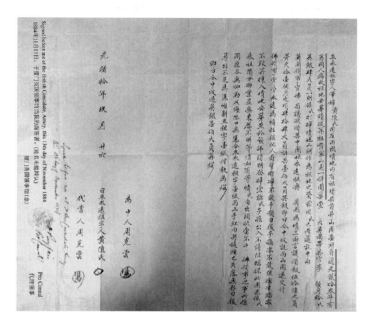

图 13　光绪十年九月二十六日黄陈氏签订山园园地永远租给
英国代理领事的契约（原件）

黄陈氏园地租与英国佛领事永远为坟英文契约文本

I, Huang Chen Shih, widow, had 7 graves and 1 piece of land within the foreign cemetery.

In the 23rd year of Tao-kuang a British subject died and buried in that place; they then leased a piece of land from a Huang family and erected xxxxdxxx surrounding wall for all that land including my land. A British military officer then gave me $4 every month (1) for keeping the cemetery and (2) for rent of my land.

I have now made arrangement with the British Consul that ixx my land within the cemetery be leased in perpetuity to the Consul for British cemetery for $56 and the $44 due to me for 11 months day be given me at the same time making a total of $100. This was done -- the $100 given me, my land given to the Consul. It is agreed that the Consul may hire any one he likes to keep the cemetery, that I should not put any more grave in that land, and that on the tomb festival day every year my heirs may enter the cemetery freely (for visiting the tombs.LKS).

The upper-hand deeds were all lost, when found out they should be useless papers.
Lease signed before H.M.Consul on November 13, 1884.

图 14　黄陈氏园地租给英国佛领事永远为坟契约英文文本

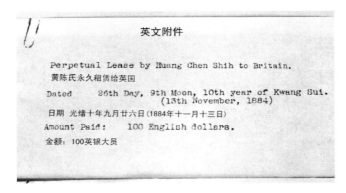

图15 英文文本契约附件

1884 年，立这份园地租与英国"佛领事掌管永远为坟"契约的黄陈氏，她是 1842 年将自家旧坟地租与英国军人的黄姓眷属，因黄陈氏"已老迈"托中人周克云与英国领事佛礼赐（R. J. Forrest Consul）面议，愿将山园园地永远租与为坟。于是，光绪十年九月二十六日（1884 年 11 月 13 日）在鼓浪屿英国领事馆代理领事在场当面画押了所签订的契约。

这样，自 1867 年立意购置墓地至 1884 年，历经 17 年，经英国领事出面签订永远租赁土地契约，再转手让英国长老会厦门公会实质管理，土地出让费用由英国长老会厦门差会承担，绕过了大清政府的严格规定不准外人购买土地法令，英国长老会厦门差会在鼓浪屿内厝澳崎仔尾取得了相当一整块的园地可作为永久的墓地。

自 1842 年至 1884 年的 42 年间，埋葬在向黄氏租赁来的坟场内计有：美国圣公会传教士 2 人；美国长老会传教士 1 人；美国归正教会传教士 5 人及传教士的 6 个孩童；英国伦敦公会传教士 1 人及传教士的 7 个孩童；英国长老会传教士 3 人及传教士的 7 个孩童；英国圣公会传教士 2 人。合计传教士 14 人，传教士的孩童 21 个（未明差会归属的孩童 1 人），还有 1 个伦敦公会的华人信徒吴涂，共计 35 人。

其时，英国长老会杜嘉德牧师（Rev. Carstairs Douglas）和倪为霖牧师娘哈维（Mrs. Harvey Eliza（Urquhart）MacGregor）与英国圣公会差会青年传教士里兹·高尔特（Rev. Lizzie Galt, Church Mission Society）埋葬在鼓浪屿他处，尚未移葬此墓地。

时隔 28 年后的 1912 年，日本商民吉田繁雄自己明买山园地三丘，将所买地段界内抽出一丘，东至自己园，西至西国冢，南至石嵌脚，北至黄家及程家之墓，送给英美三公会为公会冢地，立送地字一纸付执为照。日本商民吉田繁雄赠地立约的代书人是时任厦门新街礼拜堂牧师的黄植庭，见证人是鼓浪屿救世医院黄大辟医生。

日本商民吉田繁雄捐地契约：

　　立送地字人日本商民吉田繁雄有自己明买山园地三丘，址在鼓浪屿内厝澳，土名宅仔内地方，经日本国在厦领事于明治四十四年三月二十三日盖印。兹因三公会之地为冢，托人求让，繁雄即将所买地段界内抽出一丘送与英美三公会即耶稣正教英国长老会之公会、美国归正教在厦门公会、英国伦敦公会之公会为公会冢地，东至自己园，西至西国家，南至石嵌脚，北至黄家及程家之墓，四至明白立界付掌一送终休日后不得反悔生端，此系二比甘愿，各无抑勒反悔，恐口无凭，今欲有凭，合立送地字一纸，付执为据。

见证人黄大辟（画押）

　　　　西历一千九百一十二年正月九日　　　　　　　　　　立送字人吉田繁雄

代书人黄植庭（画押）

图 16　1912 年日本商民吉田繁雄一丘山园地捐赠三公会之契约

三　传教士公墓的管理

　　自 1867 年开始购置墓地成园，数十年来均未尝雇用专人看守维护，墓园中树木杂草自生自灭，呈现出缺乏管理而杂乱无章的状态，其经费除英国长老公会外尚有其他宗教团体及热心信徒与家属出自私谊奉献。鉴于这种情况，三个公会决定自 1911 年起，各委派一人组成墓地信托管理委员会，以利妥善给予管辖。

内厝澳崎仔尾的传教士墓地历经数十年，在 20 世纪 30 年代已形成了一个颇具规模的专有墓园，是自主管理三公会传教士献身厦门最终安置之所在。显然不同于岛上位于龙头那块面积较大的纳入"鼓浪屿道路墓地基金委员会"管理范畴的"番仔墓"坟场，它是一处供来厦外国人共用的墓地。

传教士公墓在鼓浪屿的具体地理位置可见 1927 年鼓浪屿工部局绘制的地图（见图 17）。

鼓浪屿内厝澳传教士墓地由信托委员会负责管理，其委员由三公会（归正公会、伦敦公会、长老公会）各派一名代表组成，作为传教士公墓的受托人。

1934 年，曾长期任英国长老会厦门差会秘书的洪显理先生（Mr. H. J. P. Anderson）为此向英国长老会海内外宗教团体公开发表"鼓浪屿传教士公墓"备忘录：

鼓浪屿传教士公墓

在厦门鼓浪屿的一个小山坡上，有一个地块与我们在厦门地区的传教差会有着非常密切的关系。早期，很多热带疾病不像现在这样可以防治，死亡夺去了许多人的生命，他们都是应神的召唤到中国传福音的。当时，那里没有供"外国人"埋葬的墓地，为此，传教士们购得这个地块。

从而，那里才有许多早期传教士的坟墓，而后还有很多小孩子的坟墓，他们都是来此献身的传教士们的孩子。只要看看在这么一块墓地里有着这么多孩子的坟墓，你就会想到早期传教士们为了在这传教区里献身服务而付出了多么沉重的代价。葬在这块墓地里的英国长老会的传教士有：

用雅各医生娘萨拉（Mrs. Sarah Harnett Young），山大辟牧师（Rev. David G. A. Sandeman），杜嘉德牧师（Rev. Carstairs Douglas），倪为霖牧师娘哈维（Mrs. Harvey Eliza Urquhart MacGregor），咸显理牧师娘伊蒂丝（Rev. Edith Mary Paton Oldham，白维德医生），蔡显理牧师（Rev. Harry C. Jett）。另外，吴罗密牧师夫妇（Mr. and Mrs. Gordon）和宣为霖牧师夫妇（Mr. and Mrs. Swanson）的好几个孩子以及英国长老公会的职员。

这块墓地已经作为遗产传给我们，我们有责任共同来分担，以保持这"神之地土"的尊严，使葬在这里的往者所做出的贡献有所值。

这块公墓的所有权和管理权归属于一个 3 个受托人的机构（鼓浪屿传教士公

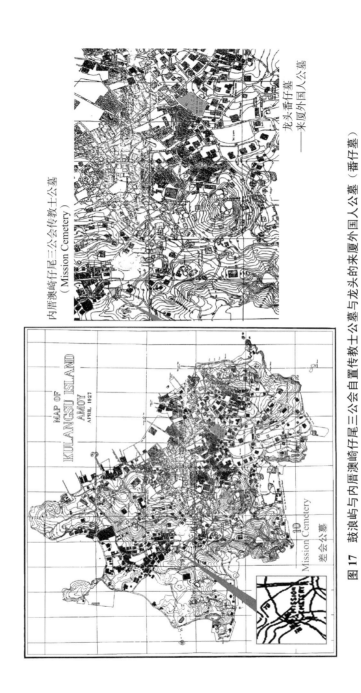

图 17　鼓浪屿与内厝澳崎仔尾三公会自置传教士公墓与龙头的来厦外国人公墓（番仔墓）

177

墓信托委员会），每个受托人代表各自的在厦门地区工作的三个传教团体（美国归正公会、英国长老公会、英国伦敦公会）。住在厦门的传教士已经尽力做到保持这块墓地和围墙处于良好的状态（而这些往往是相当大的个人开支和奉献）这使每个人不得不承认（这一切的努力）能够也应该使这块公墓保持良好的状态。目前公墓的现状及传教士们非常繁忙的工作，使他们不可能以私人的方式经常去对这块墓地做必要的关照。同时受托人提供的钱款已经不足以使公墓维护到人们期望的那个样子。现在又出现另一个问题，新一代的传教士正在迅速产生，他们对这些早期传教士及其家庭知之甚少，因此，私人之间的联系就大不如前了（幸亏一些热带疾病的知识已经渐渐地被人们所知，因病死亡的情况不再像以前那样大量出现）。然而，这个传承下来的财产，任何人都会希望将来对传教士公墓的关照能确切地延续下去。

现在，采取一些措施来解决这个问题是有可能的，公墓的受托人已经为此发出诉求函，要求得到足够的资金，用于：

（a）在墓地建造一个看护人用房，以便有人一直在"现场"照料（墓园）不被侵犯。

（b）提高一笔小的捐赠基金以便获得足够的利息收入，给看墓人增加一点工资及常规保养（直到最近还没能找到一个中国人去住在那里，但目前在这个觉醒的中国，这将不是难事）。

据受托人（公墓管理机构）估计，总共需要500美元（150美元用于建管理房，350美元用于储备基金）。关于这笔款项，诉求函的签署人希望200美元由英国长老会和其他关心中国传教使命的人士捐献。这份诉求函已经得到本教会的国外传教委员会的赞同。

捐款务必送到安饱德牧师（Rev. P. J. Maclagan M. A.，D. Phil.，D. D.）处或送到伦敦拉塞尔广场15号转交长老会办公室，并标明"厦门传教士公墓"。

英国长老会厦门差会 H. J. P. Anderson（洪显理）

1934年10月，鼓浪屿传教士公墓信托委员会三位受托人共同发布募捐启：

中国厦门鼓浪屿传教士公墓

1842年，美国圣公会的文惠廉牧师娘萨拉（Mrs. Sarah Amelia Boone）埋葬于鼓浪屿的一个墓地（1842 年 6 月 7 日抵达鼓浪屿，逝于 8 月 30 日，为厦门传教过早逝世的第一人）。三年后，美国归正教会的波罗满牧师娘希奥多西娅（Mrs. Theodosia Seudder Pohlman，逝于 1845 年 9 月 30 日）和罗啻牧师娘埃莉诺（Mrs. Eleanor Ackley Doty，逝于 1845 年 10 月 5 日）也分别葬在她的旁边。早期开拓荷属东印度群岛（即今印度尼西亚）的美国长老会传教士卢壹牧师（Rev. John Lloyd, American Presbyterian Mission，逝于 1848 年 12 月 6 日），也葬在此地。在他们的身旁还埋葬着厦门本地人的第一个信徒（道光二十八年二月初一礼拜日，公历 1848 年 3 月 5 日伦敦公会施阿懯牧师施洗的第一位信徒吴涂，当年 12 月 26 日过世，1849 年埋葬在公墓），还有 19 世纪上半叶四个属于美国归正教会和两个属于伦敦公会的孩子都长眠在这里。

到 1867 年又增加了下列坟墓：美国归正教会罗啻牧师第二任牧师娘玛丽（Mrs. Mary Smith Doty，逝于 1858 年 2 月 28 日），打马字牧师娘阿比（Mrs. Abby Woodruff Talmage，逝于 1862 年 2 月 10 日），笃力姑娘（Miss Caroline Adriance，逝于 1864 年 3 月 5 日），以及三个孩子；英国长老会的用雅各医生娘萨拉（Mrs. Sarab Harnett Young，原为伦敦公会的夏蜜姑娘，1851 结婚，1853 年 12 月 3 日因难产去世），山大辟牧师（Rev. David G. A. Sandeman，逝于 1858 年 8 月 31 日），英国伦敦公会的凯瑟琳·斯特罗纳克姑娘（Miss Catherine Stronach，逝于 1866 年 7 月 29 日，她是施阿懯、施约翰牧师的妹妹）以及四个孩子；还有英国圣公会差会的传教士乔治·史密斯（Rev. George Smith, Church Mission Society，逝于 1863 年 10 月 18 日）。

在那一年（1867）决定要取得一块永久性的租赁用地，该地是由相邻的两片地块构成，由在厦门的英国领事获得长期租用权。因此，三公会共同拥有了为人所知的传教士公墓，它截然不同于岛上的另一个外国人公墓。

在 1911 年墓地面积得到扩展，并由三公会各委派一位代表组成委员会进行管理。

在早先时候又增加了美国归正教的郁约翰医生（Dr. Johannes Abraham Otte，逝于 1910 年 4 月 14 日）、打马字牧师第二任牧师娘玛丽（Mrs. Mary Eliza Van Deventer Talmage，逝于 1912 年 10 月 11 日）、毕腓力牧师（Rev. Philip Wilson Pitcher，逝于 1915 年 7 月 21 日）、班得烈医生（Dr. Matthius Vandeweg，逝于 1922 年 11 月 6 日）、茂信德姑娘（Miss Clara Cynthia Borgman，逝于 1925 年）、海伦·查多士马姑娘（Miss Helen Joldersma，逝于 1928 年 1 月 31 日）以及打马字牧师二姑娘马利亚（Miss Mary Elizabeth Talmage，逝于 1932 年 4 月 6 日）；英国伦敦公会的

山雅各牧师（Rev. James Sadler，逝于 1914 年 10 月 17 日）；英国长老会的杜嘉德牧师（Rev. Carstairs Douglas，逝于 1877 年 7 月 26 日，原葬他处，后移葬此墓地）、倪为霖牧师娘哈维（Mrs. Harvey Eliza Urquhart Macgregor，逝于 1891 年 9 月 10 日，原葬他处，后移葬此墓地）、咸显理牧师娘白维德医生（Mrs. Edith Mary（Paton）Oldham，逝于 1908 年 10 月 4 日）以及蔡显理牧师（Rev. Harry C. Jett，原属永春美以美会后并入闽南大议会，1933 年 7 月 25 日因肺炎逝于鼓浪屿救世医院），一个死于海上的英国圣公会差会青年传教士里兹·高尔特（Rev. Lizzie Galt，Church Mission Society，1878 年 12 月 30 日逝于来华航程已近厦门的海上，原葬他处，后移葬此墓地）、几名中国人（叶汉章牧师逝于 1912 年 6 月，早逝的 2 个女儿和 1 个儿子与其合葬）和三公会不少不到 1 岁即去世的孩子。

公墓坐落于岛上一个难于监督管理的位置，并且每年小量的赠款不足以应付全部的维修费用，以至于公墓范围内露出一派荒芜的景象。在很早之前就一直认为：应该为最后安息在中国大地的前辈们的遗体，提供一个装修得更合适的地方作为纪念的场所。经过慎重的考虑，墓地管理委员会已经准备好，计划在公墓的角落建造一座可容纳一个看守人的小屋（现编鼓浪屿内厝澳路 217 号），看守房屋的存在可确保墓园的日常维护和免遭偶然的非法入侵和干扰。

这个方案得到三公会的普遍认可，我们作为受托人提出三项筹款呼吁：（1）为看墓人建造一间小屋，（2）将现有的坟墓修复到较好的状态，（3）为今后墓园的维修提供一笔专用的款项。

捐款请寄给下列任何一个签署人：

Rev. W. I. Chamberlain, 25, East 22nd Street. New York（纽约东第 22 街 25 号）。

Rev. T. Cocker Brown, L. M. S. Livingstone House, Broadway, London, S. W. I.（伦敦百老汇利文斯通大楼，伦敦公会）。

Rev. P. J. Maclagan, Offices of the Presbyterian Church of England, 15. Russell Square, London. W. C. I.（伦敦拉塞尔广场 15 号，英国长老教会办事处）。

受托人	H. P. Boot, R. C. A. Chairman	美国归正公会会正	保夏礼牧师
	L. G. Phillips, L. M. S.	英国伦敦公会	力戈登牧师
	R. Tully, E. P. M. Secretary	英国长老公会秘书	李乐白先生

1934 年 10 月于中国厦门鼓浪屿

自发出募捐启的呼吁后，在英美各地教徒中一定程度地得到了反响和实质上的支持，墓地信托委员会的受托人花了几年时间改造了墓地周边的环境，修筑围墙，辟坡造路，筑堤岸修水沟，硬化地面，植草种花，美化四周等等，使传教士的墓园变得井然有序。

墓地信托委员会随后于1939年1月向公众说明墓园修缮情况，公布账目。

鼓浪屿传教士公墓

三公会鼓浪屿传教士墓地信托委员会

三年半前，为了响应鼓浪屿传教士墓地信托委员会提出的呼求，我们在募集必要善款来维护、看顾这一过往遗迹方面有了相当大的进步。很多与美国归正教会、伦敦公会与英国长老会有关的传教士就长眠于此。

关于上次要求收据的声明附在下边，其中还说到这些款项的使用情况。委员会花费1661.41墨西哥币建造了管理员的看守房，修缮重建墓地本身又花费了553.18墨西哥币。结余1400墨西哥币作为定期存款存在上海汇丰银行；从1939年11月起，定期存款的利息可以用来做墓地资产的维护和坟墓的看守。

和墓地有关的年花销估值也附在了下边。委员会估计墓地资产大体维护和看守的花费是200墨西哥币；定期利率是5%，需要4000墨西哥币的捐赠，现在已有1400墨西哥币。委员会急切盼望1939年内2600墨西哥币的赠款可以尽快到账（大约500美元或100英镑），以便供应上述用途。

因此，委员会派发出了这一份进一步的请求，深信许多本国和他方的早期传教士们的朋友们愿意在这项奉献上有份。

改进美化"神之地土"的事情已经做了很多；然而除非某些捐款得到供应以保将来一切需要，委员会就感到他们的工作还没有完成。

委员会因此提出这项呼吁并发给你，为了得到你的理解与慷慨响应。捐款可以发送到下面在厦门鼓浪屿的签署人中的任何一个，抑或在伦敦、纽约的三公会（美国归正教会、伦敦公会与英国长老会）的出纳员。在向上面提到的任何一个机构捐款，请注明"赠予鼓浪屿传教士墓地"。

恳请垂询

H. P. Boot　　　保夏礼牧师（美国归正公会）

受托人　N. B. Slater　　傅德义牧师（英国伦敦公会）

H. J. P. Anderson　　　洪显理先生（英国长老公会）

1939 年 1 月 1 日于厦门鼓浪屿

财务报表

A. 房屋及捐赠方案

收入	来自英国长老会	2528.34
	来自美国归正教会	795.00
	来自英国伦敦公会	291.25
	合计	3614.59
支出	管理人房屋费用	1661.41
	公墓的维护和翻修费用	553.18
	手头余额（定期存款）	1400.00
	合计	3614.59

　　附注：上述 1400 墨西哥元结余以定期存款存在上海汇丰银行，年息百分之五（自 1939 年 11 月开始），将逐年用于日常开支。

B. 估价年度开支

工资（墨西哥元）	96.00
水费	48.00
物业维修费	40.00
花园用品和工具费	26.00
杂项开支（市政税收等）	30.00
墨西哥元	240.00

鼓浪屿传教士墓地信托委员会于 1939 年 1 月除了公布修缮墓园的财务报表外，还附上修缮后的墓园照片 10 张。

图 18　守墓人小屋（Caretaker's House）

注：鼓浪屿内厝澳崎仔尾传教士公墓新建守墓人小屋，看守人为惠安籍彭木生（庙仔），1943年去世后也埋葬在公墓中，由家属续守墓之责。小屋现编内厝澳路 217 号，产权现归厦门基督教两会，租赁给他人，范围内仅存经修复后中华基督教最早立的华人牧师叶汉章的坟墓。

图 19　墓地最早的坟墓（Earliest graves in Cemetery）

注：方形锥体墓茔为美国长老会（P. C. U. S. A.）卢壹牧师，享年 35 岁（1848）。中间较低的墓茔为美国圣公会（E. P. U. S. A.）文惠廉牧师娘萨拉，享年 34 岁（1842）。右边的墓茔为美国归正教打马字牧师娘阿比，享年 42 岁（1862）。

图 20　早期的传教士坟墓（Early Missionaries' graves）

注：1. 李为霖牧师女儿安妮（1858）之墓。2. 罗嘴第一任牧师娘埃莉诺（1845）之墓。3. 罗嘴第二任牧师娘玛丽（1858）之墓。4. 罗嘴牧师儿子费理斯（1844）之墓。5. 波罗满牧师儿子爱德华（1845）之墓。

图 21　英国长老会杜嘉德牧师墓茔
（Grave of Rev. Carstairs Douglas，M. A.，LL. D. Glasg）

注：1877 年 5 月，杜嘉德主持了在上海举行的首届在华宣教士协议会（他是两位主席之一）回厦门后突然罹患霍乱，不幸于 7 月 26 日逝世，葬于鼓浪屿某地。1934 年移葬于鼓浪屿内厝澳崎仔尾传教士公墓。

图 22　白维德医生之墓 （Grave of Mrs. Edith Mary （Paton） Oldham）

　　注：白维德医生持有英国皇家医学院内科医生执照，于 1899 任泉州女医馆馆长，1907 年与咸显理牧师结为夫妇。1908 年 10 月 4 日，白维德医生生产女婴莉拉 （Lillah Edith Oldham） 的过程中不幸母女双亡。

图 23　打马字二姑娘马利亚墓茔 （Grave of Miss Mary Elizabeth Talmage）

　　注：马利亚 1855 年 4 月 17 日出生于厦门竹树脚，长任毓德女学、怜儿堂主理，1927 年退休后于鼓浪屿颐养天年，1932 年 4 月 6 日寓中蒙召，享年 77 岁，一生 50 余年在厦兴办女子教育事业。

Grave of Rev. Harry C. Jett.

图 24　永春美以美教会蔡显理牧师墓茔（1891～1933）

注：蔡显理牧师 1921 年到永春基督教闽南美以美会事奉，1933 年 7 月 24 日因肺炎病逝于鼓浪屿救世医院，享年 42 岁。

图 25　英国伦敦公会英亚提牧师墓茔（1896～1936 年在厦门事奉）
（Grave of Rev. A. J. Hutchinson）

注：墓碑铭记："缅怀我亲爱的丈夫亚瑟·詹姆斯·哈金森，他受伦敦公会派遣在厦门地区服务长达 40 年，逝于 1936 年 5 月 15 日，享年 66 岁。"

图 26　公墓南部的坟墓（South side of Cemetery）

注：1. 打马字牧师娘玛丽（1912）之墓。2. 叶汉章牧师（1912）之墓。3. 英阿提牧师（1936）之墓。4. 郁约翰医生（1910）之墓。5. 打马字二姑娘马利亚（1932）之墓。

图 27　三个婴儿的墓茔（Some Children's graves）

注：左起英国伦敦公会万多马牧师的 9 个月男婴汤米之墓，英国长老会何希仁牧师的男婴儿之墓，美国归正教会仁斯克先生的男婴儿之墓。

经修缮后的内厝澳崎仔尾传教士墓园里，在 1939 年之后又增添了数处墓茔（见表 2）。

表 2　1939～1949 年传教士墓园新增的墓茔

死亡时间	墓茔主人简介
1939 年 3 月	美国归正教胡天赐医生（Dr. Theodore V. Oltman）的儿子罗伯特（Robert John Oltman）的墓茔
1940 年 1 月	美国归正教郁约翰医生小女儿玛格丽特（Mrs. Margaret Otte De Velder）的墓茔。她为继承父志献身传教，步其后尘来到厦门，仅仅 3 年，1940 年 1 月 4 日，因胎盘前置做剖腹产手术逝于手术台上，永远陪伴着父亲长眠在他的左侧，年仅 35 岁
1941 年 2 月 7 日	来自挪威霍滕港口的引水员格奥尔格·弗雷德里克·冯·克罗格（Georg Fredrick Von Krogh）的墓茔
1941 年 12 月	8 日，日寇强占鼓浪屿，原英国长老会洪显理先生（Mr. H. J. P. Anderson, O. B. E.）退休后在鼓浪屿工部局服务被捕，数天后遭酷刑惨死在日寇狱中，后由英华中学副校长王世铨和自来水公司经理黄省堂仗义出面收尸入殓，埋葬在内厝澳骆驼山（浪荡山）旁边。抗战胜利后才移葬内厝澳崎仔尾传教士公墓的墓茔
1943 年	守墓人彭木生（庙仔）的墓茔。去世后也埋葬在墓园中，墓园的管理事项由其家属（庙嫂）替代
1949 年 11 月	独身未婚长期在同安传教 46 年的美国归正教益和安牧师（Rev. Frawk Eckerson D. D.）因年老疾病逝世，是在传教士公墓安葬的最后一位传教士

此后，内厝澳崎仔尾传教士公墓也结束了它 107 年的历史。

附表 1　厦门鼓浪屿内厝澳崎仔尾三公会传教士公墓墓茔一览

美国归正教会：RCA　　美国圣公会：ECUSA　　美国长老会：PCUSA　　美以美会：MEC
英国长老会：EPM　　英国伦敦公会：LMS　　英国圣公会：CMS

墓茔序号 (Grave)	姓名 (Name)	所属差会 (Mission)	出生 (Born)	逝世 (Died)	备注 (Endnotes)
1	An old Chinese grave				原有的华人坟墓
2	An old Chinese grave				原有的华人坟墓
3（原编号）	An old Chinese grave				原有的华人坟墓
4——(14)	Mrs. Sarah Amelia Boone	ECUSA	1808.11.18	1842.8.30	美国圣公会文惠廉牧师娘萨拉，享年34岁
5——(21)	Ferris Holmes Doty	RCA	1838	1844.7.19	罗啻牧师6岁大的长子费理斯
6——(22)	Edward Joseph Pohlman	RCA	1843	1845.7.24	波罗满牧师2岁大的儿子爱德华
7——(23)	Mrs. Theodosia R. Seudder Pohlman	RCA	1811	1845.9.30	波罗满牧师娘西奥多西娅，身染痢疾生产时母婴不幸双亡，享年34岁
8——(20)	Mrs. Eleanor Ackley Doty	RCA	1806.12.7	1845.10.5	罗啻牧师第一任牧师娘埃莉诺，享年39岁
9——(24)	Ann Stronach	LMS		1847.6.3	施约翰牧师或施阿棠牧师（?）5个月大的女婴安
10——(19)	Edward Smith Doty	RCA		1848.7.14	罗啻牧师7个月大的男婴爱德华
11——(13)	Rev. John Lloyd	PCUSA	1813.10.1	1848.12.6	美国长老会卢牧师，享年35岁
12——(29)	Chinese grave (First Chinese Christian that died)	(LMS–Chinese)		1848.12.26	伦敦公会第一位华人信徒吴涤于1848年3月5日由施阿棠牧师施洗入教，12月26日过世，于1849年11月安葬在鼓浪屿传教士公墓
13——(25)	C. H. M. Hyslop	LMS		1849.7.3	海雅各医生娘12个月大的婴儿
14——(12)	Mrs. Sarah Harnett Young	EPM	1816	1853.12.3	用雅各医生娘，原伦敦公会夏蜜姑娘，1851年与用雅各医生结婚，1853年因难产母婴双亡，享年37岁

续表

坟墓序号 (Grave)	姓名 (Name)	所属差会 (Mission)	出生 (Born)	逝世 (Died)	备注 (Endnotes)
15——(18)	Mrs. Mary Smith Doty	RCA	1824	1858. 2. 28	罗啻牧师第二任牧师娘玛丽，享年34岁
15——(18)	Elmova Loftisa Doty	RCA		1858. 7. 22	罗啻牧师4个月大的男婴埃尔莫瓦
16——(28)	Annie Elizabeth Lea	LMS		1858. 8. 14	李为霖牧师22个月大的女儿安妮
17——(9)	Rev. David G. A. Sandeman	EPM	1826. 8. 23	1858. 8. 31	山大辟牧师，死于霍乱，享年32岁
18——(15)	James Ogden Talmage	RCA	1857. 8. 17	1858. 11. 9	打马字牧师15个月大的儿子詹姆斯
19——(26)	Eliza Margaret Stronach	LMS	1842	1859. 6. 11	施约翰牧师或施阿懒牧师（？）17岁的女儿伊莱扎
20——(10)	Esther Murray Swanson	EPM	1860. 7. 8	1861. 9. 17	宣为霖牧师第一任牧师娘的女儿埃斯帖
21——(16)	Mrs. Abby F. Woodruff Talmage	RCA	1820. 10. 23	1862. 2. 10	打马字牧师第一任牧师娘阿比，享年42岁
22——(4)	Rev. George Smith	CMS	1832. 2. 23	1863. 10. 18	英国圣公会牧师乔治·史密斯，享年31岁
23——(5)	Miss Caroline E. Adriance	RCA	1824. 10. 24	1864. 3. 5	笃力姑娘，享年40岁
24——(17)	Hanssen Hugh Herbert Cowie	EPM	1863. 3. 10	1864. 3. 21	高休牧师12个月大的男婴汉森
25——(11)	Johanna Bertha Swanson	EPM	1863. 10. 12	1864. 6. 26	宣为霖牧师8个月大的女婴约翰娜
26——(27)	Miss Catherina Stronach	LMS	1804. 3. 24	1866. 7. 29	施阿懒牧师妹妹凯瑟琳姑娘，享年62岁
24——(17)	Charles Maxwell Cowie	EPM	1866. 6. 5	1867. 4. 3	高休牧师14个月大的男婴查尔斯
24——(17)	James Emest Coweie	EPM	1867. 7. 1	1869. 9. 5	高休牧师2岁大的儿子詹姆斯
27——(45)	Charles James Sadler	LMS	1870. 7. 7	1871. 7. 21	山雅各牧师12个月大的男婴查尔斯
28——(39)	Eddie Macgowan	LMS		1873. 4. 26	马约翰牧师的男婴埃迪
29——(8)	Rev. Carstairs Douglas	EPM	1830. 10. 27	1877. 7. 26	杜嘉德牧师，享年47岁。墓碑铭记："辞尘襄而朝主时相亲今腊永活，本圣道以迪人今变世考志难忘"
30——(43)	Lizzie Gait（died at sea）	CMS	1852	1878. 12. 30	英国圣公会传教士里兹·高尔特，来厦途中海难，享年26岁

续表

坟墓序号 (Grave)	姓名 (Name)	所属差会 (Mission)	出生 (Born)	逝世 (Died)	备注 (Endnotes)
31——(41)	Ella Primrose Gordon	EPM	1878.11.24	1882.10.13	吴罗密牧师4岁的女儿艾拉
32——(40)	Kittle Macgowan	LMS	1800	1883.9.5	马约翰牧师3岁的儿子基特尔
33——(38)	"Jesus took a little child"			1884.10.2	墓碑铭记："那稣领过一个小孩子"（马可福音9：36）
34——(7)	Mrs. Harvey Eliza (Urquhart) Macgregor	EPM	1840.8.22	1891.9.10	倪为霖牧师娘，死于霍乱，享年51岁
35——(30)	Colin Campbell Brown	EPM		1895.6.25	文高能牧师10个月大的男婴柯林
36——(34a)	Henry James Hutchinson	LMS	1889.7.1	1901.9	英阿提牧师12岁的儿子亨利
37——(47)	Child of the Rev. and Mrs. J. Watson	EPM		1907.9	越约翰牧师的婴儿
38——(42)	Robert Morrison DePree	RCA		1908.3.16	礼振铎牧师10个月大的男婴罗伯特
39——(6)	Mrs. Edith Mary (Paton) Oldham	EPM		1908.10.4	白维德医生，婚后为咸显理牧师娘，难产逝世
39——(6)	Lillah Edith Oldham	EPM		1908.10.4	咸显理牧师的女婴莉拉
40——(36)	Dr. Johannes Abraham Otte	RCA	1861.8.11	1910.4.14	郁约翰医生，享年49岁。墓碑铭记："大美国牧师医生郁约翰之墓""主道之传上帝国福音，医有药者""又差遣他们去传神国的道，医治病人（路加福音9：2）他的学生竖碑"
41——(33)	Pastor Iap Han-chiong Also two daughters and one son.	(Chinese)	1832.3.29	1912.6	叶汉章牧师（享年80岁）与他的2个女儿和1个儿子
42——(32)	Mrs. Mary Eliza Van Deventer Talmage	RCA	1837.11.30	1912.10.11	打马字牧师第二任牧师娘玛丽，享年75岁
43——(35)	Rev. James Sadler	LMS	1842.4.22	1914.10.17	山雅各牧师，享年72岁
44——(31)	Rev. Philip Wilson Pitcher	RCA	1856.1.31	1915.7.21	毕腓力牧师，享年59岁。墓碑铭记："大美国牧师举毕公腓力之墓，寻源校友会敬立"
45——(44)	Son or Rev. and Mrs. H. A. Poppen	RCA		1919.12.24	卜显理牧师夫妇所生的婴儿。墓碑铭记："让小孩到我这里来"（马太福音19：14）

续表

坟墓序号 (Grave)	姓名 (Name)	所属差会 (Mission)	出生 (Born)	逝世 (Died)	备注 (Endnotes)
46——(46)	Dr. Matthijs Vndeweg	RCA	1886	1922. 11. 6	班特烈医生，享年 36 岁
47——(48)	Tommie, Son of the Rev. T. C. Brown	LMS		1923. 7	万多马牧师 9 个月大的男婴汤米
48——(49)	Child of the Rev. and Mrs. H. Moncrieff	EPM		1923. 9	何希仁牧师的婴儿
49——(50)	Miss Cynthia Borgman	RCA	1895. 6. 6	1925. 6. 20	茂信德姑娘，享年 30 岁。墓碑铭记："纪念辛西娅·波格曼，提前加冕"
50——(51)	Child of Herman Renskers	RCA		1927. 7	仁斯兑先生的婴儿
51——(52)	Miss Helen Joldersma	RCA	1896. 12	1928. 1. 31	海伦·查多士马姑娘护士，享年 32 岁
52——(53)	Miss Mary Elizabeth Talmage	RCA	1855. 4. 17	1932. 4. 6	打马字牧师二姑娘马利亚，享年 77 岁
53——(54)	Rev. Harry C. Jett	MEM and EPM	1891	1933. 7. 25	蔡显理牧师，原米春美以美闽南年议会，后合并于闽南大会，享年 42 岁
54——(34)	Rev. Arthur James Hutchinson	LMS	1870. 8	1936. 5. 15	英亚提牧师，墓碑铭记："缅怀我亲爱的丈夫亚瑟·詹姆斯·哈金森，他受伦敦公会派遣在厦门地区服务长达 40 年，逝于 1936 年 5 月 15 日，享年 66 岁"
55——(56)	Robert John Oltman	RCA	1936. 12	1939. 3	胡天赐医生 2 岁 3 个大的男孩罗伯特
56——(36a)	Mrs. Margaret De velder（nee Otte）	RCA	1905. 5. 19	1940. 1. 4	郁约翰医生小女儿，李华德牧师娘玛格利特，享年 35 岁
57——(59)	Capt Georg Fredrick Von Vrogh Master Mariner & Pilot Horten, Norway.		1881. 8. 16	1941. 2. 7	来自挪威霍滕港口的引水员格奥尔格·冯·克罗格里克·弗雷德里克，享年 60 岁
58——(55)	Mr. H. J. P. Anderson, O. B. E.	EPM	1878	1941. 12. 19	洪显理先生，遭日寇凌虐致死，享年 63 岁
59——(57)	Phi-Bo-seng（Bio-a）	（Caretaker China）	1895	1943	彭木生（庙仔），传教士公墓守墓人，享年 48 岁
60——(58)	Rev. Frawk Eckerson D. D.	RCA	1876. 10. 27	1949. 11. 8	益和安牧师，享年 73 岁

注：厦门鼓浪屿内厝澳崎仔尾三公会传教士公墓受托人代表，即英国长老会厦门差会秘书李乐白先生（Mr. Mr. Robert R. Tully B. Sc.）于 1951 年 2 月曾向中华基督教闽南大会提供有关鼓浪屿传教士公墓的 3 份文件和 1 张手绘诸坟墓地理位置图原件，日本现存英国国家图书馆。2014 年 5 月，厦门大学白克瑞博士（Chris White, PhD）自费赴英拍得。照片及资料经译后加以查对、纠正，将坟墓重新予以表格制作并加以注释。日期先后，根据逝者年份，坟墓序号中的括号编号是原编号。

编译制表：叶克豪　2014 年 8 月 22 日

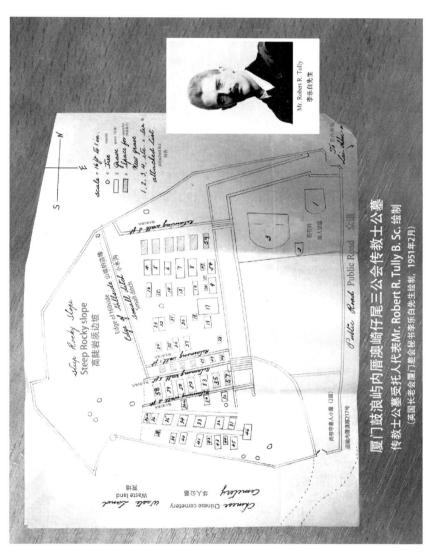

图 28 英国长老会李乐白先生绘制的鼓浪屿内厝澳崎仔尾三公传教士公墓坟墓位置分布

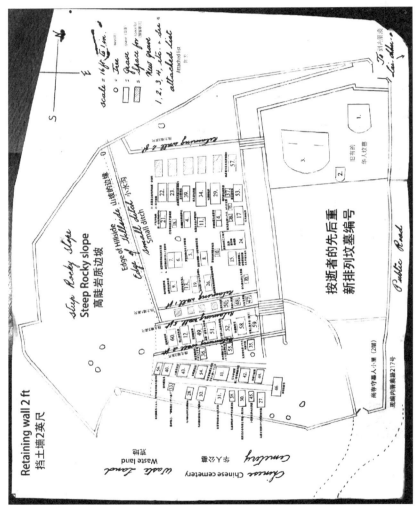

图 29 按逝者年份的先后重新排列坟墓的编号（全部）

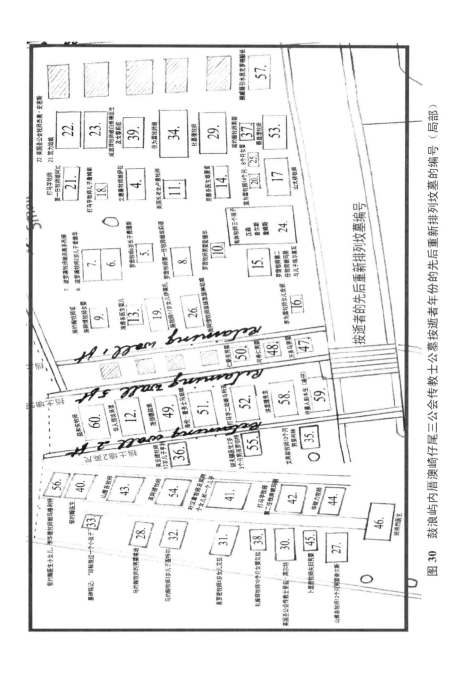

图 30 鼓浪屿内厝澳崎仔尾三公会传教士公墓按逝者年份的先后重新排列坟墓的编号（局部）

附录一 葬于厦门的传教士简介

1. 美国圣公会（ECUSA）文惠廉牧师娘萨拉（Mrs. Sarah Amelia Boone，萨拉·阿米莉亚·布恩），1842年6月7日自澳门抵厦。"可惜文先生娘，食毋著水土，感著热病，到8月26日（注：应为农历七月二十六日），予主召伊离开世间。"（《漳泉圣会报》光绪十四年6月第1部1卷，1888年出版）。传教事奉近3个月，享年34岁（生于1808年11月18日，逝于1842年8月30日）。

2. 美国归正教会波罗满牧师娘西奥多西娅（Mrs. Theodosia R. Scudder Pohlman，西奥多西娅·R. 斯卡德·波尔曼）。1844年6月22日抵厦，传教事奉1年（1844～1845），享年34岁（生于1811年，逝于1845年9月10日）。

3. 美国归正教会罗啻牧师第一任牧师娘埃莉诺（Mrs. Eleanor Ackley (Smith) Doty，埃莉诺·阿克里·多蒂），1844年6月22日抵厦，传教事奉1年（1844～1845），享年39岁（生于1806年12月7日，逝于1845年10月5日）。

4. 美国长老会（PCUSA）卢壹牧师（Rev. John Lloyd，约翰·劳埃德），传教事奉4年（1844年12月8日-1848年12月6日），享年35岁（生于1813年10月1日，逝于1848年12月6日）。

5. 英国长老会用雅各医生娘萨拉（Mrs. Sarab Harnett Young，萨拉·哈尼特·杨），原为伦敦公会的夏蜜姑娘（Miss Sarab Harnett，萨拉·哈尼特），1851年2月4日抵厦，当年与用雅各医生结为伉俪，1853年12月3日因难产去世，传教事奉3年（1851～1853），享年37岁（生于1816年，逝于1853年12月3日）。

6. 美国归正教会罗啻牧师第二任牧师娘玛丽（Mrs. Mary Smith Doty，玛丽·史密斯·多蒂），1847年8月19日抵达厦门，传教事奉11年（1847～1858），享年34岁（生于1824年，逝于1858年2月28日）。

7. 英国长老会山大辟牧师（Rev. David G. A. Sandeman，戴维·桑德曼），死于霍乱。1856年12月9日抵达厦门，传教事奉近2年（1856.12.9～1858.8.31），享年32岁（生于1826年8月23日，逝于1858年8月31日）。

8. 美国归正教会打马字牧师第一任牧师娘阿比（Mrs. Abby F. Woodruff Talmage，阿比·伍德拉夫·塔马格），1850年7月16日抵达厦门，育有大姑娘、二姑娘等子女5人（一子夭折），传教事奉12年（1850～1862），享年42岁（生于1820年10月23日，逝于1862年2月10日）。

罗啻牧师第二任牧师娘玛丽
（Mrs. Mary（Smith）Doty）

山大辟牧师
（Rev. David G. A. Sandeman，M. A. ）

打马字牧师娘阿比
（Mrs. Abby F. Woodruff Talmage）

9. 英国圣公会（CMS）牧师史密斯（Rev. Geo Smith，杰奥·史密斯），未知来厦时间，享年 31 岁（生于 1832 年 2 月 23 日，逝于 1863 年 10 月 18 日）。

10. 美国归正教会笃力姑娘（Miss Caroline E. Adriance，凯若琳·阿德里安斯），传教事奉 3 年（1861～1864），享年 40 岁（生于 1824 年 10 月 24 日，逝于 1864 年 3 月 5 日）。

墓碑铭记："她所作的，是尽她所能的"（马可福音 14：8）

11. 英国伦敦公会施阿慄牧师的妹妹凯瑟琳姑娘（Miss Catherine Stronach，凯瑟琳·斯特罗纳克），1846 年 8 月底抵达厦门，是第一个来厦门的女性自由传道人，终身未婚，传教事奉 20 年（1846～1866），享年 62 岁（生于 1804 年 3 月 24 日，逝于 1866 年 7 月 29 日）。

墓碑铭记："在主里面而死的人有福了"（启示录 14：13）

12. 英国长老会杜嘉德牧师（Rev. Carstairs Douglas，卡斯泰尔斯·道格拉斯），拉丁语法学博士。1855 年 2 月 21 日自英国格拉斯哥出发，于 6 月底抵达厦门。清光绪三年三月二十七日至四月十二日（1877 年 5 月 10～24 日），杜嘉德主持了在上海举行的在华基督教第一次传教大会，回厦门后突然罹患霍乱，7 月 26 日去世，传教事奉 22 年

（1855.6～1877.7.26），享年 47 岁（生于 1830 年 10 月 27 日，逝于 1877 年 7 月 26 日）。逝后埋葬于鼓浪屿某地，后移葬到内厝澳崎仔尾传教士公墓。

墓碑铭记："辞尘寰而朝主时相亲兮膺永活，本圣道以迪人令奕世考志难忘。"

杜嘉德牧师
(Rev. Carstairs Douglas L. L. D.)

13. 英国圣公会（CMS）传教士里兹·高尔特（Lizzie Galt），1878 年来厦航程中海难丧生，享年 26 岁（生于 1852 年，逝于 1878 年 12 月 30 日）。

14. 1877 年，英国长老会的倪为霖牧师娘哈维（Mrs. Harvey Eliza Urquhart Macgregor，哈维·伊莱扎·厄克特·麦格雷戈），与吴罗密牧师娘创建鼓浪屿乌埭女学（1877～1883 年在任，该校后经发展成为怀仁女子中学校），传教事奉 27 年（1864～1891）。1891 年 9 月 10 日逝世，逝后埋葬于鼓浪屿某地，后移葬到内厝澳崎仔尾传教士公墓，享年 51 岁（生于 1840 年 8 月 22 日，逝于 1891 年 9 月 10 日）。

倪为霖牧师娘哈维   咸显理牧师娘白维德
(Mrs. Harvey Eliza Urquhart MacGregor) (Mrs. Edith Mary (Paton) Oldham)

15. 英国长老会白维德姑娘医生（Miss Edith Mary Paton，伊蒂丝·玛丽·佩顿），持有英国皇家医学院内科医生执照（L. R. C. P. &S.），1889 年抵泉州，1899～1907 年任泉州女医馆馆长。1907 年与驻漳浦的咸显理牧师（Rev. Henry W. Oldham，亨利·奥尔德姆）结婚，成为咸显理牧师娘（Mrs. Edith Mary (Paton) Oldham），1908 年 10 月

4 日因难产母女双逝，传教事奉 9 年 （1889～1908）。年龄未详。

16. 美国归正教会郁约翰医生 （Dr. Johannes Abraham Otte，约翰尼斯·亚伯拉罕·奥托），1888 年 1 月 13 日抵达厦门，受差会派遣前往平和琯溪医疗传教，创办了琯溪救世医馆。1897 年创办鼓浪屿河仔下救世医馆，1898 年又创办了鼓浪屿河仔下救世女医馆 （荷兰威廉明娜女子医院），传教事奉 23 年 （1887～1910）。

郁约翰医生在为一名年轻的中国人治疗时不幸病毒感染，于 1910 年 4 月 14 日去世，享年 49 岁 （生于 1861 年 8 月 11 日，逝于 1910 年 4 月 14 日）。

墓碑铭记："大美国牧师医生郁约翰之墓"

"主道之传上帝国福音，医有病者"

"又差遣他们去宣传神国的道，医治病人

（路加福音 9：2）

他的学生竖碑"

郁约翰医生、牧师

（Dr. Johannes Abraham Otte）

17. 美国归正教会打马字牧师第二任牧师娘玛丽 （Mrs. Mary Eliza Van Deventer Talmage，玛丽·埃莉萨·凡·代芬特尔·塔马格），1865 年抵达厦门，1870 年，打马字牧师娘玛丽和戴维斯牧师娘埃玛、汲澧澜牧师娘汲海伦在厦门竹树脚创办女子学堂"培德女学"，后逐渐发展为"毓德女子中学校"。1888 年，打马字牧师夫妇在鼓浪屿漳州路的"三落"姑娘楼创办《漳泉圣会报》月报，后改名《闽南圣会报》，报纸是用罗马拼音的厦门话字印刷。《漳泉圣会报》与《闽南圣会报》除了闽南各教会广为订阅外，且销往台湾、南洋各地的教会，颇有影响。1938 年则改版成白话字、汉字各半印刷。1949 年，这份闽南教会刊行 61 年的报纸宣告停印。

1912 年 10 月 11 日 （星期五）早晨，于"三落"姑娘楼逝世 （传教事奉 47 年，1865～1912），在鼓浪屿福音堂举行安息礼拜后葬于内厝澳传教士公墓，享年 75 岁 （生于 1837 年 11 月 30 日，逝于 1912 年 10 月 11 日）。

打马字牧师第二任牧师娘玛丽
（Mary Eliza Van Deventer Talmage）

18. 英国伦敦公会山雅各牧师（Rev. James Sadler，詹姆斯·萨德勒），1867 年 8 月 22 日抵达厦门，创办鼓浪屿英华书院、《鹭江报》，出版了不少的著作，长期驻惠安拓展农村教会，退休回英国后又重返厦门，传教事奉 47 年（1867~1914）。

1914 年 11 月 17 日逝于自厦门往香港航程中（汕头），葬于鼓浪屿内厝澳崎仔尾传教士公墓，享年 72 岁（生于 1842 年 4 月 22 日，逝于 1914 年 10 月 17 日）。

山雅各牧师
（Rev. James Sadler）

毕腓力牧师
（Rev. Philip Wilson Pitcher）

19. 美国归正教会毕腓力牧师（Rev. Philip Wilson Pitcher，菲利普·威尔逊·皮切尔），长期主理鼓浪屿寻源书院，长达 28 年，出版了不少的著作，1915 年逝于任内，传教事奉 30 年（1885~1915）标，享年 59 岁（生于 1856 年 1 月 31 日，逝于 1915 年 7 月 21 日）。

墓碑铭记："大美国牧师毕公腓力之墓，寻源校友会敬立。"

20. 美国归正教会班得烈医生（Dr. Matthius Vandeweg，马修·万达维），创办同安医院，1922 年 11 月 6 日突患感冒在同安逝世，传教事奉 3 年（1919~1922），享年 36 岁（生于 1886 年，逝于 1922 年 11 月 6 日）。

21. 美国归正教会茂信德姑娘（Miss Clara Cynthia Borgman，克拉拉·幸西娅·博格曼）不幸染疾逝世，传教事奉 2 年（1923~1925），享年 30 岁（生于 1895 年 6 月，逝于 1925 年 6 月 30 日）。

班得烈医生
（Dr. Matthijs Vandeweg）

茂信德姑娘
（Miss Clara Cynthia Borgman）

22. 美国归正教会查多士马姑娘（Miss Helen Joldersma，海伦·查多士马），鼓浪屿救世医院护士，不幸染疾逝世，传教事奉 2 年（1926～1928），享年 32 岁（生于 1896 年 12 月，逝于 1928 年 1 月 31 日）。

海伦·查多士马姑娘
（Miss Helen Joldersma）

打马字牧师二姑娘马利亚
（Miss Mary Elizabeth Talmage）

23. 美国归正教会打马字牧师二姑娘马利亚（Miss Mary ElizabethTalmage，马利亚·伊丽莎白·塔马格），1855 年 4 月 17 日出生于厦门竹树脚，一生 50 余年从事妇女传教及文化教育事业，任培德女学及毓德女子小学主理数十年，传教事奉 53 年（1874～1927），享年 77 岁（1855 年 4 月 17 日生于厦门，1932 年 4 月 6 日安息于鼓浪屿）。

24. 英国长老会蔡显理牧师（Rev. Harry C. Jett，哈里·杰特，原为美国美以美会 MEC），1921 年到永春基督教闽南美以美会传教事奉，美以美合并到闽南大会时，辖属英国长老会。1933 年 7 月 25 日因肺炎逝世于鼓浪屿救世医院，传教事奉 12 年，享年 42 岁（生于 1891 年，逝于 1933 年 7 月 25 日）。

另：蔡显理牧师逝世后，牧师娘蔡为恩（Mrs. Wenona W. Jett，韦诺纳·杰特）仍然事奉于闽南大会，1948 年成为牧师，为英国长老会两位女牧师之一（另一位是裴美珠牧师）。

25. 英国伦敦公会英亚提牧师（Rev. Arthur J. Hutchinson，亚瑟·哈金森），长驻惠安传教事奉及真道学校从事神学教育，传教事奉 40 年（1896 ~ 1936）。1936 年 5 月 15 日逝于惠安，享年 66 岁（生于 1870 年 8 月，逝于 1936 年 5 月 15 日）。子女均早逝，遗下牧师娘孤身一人。

墓碑铭记："缅怀我亲爱的丈夫亚瑟·詹姆斯·哈金森，他受伦敦公会派遣在厦门地区服务长达 40 年，逝于 1936 年 5 月 15 日，享年66 岁。"

蔡显理牧师

26. 美国归正教会李华德牧师娘玛格利特（Mrs. Margaret（Otte）De Velder，玛格利特·奥特·德·菲尔德），郁约翰医生的小女儿，为步父亲传教足迹前来传教事奉 3 年，1940 年 1 月 4 日，决定在鼓浪屿救世医院为前置胎盘做剖宫产手术，玛格丽特逝于手术台上，伴随着父亲长眠在他的身旁。享年 35 岁（生于 1905 年 5 月 19 日，逝于 1940 年 1 月 4 日）。

英亚提牧师
（**Rev. Arthur J. Hutchinson**）

李华德牧师娘玛格利特
（**Margaret（Otte）De Velder**）

27. 英国长老会洪显理先生（Mr. Henry J. Peter Anderson，亨利·彼得·安德森），

洪显理先生
（**Mr. Henry J. Peter Anderson M. A.，O. B. E.**）

1904 年奉派任鼓浪屿英华书院第二任主理，一生从事教育工作并长期担任厦门长老差会秘书，文化传教事奉 30 年（1904～1934）。退休后在鼓浪屿工部局服务，1941 年日寇占据鼓浪屿时被捕入狱，执义不屈不挠，数日后被日寇酷刑，病逝于狱中，享年 63 岁（生于 1878 年，逝于 1941 年 12 月）。

28. 美国归正教会益和安牧师（Rev. Frawk Eckerson，弗兰克·埃克森），终身未婚，长期在同安、安溪地区传教事奉 46 年（1903～1949），享年 73 岁（生于 1876 年 10 月 27 日，逝于 1949 年 11 月 8 日）。

益和安牧师
（Rev. Frank Eckerson）

附录二　首抵厦门的两位传教士影像

雅裨理牧师（Ya pe-le）
（Rev. David Abeel）

1842 年 2 月 24 日与文惠廉牧师抵达厦门，在厦门公开传播基督教。

文惠廉牧师（Bun hui-liam）
（Rev. William Jones Boone）

1842 年 2 月 24 日与雅裨理牧师抵达厦门，在厦门公开传播基督教。

附录三　葬于厦门的传教士有关影像

图 1　罗啻牧师和第二任牧师娘玛丽

　　1844 年 6 月 22 日，罗啻牧师偕牧师娘埃莉诺（Mrs. Eleanor Doty）及全家抵达厦门。1845 年 10 月 5 日，牧师娘埃莉诺逝于厦门，葬于鼓浪屿内厝澳崎仔尾墓地。11 月罗啻牧师回到美国。1847 年 2 月 17 日他再次结婚，返回厦门时，新娘玛丽（Mrs. Mary Smith Doty）和他一起于 1847 年 8 月 19 日抵达厦门。1858 年，第二任牧师娘玛丽也因染病逝世于厦门，也葬于鼓浪屿内厝澳崎仔尾传教士墓地。1865 年，罗啻牧师逝于返回美国的航程中。

David Sandeman
From Sandeman's Memoirs

图 2　英国长老会山大辟牧师（Shan Ta-peih）

生于 1826 年 4 月 23 日，1858 年 8 月 31 日因染霍乱逝于厦门，享年 32 岁。葬于鼓浪屿内厝澳崎仔尾传教士公墓。

图 3 打马字牧师娘阿比（Mrs. Abby woodruff Galmage）

　　打马字牧师娘阿比于 1847 年随丈夫来到厦门传教事奉，从事早期妇女福音教育事工，协同创建竹树脚礼拜堂，育有大姑娘清洁（Miss Katherine M. Talmag）和二姑娘马利亚（Miss Mary Elizabeth Talmage）等四个儿女，1862 年因病逝于厦门竹树脚，葬于鼓浪屿内厝澳崎仔尾传教士公墓。

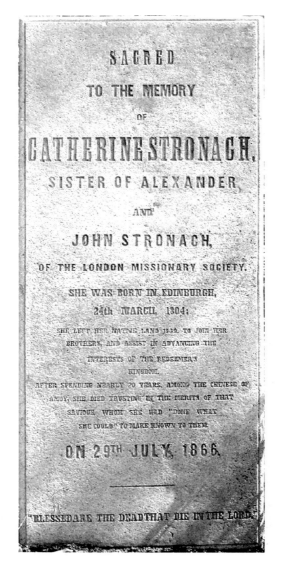

图 4　鼓浪屿内厝澳崎仔尾传教士公墓伦敦公会凯瑟琳姑娘的墓碑

伦敦公会施阿懔、施约翰牧师的妹妹凯瑟琳姑娘（Miss Catherine Stronach），1804 年 3 月 24 日出生于爱丁堡，1839 年离开她的祖国加入她哥哥的行列，并协助推进基督福音的传播。在厦门住了差不多 20 年，逝于 1866 年 7 月 29 日。碑文下方引用《圣经》启示录第十四章第 13 节的经文："在主里面而死的人有福了。"

图 5　杜嘉德牧师（To ka-tek Bok-su）之墓

　　1830 年 12 月 27 日出生于牧师世家。1855 年 6 月抵达厦门事奉福音传教。1860 年 9 月 19 日杜嘉德牧师偕汕头金辅尔牧师离开厦门前往台湾考察；在杜嘉德牧师努力下，1865 年 5 月下旬他与马雅各医生，带三名厦门籍助手自厦门搭轮船于 5 月 29 日抵达打狗，开英国长老教会台湾传教之先声。

　　1873 年《厦英大辞典》出版，杜嘉德被格拉斯哥大学颁赠博士学位。1877 年 5 月在上海主持首届在华基督教第一次传教大会，回到厦门后罹患霍乱于 7 月 26 日去世，享年 47 岁。

图 6　英国长老会杜嘉德牧师（To ka-tek）
（Rev. Carstairs Douglas）

　　在厦传教 22 年，1877 年 7 月 26 日因罹患霍乱逝于鼓浪屿，原葬别处，后迁葬崎仔尾传教士公墓。著有《厦英大辞典》为后来的传教士提供学习厦门本土语言的工具书。长老公会与归正公会缅怀杜公佳绩，1880 年于鼓浪屿鸡母山脚建造一座福音堂名曰"杜嘉德纪念礼拜堂"，堂址为现泉州路 82 号宅地，1894 年 4 月 15 日《漳泉长老总会》成立大会在福音堂举行。后因地湿蚁患，使用 20 年则旋告停用。

图7　1862年，兴泉永海防兵备道签署杜嘉德前往泉州护照

　　1862年2月18日，厦门英国领事官柏与大清钦命盐运使衔福建分巡兴泉永海防兵备道秦签署为期1年，准杜嘉德前往泉州护照。

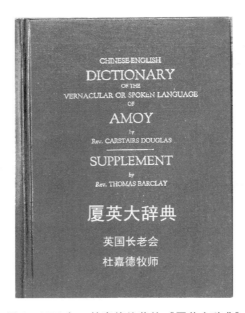

图8　1873年，杜嘉德编著的《厦英大辞典》
在伦敦印刷出版

图9　左为伦敦公会姑娘楼，右为杜嘉德纪念礼拜堂

图10　位于鸡母山脚下的杜嘉德纪念礼拜堂——福音堂

Mrs. Harvey Eliza Urquhart Macgregor

倪为霖牧师娘

（Ge ui-lim Bok-su-liong）

图 11　英国长老会倪为霖牧师娘哈维

1877 年，英国长老会倪为霖牧师娘在鼓浪屿乌埭角一带创建厦门最早的女子学堂，1877～1880 年任主理，后于 1891 年谢世。其女儿倪玛义继承她的遗志继续办学，该校即后来的"怀仁女子中学校"。倪为霖牧师娘享年 51 岁，埋葬在鼓浪屿内厝澳崎仔尾传教士公墓。

图 12　1877 年由英国长老会倪为霖牧师娘哈维和吴罗密牧师娘玛丽
创建的乌埭女学

1877 年 11 月 27 日，由英国长老会倪为霖牧师娘哈维和吴罗密牧师娘玛丽在鼓浪屿乌埭角创办一所女子寄宿学校，建筑费用是 381 英镑，分别由伦敦与德文郡的英国长老会托基妇女协会出资。到 1879 年底，共有 26 位全日寄宿学生，俗称"乌埭女学"。1883 年由佟显理牧师娘和李阿祉医生娘任主理，安玉瑜姑娘、仁历西姑娘、林红柑女士（华人）为女学负责人，学校扩展迁至保顺洋行东南边。1893～1932 年倪玛义姑娘任主理后，该校改称"怀仁女学"，以纪念仁历西姑娘的贡献。

Dr. Edith Mary Paton
咸显理牧师娘白维德医生
（Pek i-tek I-seng）

图 13　白维德医生

英国长老会女医生，1899 年起任泉州女医馆馆长。1907 年与咸显理牧师结为夫妇（Mrs. Edith Paton）。1908 年 10 月 4 日因难产逝于泉州，安葬于鼓浪屿内厝澳崎仔尾传教士公墓。

Grave of Mrs. Edith Mary（Paton）Oldham
白维德医生
（Pek i-tek I-seng）

图 14　白维德医生母女坟墓

1908 年 10 月 4 日，白维德医生在生产女婴莉拉（Lillah Edith Oldham）的过程中不幸母女双亡。

郁约翰医生

（Dr. Johannes Abraham Otte）

图 15　年青时代的郁约翰

拍摄于 1887 年前往厦门传教前夕。

图 16　郁约翰医生创建的漳州府平和县琯溪救世医馆

1888 年郁约翰医生用 1800 美元创建的琯溪"尼尔保赤"医院，于 1889 年 3 月 5 日正式开馆。

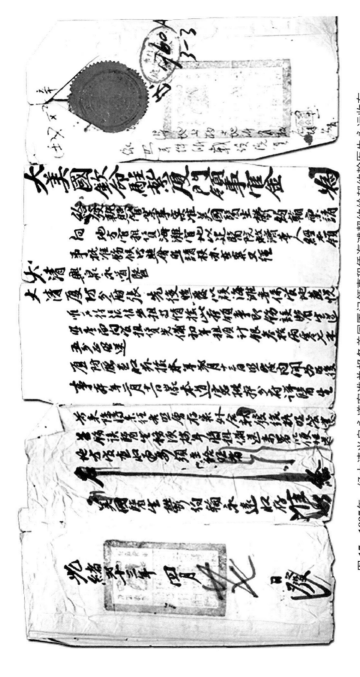

图17 1897年，经大清兴泉永道案准并报备美国厦门领事租赁海滩契约给郁约翰医生永远收存

1897年5月28日，大清兴泉永道暨夏防分府案准给发执照郁约翰医生租赁屿河仔下海滩以建医院。

图 18　1906年经郁约翰医生扩建后的救世男医馆与救世女医馆

1897年10月，美国归正教会传教士兼医生郁约翰医生在美国募集10000美元，亲自设计并绘画图纸，施工建筑、"救世男医馆"已基本完工（图左），开始接纳部分病人，奉献典礼直至1898年4月底才举行。救世医馆是一座坚固的砖结构的鼓浪屿河仔下两层建筑，涨潮时三面环水。设有礼拜堂、食堂、厨房、办公室、门诊室、暗室、手术室、浴室、教室、2间储藏室、2间工人房、4间学生房、4间病人房，有45张病床。郁约翰医生在荷兰募得5500美元建的"救世女医馆"（图右），这座专门为妇女和儿童设计的医馆坐落在男医馆的斜后方，正式的名称是"荷兰女子医馆"（Dutch Women's Hospital，荷兰全资），建筑总体和内部设施与男医馆相同，手术室和礼拜堂共用，初建只有25张病床。1899年年度报告给出下列数据：住馆人数为男医馆929人，女医馆440人，手术730人，门诊5700人，女医馆增至40床。1906年两医馆扩建完，其规模为初建的两倍，增设1间新式手术室，1台美国制造由风车带动的洗衣机。女医馆改名"威廉明娜医馆"以纪念荷兰女王，闽南一带居民则称为初建下救世医馆。图为1906年扩建后鼓浪屿河仔下救世医馆临海全貌，置有一座小的码头。救世男医馆屋顶旗杆上升的是美国国旗，救世女医馆屋顶旗杆上升的是荷兰的国旗。

图 19　郁约翰医生与 22 位男女医学生

郁约翰医生

（Dr. Johannes Abraham Otte）

图 20　献身鼓浪屿现代医学事业的郁约翰医生

　　1887～1910 年在小溪、厦门创建三所医馆，奠定闽南地区现代医院基础，49 岁逝于鼓浪屿，葬于内厝澳传教士公墓。

Rev. Johannes Abraham Otte, M. D.

（约翰尼斯·亚伯拉罕·奥托牧师，医生）

Born, August 11, 1861

（生于 1861 年 8 月 11 日）

Died, April 14, 1910

（逝于 1910 年 4 月 14 日）

"He sent them to preach the kingdom of God, and to heal the sick."

"又差遣他们去宣传神国的道，医治病人"（路加福音九章 2 节）

Erected by his students

（由他的学生竖立）

图 21　鼓浪屿崎仔尾三公会公墓内的郁约翰医生墓莹

图 22　1914 年救世医院经改扩建后的"郁公纪念"行政楼

图23　学生在郁约翰医生的墓前

图 24　打马字牧师娘玛丽和打马字二姑娘马利亚
在鼓浪屿"三落"姑娘楼

Mary Eliza Van Deventer Talmage，
1837—1912

图 25　打马字牧师娘玛丽

　　打马字牧师第二任牧师娘玛丽于 1865 来到厦门，1870 年与万多伦姑娘在厦门竹树脚创办培德女学，1876 年由二姑娘马利亚接办，1889 年迁校鼓浪屿俗称田尾女学校，1910 年改称毓德女学校。与大姑娘清洁创办田尾妇学堂。她与打马字牧师创办《漳泉圣会报》，后改称《闽南圣会报》。1890 年同退休的打马字牧师返回美国，1892 年打马字牧师逝世后重返厦门事工，1912 年逝于鼓浪屿，安息在传教士墓园里。

山雅各牧师

（Rev. James Sadler）

图 26 英国伦敦公会山雅各牧师

1867 年 8 月 22 日抵达厦门传教，1876～1905 年长驻惠安，退休回英国后又重返厦门工作，1914 年 11 月 17 日逝于自厦门往香港航程船中（汕头），后葬于鼓浪屿内厝澳崎仔尾传教士公墓，享年 75 岁（1839～1914）。

图 27 1898 年创建的鼓浪屿英华书院早期学舍

毕腓力牧师

（Rev. PhiliD Wilson Pitcher）

图 28　主理英华书院 28 年的毕腓力牧师

1885～1915 年在闽南地区传教事奉；1887～1915 年任寻源中学堂主理；逝后葬于鼓浪屿崎仔尾传教士公墓。

毕腓力牧师

（Pit hui-lek Bok-su）

图 29　英华书院主理毕腓力牧师和校长洪克昌先生与学生合影

1875 年，美国归正教毕腓力牧师夫妇抵达厦门，事奉教育传教事工，1878 年起担任寻源书院主理 28 年。1915 年 7 月 21 日客逝于福州，葬于鼓浪屿内厝澳崎仔尾传教士公墓。

墓碑镌刻：大美国牧师毕公腓力之墓　　　　寻源校友会敬立

图 30　鼓浪屿内厝澳崎仔尾传教士公墓毕腓力牧师墓莹（一）

图 31　鼓浪屿内厝澳崎仔尾传教士公墓毕腓力牧师墓莹（二）

寻源书院全体同仁在毕腓力牧师墓前合影。

图 32 班得烈医生全家福

1919 年，班得烈医生（Dr. Matthijs Vandeweg）和医生娘玛莉亚（Mrs. Maria Vandeweg，在美国注册护士）创建了同安医院。当他于 1922 年 11 月 5 日在患病（流感）仅四天后意外去世时，人们感到无比震惊，医院也因此遭受了巨大损失。班得烈医生娘玛莉亚竭尽全力维持着医院的工作，直到 1926 年接替班得烈医生工作的哈罗德·韦尔德曼医生（Dr. Harold Veldman）到来。

图 33 班得烈医生夫妇在同安医院

图 34　1921 年，班得烈医生在同安医院

图 35　1922 年，班得烈医生夫妇和同安医院全体员工合影

图36 班得烈医生的棺椁停放在同安医院的小礼拜堂

班得烈医生于 1922 年 11 月 5 日意外去世，在同安医院礼拜堂丧事礼拜后移运鼓浪屿墓地下葬。

班得烈医生新坟

图37 班得烈医生安息在鼓浪屿内厝澳崎仔屋的传教士公墓里

1919 年，班得烈医生（Dr. Matthi js Vandeweg）来到尚未建成的同安医院展开工作，他亲自到南洋向华侨募集了约 20000 墨西哥比索——这个数目足以建成医院并购置所需设备。在最初 8 个月当中，医院共治疗 6492 名门诊病人，平均每个月治疗 811 名。

图 38　茂信德姑娘（Miss Clara Cynthia Borgman）

美国归正公会传教士，1923 年奉派厦门，1925 年因病不幸逝世，葬于鼓浪屿公墓。

图 39　茂信德姑娘莹地

　　1925 年，鼓浪屿传教士墓园再添新坟，归正公会的茂信德姑娘（Miss Clara Cynthia Borgman），因病不幸逝世，葬于郁约翰医生牧师坟墓的北面，新坟西面为伦敦公会第一位华人信徒——吴涂的墓碑。

茂信德姑娘

（Miss Clara Cynthia Borgman）

"提早加冕"

纪念辛西娅·埔尔格曼

（1895. 6. 6—1925. 6. 20）

图 40　茂信德姑娘之墓

图 41　海伦·查多士马姑娘护士

海伦·查多士马姑娘和她的厦门话教师在救世医院屋顶上合影。

图 42　赖仁德姑娘护士长与海伦·查多士马姑娘护士和马安宁姑娘护士

　　美国归正公会海伦·查多士马姑娘护士（Miss Helen Joldersma, 1896.12 – 1928.1.31，前坐者），1926 年奉派在鼓浪屿救世医院护士长赖仁德（Miss Jean M. Nienhuis，左立者）手下从事护理工作，1928 年病故。右立者马安宁护士（Alma L. Mathiesen），后为米为霖先生娘（米马安宁）。

图 43　运送海伦·查多士马姑娘棺柩的灵车

　　美国归正教会护士海伦·查多士马姑娘于 1926 年奉派厦门公会事奉，不幸于 1928 年染疾去世。在鼓浪屿救世医院小礼拜堂做安息礼拜后，用四轮车运送棺柩到传教士的墓地安葬。

图 44　赖仁德姑娘在海伦·查多士马姑娘的新坟旁

　　救世医院护士长赖仁德坐在海伦护士坟茔前悲痛不已。

图45　打马字牧师二姑娘马利亚（一）

1855年4月17日出生于厦门竹树脚布道所的楼上。1862年2月10日母亲去世后不久就跟随父亲回到美国，学成之后于1874年回到厦门，1876年接手"培德女学"后发展为"田尾女学"、"毓德女学"，最后成为"毓德女子中学校"，前后主理40余年。与英国长老会安玉瑜姑娘创办"怜儿堂"收留女孤儿，前后数十年，一生50余年在厦门兴办女子教育事业。1932年4月6日在"三落"姑娘楼安详去世，享年77岁。

图46　打马字牧师二姑娘马利亚（二）

图48 鼓浪屿内厝澳崎仔尾传教士公墓内的打马字马利亚姑娘墓茔

图47 老年的打马字牧师二姑娘马利亚

图 49　美以美教会并入闽南大会后归属英国长老会管辖的蔡显理牧师墓莹

　　美国美以美教会蔡显理牧师派驻永德大教区事奉（Rev. Harry C. Jett，1921－1933），1933 年 7 月 25 日，因肺炎逝世于鼓浪屿救世医院。1934 年，美以美会永德大教区并入中华基督教闽南大会后，牧师娘蔡为恩继续于永德大区会事奉至 1950 年。

图 50　蔡显理牧师

　　资料来源：闽南大会永德大区会代表蔡显理牧师于 1932 年 1 月 15 出席中华基督教闽南大会第十二届大会，摘自代表合影照片。

图 51　英国伦敦公会英亚提牧师

英亚提牧师（Rev. Arthur James Hutchinson）来厦门传教事奉四十余年，1936 年 5 月 15 日逝于惠安，享年 66 岁（1870～1936），葬于鼓浪屿内厝澳崎仔尾传教士公墓，子女早逝，遗下牧师娘孤身一人于厦门。

图 52　鼓浪屿内厝澳崎仔尾传教士公墓内的英亚提牧师墓茔

注：墓碑上写着：缅怀我亲爱的丈夫亚瑟·詹姆斯·哈金森，他受伦敦公会派遣在厦门地区服务长达 40 年，逝于 1936 年 5 月 15 日，享年 66 岁。

图 53　1936 年 10 月，郁约翰医生的学生们设宴欢迎玛格利特抵厦

　　玛格利特（Miss Margaret Otte）和李华德（Mr. Walter DeVelde）于 1932 年 8 月 13 日结为伉俪，为追随父亲郁约翰医生的传教足迹，继承父志，于 1936 年 10 初抵达厦门，郁约翰医生的学生们设晚宴款待李华德牧师夫妇，鼓浪屿救世医院院长夏礼文夫妇应邀出席。玛格利特随即投入漳州方言的学习，1937 年奉派北溪地区传教事奉。1940 年 1 月 4 日，因孕身出血做胎盘前置剖宫产，玛格利特死在救世医院手术台上；葬礼在协和礼拜堂举行，给益恩牧师主持安息礼拜，玛格利特被安葬在鼓浪屿内厝澳崎仔尾传教士公墓，安卧在父亲郁约翰身旁，享年 35 岁（1905.5.19～1940.1.4）。

图 54　郁约翰医生的小女儿玛格利特的棺柩自鼓浪屿救世医院移出

　　李华德牧师说："在 3 月玛格利特发现她怀孕了，1939 年 3 月，这对我们是个好消息，因为她经历了两次流产，对我们的损失很是痛心。……我们去夏礼文医生的家过 1939 年圣诞节，玛格利特走到救世医院时，有出血，但事情看起来很乐观，我们保持开朗。1 月 4 日，决定做一个胎盘前置剖宫产，玛格丽特死在手术台上。震惊了整个华人和外国人的社区及美国朋友，我简直不敢相信太阳会再度普照大地。给益恩牧师在协和礼拜堂主持丧礼，玛格利特被安葬在三公会的墓地，在她父亲坟墓的旁边，玛格利特 35 岁，她的父亲郁约翰医生 50 岁。我们的孩子被带到夏礼文医生家，医生娘露丝无微不至地照顾菲利普 6 个月。"

图 55　在鼓浪屿英华书院任教 30 年的洪显理先生

　　洪显理在鼓浪屿从事文化传教及社会服务 37 年，1941 年 12 月被日寇逮捕后惨死于狱中，葬于内厝澳崎仔尾传教士公墓，享年 63 岁。

图 56　洪显理先生

图 57　在同安传教事奉 46 年的益和安牧师

　　益和安牧师（Rev. Frank Eckerson）于 1903～1949 年在同安地区传教事奉，1949 年 11 月 8 日逝于鼓浪屿救世医院，安葬于内厝澳传教士公墓。

图 58　同安姑娘楼前留影

　　密路德、毕仁恕、华仁安三位姑娘与益和安牧师在同安姑娘楼前留影。

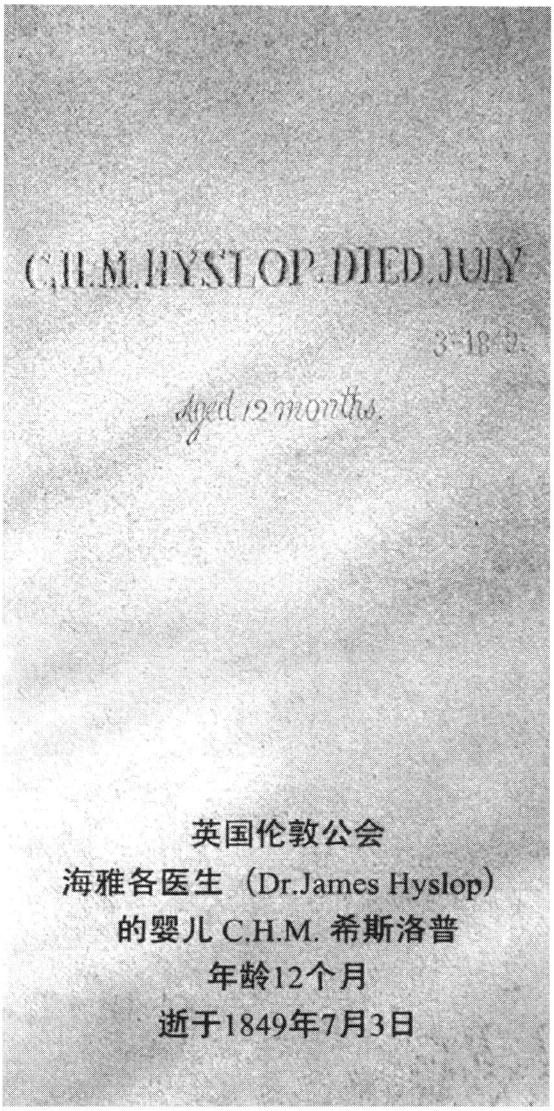

图 59　海雅各医生男婴的墓碑

英国伦敦公会
海雅各医生（Dr.James Hyslop）
的婴儿 C.H.M. 希斯洛普
年龄12个月
逝于1849年7月3日

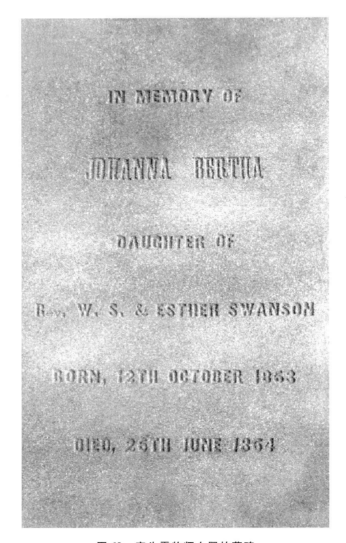

图 60　宣为霖牧师女婴的墓碑

英国长老会牧师宣为霖（Rev. William Suther I and Swanson）及牧师娘以斯帖（Mrs. Esther Swanson）的女儿约翰娜（Johanna Bertha Swanson）的墓碑。约翰娜生于 1863 年 10 月 12 日，卒于 1864 年 6 月 26 日。

图 61　山雅各牧师男婴的墓碑

　　墓碑上碑文：怀念查尔斯·詹姆斯，伦敦公会山雅各牧师和牧师娘玛莎的儿子，生于 1870 年 7 月 5 日，卒于 1871 年 7 月 27 日。

图 62　叶汉章画像

　　叶汉章（Rev. Iap Han-cheong，1832 – 1912）于 1863 年 3 月 29 日受按立为牧师，在竹树脚礼拜堂服务到 1884 年，然后接受教会委派到平和小溪镇新建教会事奉。

图 63　叶汉章牧师在小溪礼拜堂留影

图 64　1892 年，叶汉章牧师全家在小溪合影

图 65　1892 年春，美国归正教国外宣道部秘书亨利·考伯牧师
（Rev. Henry N. Cobb）在小溪地区做了四天访问的留影

后排左三为郁约翰医生，前排左二起为汲澧澜牧师、考伯牧师和叶汉章牧师，其余的人为小溪地区教会的长执等人员。

图 66 鼓浪屿内厝澳崎仔尾传教士公墓内的叶汉章牧师坟墓

附录四　在漳浦传教的几位传教士

英国长老会在漳州府属的漳浦长眠着一位传教士，他是持有英国皇家医院内科医生执照的厚雅各医生（Dr. James M. Howie，L. R. C. P. & S. ）。

王安力牧师（Rev. Alexander Gregory M. A. ）和厚雅各医生是1889年最早到漳浦传教定居的传教士。

王安力牧师在他的兄弟姐妹和朋友的支持下，创建漳浦源梁医馆及一个可容纳200人的礼拜堂，以纪念自己的父母。

1889年初，两位传教士定居漳浦后，遇到了当地人相当大的抵制和反对，他们以不畏艰巨的精神、精湛医疗的医术以及对病人的仁慈照护，渐渐让反对者改变观念；因繁重的工作，厚雅各医生身心疲惫不堪，厚雅各医生娘在1890年来到漳浦成为他得力的助手，高效率地维持医馆的正常运行，并以睿智的方法包容未信主的民众，也因此受到大众的尊敬。

1899年，英国长老会国外传教会同意增派马士敦医生（Dr. John Preston Maxwell，开台湾传教之先的马雅各医生、牧师的儿子）前来协助，大幅减轻了厚雅各医生沉重的工作负担，此时医院的病床也扩增到了100床。

接下来的几年，厚雅各医生一直在生病。1903年，病情似乎有了好转。1904年4月11日因肺结核病去世，年仅43岁（1861~1904）。

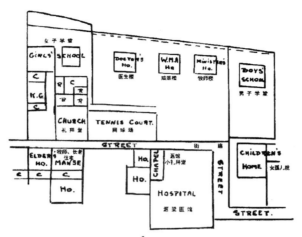

图1 英国长老会漳浦传教综合区域

图2 1895年，厚雅各医生夫妇（Dr. & Mrs. Howie）和王安力牧师夫妇
（Rev. & Mrs. Gregory）与信徒们在漳浦礼拜堂前

图3 厚雅各医生（一）　　　　　　图4　厚雅各医生（二）

图5　当地信徒造墓让厚雅各医生安息在漳浦大地

墓碑中文：

光绪甲辰年吉　　大英国大医生厚君雅各墓　　　　　　　　　　　　孝男约翰　雅各泐石

王朝服　吴师文　陈十来　郑耀明　何赤宣　陈士训　许明造

陈怀安　杨春藤　吴聚发　杨约盟　黄崇德　叶金水　黄既彦

叶嘉俊　杨允立　蔡国运　卓德成　郭盛昌　仝立石

后　记

本文文责自负。

本文绝大部分的图片、资料均由白克瑞博士（Chris White，PhD）提供，来自美国、英国诸教会档案、图书馆馆藏等处。

百年史料搜集颇难，查证亦不易，文中定当有不足之处，期望阅者加以指正、补充，使之臻臻。

（审稿人：谢泳）

厦门鼓浪屿英华书院史料

〔英〕山雅各 等/文　何丙仲[*]　许隽姝/译

译者按： 厦门鼓浪屿英华书院开办于 1898 年 2 月。一个偶然的机会，我们获读到两份刊载于 *The Chronicle of the London Missionary Society*（《伦敦差会记事》）的有关这所书院的文章。一篇文章的出版日期为 1899 年 11 月，作者是该书院创办者之一的山雅各牧师（Rev. James Sadler）。这篇文章让我们知道英华书院是由"英国领事、海关税务司和一位英商领袖"和山雅各牧师组成的委员会筹办的，其间还得到当地中方绅士的协助。开办的第一年由英亚提（A. J. Hutchinson）暂时代理校长，教师有英亚提太太、马约翰（J. Macgowan）夫妇、明懿德姑娘（Miss Benbam）、泰以智姑娘医生（Ethel Tribe）和当地的职员们，负责总务工作的是余姓牧师。另一篇文章的出版日期为 1903 年 1 月，作者是约瑟兰德（Frank P. Joseland）。这篇文章让我们知道英华书院开办四五年后，于 1902 年购置一幢洋楼作为教学楼，时有学生 109 名，近半是寄宿生，所开的课程"除了英语和汉语的良好知识外，还包括地理、圣经历史、速记、打字、数学、化学、天文学、簿记、物理学等"。这些都是首次问世的厦门教育史资料。

厦门英华书院（一）

山雅各牧师

对于热心的教育家来说，在印度和日本设立学校并取得成效是令人振奋的事。中国许多年代以来所建立的教育制度是值得我们尊重的，然而这样培养出来的年轻人习惯死读书的问题，让我们觉得它到头来还是漆黑一团。不过，在西方大地闪耀的光芒已经开始渗透到这块古老的土地上。

在维多利亚女王执政时代，一个在剑桥受过教育，并且在仰光的英国当局任职的

---

[*] 何丙仲，厦门郑成功纪念馆原副馆长（退休），文博研究员，厦门地方史专家。

有才华的华裔绅士来到厦门，他受到英国的影响，满怀着印度的教育构想，希望在厦门设立一所中英学校，为当地的孩子谋求福祉。他的想法得到我们可敬的领事的重视，并咨询我们可以在其中发挥何种作用。不久之后，我们成立了一个由英国领事、海关税务司和一位英商领袖以及我本人组成的西方人的委员会，一些中方绅士与我们配合。我们大多数人决定在校内的教育中应格外关注道德教育，而宗教信仰部分则留待于外部的努力。但这个世俗的想法并没有成功。

其后，我们做了一系列艰苦的努力，希望非基督徒的中国商人们能和传教士一起出资办学。但这个想法同样落空了。为了使纯粹基督教的基础和掌控权得到保障，我们献出大量辛苦得来的资金，开设了一个基督教会许可的学校。时值 1898 年初。我们把它称为"书院"，因为我们希望它有能力接收从 30 英里以外的漳州学校来的学生，让他们有机会得到更加全面的教育。

让我们感到欣慰的是，尽管对于这所学校的期望并没有在所有传教士当中形成一致的看法，然而经过不断的努力、忍辱、耐心和祷告，直到最后，善意如潮显然滚滚而来，所有的计划就定下来，而且得到普遍赞成。虽然大部分的教学工作由伦敦差会负责，但美国归正教会和苏格兰圣经公会代办处（The agent of the Bible Society of Scotland）的传教士们也给予配合。此时，马约翰牧师（J. Macgowan）凡事带头，他的太太与他夫唱妇随，年轻的女士们都喜欢来上课。英亚提牧师（Mr. Hutchinson）夫妇也不懈地操劳。明懿德姑娘（Miss Benbam）在很多方面做出了自我牺牲的努力，而成了学校的中流砥柱，泰以智姑娘医生（Ethel Tribe）博士建校开始时也参加进来。当地的职员们也同样在认真做事。

总务长余牧师维护学校良好的秩序，不仅在学校的早晚功课中，而且在个人日常表现上，都发挥了强大的基督教徒的影响力。为数近百名的男生因在学习中显示出惊人的毅力与能力而获得赞赏。他们中的许多人尽管不是基督徒，但都参加了学校的祈祷会。他们参加主日侍奉，并对他们非基督徒的双亲产生了很好的影响。原先想要让众多家庭接触福音的那些想法终于实现了。最重要的是，当我们有机会把所有成员鼓动起来，对那些不良的风俗习惯采取行动时，我们苦心孤诣为他们的福祉的结果，在于希望得到一致而热烈的回应。

长期以来，对我们来说找到一位校长是一件大事。资金支付所有其他开支外，没有办法再聘请一位固定职位的西方人。听从建议，我们写了一封热切的信函，陈述这所学校的魅力，同时向英美学生志愿者要求一个人选，但石沉大海。英亚提牧师暂时担任校长，尽管他还有别的许多职责。在与英国长老会进行了一年多严肃认真的磋商后，现在都清楚了，这些可敬的弟兄们要来接管英华学院。看到厦门的年轻人因为在学习上的聪明认真而名扬四海，人们可以说，这所书院是卓有成效的，是能够在中国发展基督教事业的。

厦门英华书院（二）

约瑟兰德

厦门鼓浪屿英华书院开办至今已有四五个年头了，它经历过许多沧桑。它由伦敦差会和大英长老会共同管理，现有常驻校长和校长助理各一名，在中外教师的协助下，它已取得繁荣发展。不管事实如何，自我们书院创办以来，也有两所竞争的学校先后设立，一所是由美国领事发起，本地人（天啊，排斥宗教信仰的人）捐助的，另一所是日本人办的。

去年我们购置了一幢大楼房，从各方面来说都符合我们的需要，至今已使用12个月了。我随信附上一张这幢大楼的照片。上个学期在校生总数为109名，其中45名住在校内，是寄宿生。如果有需要，我们还可以接纳更多的寄宿生。

学校所教的课程除了英语和汉语的良好知识外，还包括地理、圣经历史、速记、打字、数学、化学、天文学、簿记、物理学等等。

每天早上从8:40到9:00都有崇拜会，所有非基督教徒与基督教徒的男生们都固定参加。下午放学也有祈祷会。每个班级每周至少有一个小时的宗教知识课程。没有学生表示他不想上这门课，我们也不相信这些学校限定的基督教性质会让学生们无法接受。

在这所书院的学生中成立了一个基督教青年会当地的分会，共有39个会员，每周的星期五晚上举办周会，平均有30个学生参加。他们轮流参加大部分的聚会，教会取得了很好的成果。一些年长的学生中也在早晚之间自己举行一场午间祈祷会。这样一所基督教徒和非基督教徒相同比例的混合书院，免不了会碰到一些特殊的问题，但我们能够高兴地说，这所书院的道德风尚和集体精神还是良好的。这些学生们正在学习互相帮助和友好礼貌的价值观，他们的仪态比那些普通华人学校的学生有着明显的改观，他们的视野正不断在扩大，其心智也超越了他们同胞们狭窄的心胸。

尽管直到现在，并没有许多学生完成所有的课程，但仍有些在海关和电报相关的机构找到付薪的职位，以后会有可能找到海峡殖民地领事馆译员的空缺。假如中国像她最好的友邦所想象的那样开放，对那些有着最好时机的学生，将不缺乏能使用英语的职位。如果我们能培养出具有诚实、忠诚和正直品性的学生，英华书院的影响将是不可估量的。

（审稿人：叶克豪）

图书在版编目（CIP）数据

鼓浪屿研究. 第八辑 / 何瑞福主编. -- 北京：社
会科学文献出版社，2018.8
ISBN 978 - 7 - 5201 - 3114 - 8

Ⅰ.①鼓… Ⅱ.①何… Ⅲ.①社会科学 - 文集 Ⅳ.
①C53

中国版本图书馆 CIP 数据核字（2018）第 161687 号

鼓浪屿研究 第八辑

主　　编／何瑞福

出 版 人／谢寿光
项目统筹／王　绯
责任编辑／黄金平　江小青

出　　版／社会科学文献出版社·社会政法分社（010）59367156
　　　　　地址：北京市北三环中路甲 29 号院华龙大厦　邮编：100029
　　　　　网址：www. ssap. com. cn
发　　行／市场营销中心（010）59367081　59367018
印　　装／三河市龙林印务有限公司

规　　格／开 本：787mm×1092mm　1/16
　　　　　印 张：16　字 数：311 千字
版　　次／2018 年 8 月第 1 版　2018 年 8 月第 1 次印刷
书　　号／ISBN 978 - 7 - 5201 - 3114 - 8
定　　价／88.00 元

本书如有印装质量问题，请与读者服务中心（010 - 59367028）联系